ASCHENDORFFS SAMMLUNG
LATEINISCHER UND GRIECHISCHER
KLASSIKER

CAESAR

BELLUM GALLICUM

Ausgewählt, eingeleitet
und kommentiert von
ALOIS GUTHARDT

Wortkunde und Kommentar

ASCHENDORFF VERLAG
MÜNSTER

Umschlagbild:
Römischer Legionär

3. Auflage

© 2006 Aschendorff Verlag GmbH & Co. KG, Münster

Das Werk und seine Teile sind urheberrechtlich geschützt.
Jede Verwertung in anderen als den gesetzlich zugelassenen Fällen bedarf
deshalb der vorherigen schriftlichen Einwilligung des Verlages.

Druck: Aschendorff Medien GmbH & Co. KG,
Druckhaus Aschendorff, Münster

ISBN 10: 3-402-02022-X
ISBN 13: 978-3-402-02022-7

Inhaltsverzeichnis

Vorwort 4
Hilfen für die Wiedergabe im Deutschen 7
Wortverbindungen 19

Wortkunde und Kommentar

Buch I
Einleitung: Gallien, Land und Leute 25
I. Der Feldzug gegen die Helvetier 28
II. Der Feldzug gegen Ariovist 76

Buch II
Der Feldzug gegen die Belger 115

Buch IV
I. Kämpfe mit den Germanen 135
II. Caesars erster Zug nach Britannien 165

Buch V
Caesars zweiter Zug nach Britannien 185

Buch VI
I. Caesars zweiter Rheinübergang 228
II. Die Gallier 231
III. Die Germanen 249
IV. Rückkehr Caesars nach Gallien 260

Buch VII
Der Freiheitskampf der Gallier unter Vercingetorix .. 262

Vorwort

Der vorliegende Kommentar zur Auswahl aus Caesars Bellum Gallicum versucht, mit einer Wortkunde einen Sprach- und Sachkommentar zu verbinden. Die **Wortkunde** ist sehr ausführlich gehalten, einmal, weil bei der Lektüre dieser Schrift im Allgemeinen noch kein Lexikon benutzt wird, zum Zweiten, um auf diesem Wege eine Wiederholung des bisher gelernten Vokabulars mit dem Erlernen neuer Wörter zu verbinden. Dieses Zieles wegen wird grundsätzlich auf Verweise auf früheres Vorkommen eines Wortes verzichtet; vielmehr werden zahlreiche Wörter wiederholt aufgeführt. Dabei werden auch Bedeutungen eines Wortes genannt, die an der betreffenden Stelle nicht erforderlich sind. Dem Schüler bleibt die Aufgabe, die zutreffende Bedeutung aus dem Kontext zu ermitteln.

Da auf die Kennzeichnung der Quantitäten verzichtet wurde, musste die Konjugationszugehörigkeit anders angegeben werden. Bei der Angabe der **Stammzeiten** ist zur Unterscheidung bei den Verben der e-Konjugation sowie denen der konsonantischen Konjugation mit i-Erweiterung die erste Person Singular des Praesens aufgenommen, bei den Übrigen Verben nicht. Abweichend von diesem Grundsatz werden die Stammzeiten der Deponentien (außer a-Konjugation) sowie die der verba anomala jedoch vollständig angegeben.

Es erschien überdies nützlich, durch die Angabe von **Fremdwörtern und Lehnwörtern** – in Kursivdruck – das terminologische Erbe der lateinischen Sprache sichtbar zu machen. Vollständigkeit wurde dabei nicht angestrebt, vielmehr berücksichtigt die Auswahl weitgehend den tatsächlichen oder angenommenen Sprachsatz des Schülers.

Am Fuß jeder Seite läuft ein **Kommentar** mit, der drei Arten von Hilfen gibt: sprachliche Erklärungen, Hilfen für die Wiedergabe im Deutschen, sachliche Erläuterungen, wo solche notwendig erschienen. Bei den sprachlichen Erklärungen und Übersetzungshilfen wurde – wie auch bei der Wortkunde – so verfahren, dass für die ersten Kapitel eines jeden Buches zunächst reichlich Hilfen gegeben wurden, die im weiteren Verlauf dann allmählich knapper werden. In Buch I wurde außerdem ab Kapitel 30 so verfahren. Im gleichen Sinne wird jeweils auch die Ausdrucksweise des Kommentars knapper. So erscheint für die Übersetzung von ‚res' z. B. zunächst der Hinweis: verwende ein treffendes Substantiv; gelegentlich wird auch die Übersetzung mitgeliefert; später macht nur noch ein Ausrufezeichen auf solche Stellen aufmerksam.

Der Wortkunde vorangestellt sind:

1. Eine Anzahl von **Hilfen für die Wiedergabe im Deutschen** (H 1 bis H 16). Hier sind der Erklärung der betreffenden Erscheinung jeweils einige Beispiele beigegeben. Im Kommentar wird auf diese Zusammenstellung stets mit ‚H . . .' hingewiesen. Aus den gegebenen Beispiel – Übersetzungen kann der Schüler ableiten, wie an der jeweiligen Stelle zu verfahren ist.

2. Wortverbindungen **(Phrasen)**, die bei der Lektüre des Werkes häufiger begegnen. Sie können neben der laufenden Lektüre in Abschnitten gelernt werden, erscheinen aber auch suo loco in der Wortkunde.

Im Kommentar – gelegentlich auch in der Wortkunde – erscheinen außer den H-Verweisen auch T-Verweise; diese nehmen Bezug auf die Seitenzahlen der im Textband enthaltenen Einleitung (Caesars Leben und Schriften) und die sich dort anschließenden Sacherläuterungen (Politische Institutionen, Heerwesen, keltische oppida). Das im Kommentar mit einem T-Verweis versehene Stichwort erscheint auf der betreffenden **Seite des Textbandes** im Allgemeinen im Fettdruck.

Vollständigkeit ist nicht angestrebt; die Benutzung der gebotenen Hilfen soll den Schüler dazu erziehen, dass er die sprachlichen Erscheinungen allmählich selber sehen lernt.

Heiligenhaus, im Januar 1991   Alois Guthardt

Hilfen
für die Wiedergabe im Deutschen

H 1 adversatives Asyndeton

Asyndeton heißt die unverbundene (asyndetische) Nebeneinanderstellung mehrerer gleichartiger Satzteile. Das Asyndeton dient häufig der gedanklichen Gegenüberstellung zweier Satzglieder (adversatives Asyndeton); im Deutschen lässt sich dieses Gedankenverhältnis durch Hinzufügung von ‚aber, dagegen u. ä. ausdrücken:

I 18,1 concilium dimittit, Liscum retinet = er entließ die Versammlung, Liscus aber hielt er zurück

I 18,8 favere et cupere Helvetiis, odisse etiam . . . = er sei den Helvetiern sehr zugetan, er hasse aber auch . . .

I 48,4 Ariovistus his omnibus diebus exercitum castris continuit, equestri proelio cotidie contendit = Ariovist (aber) blieb an allen diesen Tagen mit seinem Fußvolk im Lager, nur Reiterkämpfe fanden täglich statt

V 20,2 cuius pater . . . interfectus . . . erat, ipse fuga mortem vitaverat = sein Vater war getötet worden, er selbst aber war dem Tod durch die Flucht entgangen

H 2 Hendiadyoin

Hendiadyoin heißt die Verbindung zweier Begriffe, durch die ein zusammengesetzter Begriff in zwei Aspekte auseinandergelegt wird. Es kann aber auch durch die Zusammenstellung zweier Synonyma eine Verstärkung der gemeinsamen Bedeutung beider Wörter erreicht werden. Im Deutschen lässt sich ein Hendiadyoin meist dadurch wiedergeben, dass bei zwei Verben (Adjektiven) das erste zum Adverb wird, bei zwei Substantiven das erste zum Adjektiv:

I 2,5 gloria belli atque fortitudinis = der Ruhm ihrer kriegerischen Tapferkeit (ihrer Tapferkeit im Kriege)

I 3,8 fidem et ius iurandum dant = sie schlossen ein durch Eid bekräftigtes Treuebündnis

I 8,3 more et exemplo populi Romani = nach der bekannten Gepflogenheit des römischen Volkes

I 18,2 dicit liberius atque audacius = er sprach jetzt bedeutend freier

I 18,8 favere et cupere Helvetiis = er sei den Helvetiern besonders zugetan

I 19,5 petit atque hostatur = er bittet (ihn) nachdrücklich

H 3 Litotes

Litotes (griech.: Schlichtheit, Verkleinerung) heißt die Verbindung zweier Wörter, die durch Verneinung des Gegenteils einen scheinbar schwächeren Ausdruck erzielt, der aber doch einen sehr hohen Grad ausdrückt:

I 4,4 neque abest suspicio = es ist wahrscheinlich, wahrscheinlich hat er . . .

I 11,4 non facile = nur unter großen Schwierigkeiten, kaum

I 39,1 non mediocriter = erheblich, übermäßig

I 42,6 non irridicule = spaßhaft, witzig

I 44,2 non sine magna spe = allerdings in der festen Hoffnung

H 4 **Pleonasmus**

Pleonasmus heißt die Verbindung zweier Begriffe, von denen der eine dem anderen nicht einen neuen Aspekt hinzufügt, sondern ihn mit verstärkender Wirkung wiederholt. Dazu gehören viele Redewendungen des Lateinischen, bei deren Übersetzung ins Deutsche meist ein Begriff wegfallen muss:

I 1,2 inter se differunt = unterscheiden sich (voneinander)
I 23,1 postridie eius diei = am folgenden Tage (dieses Tages)
I 35,3 permitteret, ut, . . ., voluntate eius reddere illis liceret = er solle gestatten, (ihre Geiseln) mit seinem Einverständnis jenen zurückzugeben
I 39,2 hic primum ortus est = diese Angst ging aus von
V 6,3 ille omnibus primo precibus petere contendit = jener verlegte sich zunächst ganz aufs Bitten (jener bat zunächst inständig darum)

H 5 **Wiedergabe lateinischer Nebensätze durch substantivische Ausdrücke**

Nebensätze verschiedener Art (Relativsätze, indirekte Fragesätze, Adverbial- und Objektsätze) können häufig durch substantivische Ausdrücke wiedergegeben werden:

I 4,2 ne causam diceret, se eripuit = er entzog sich der Verantwortung vor Gericht
I 5,1 id, quod constituerant = ihren Beschluss, ihre Beschlüsse
I 29,1 qui arma ferre possent = die Waffenfähigen
I 31,2 ea quae dixissent / ea, quae vellent = ihre Äußerungen / ihre Absichten

V 5,2 eodem, unde erant profectae, revertisse = sie seien zu ihrem Ausgangshafen zurückgekehrt

V 10,1 ut eos, qui fugerant, persequerentur = sie sollten die Flüchtenden verfolgen

H 6 **Kongruenz bei Pronomina**

Steht in einem Relativsatz ein substantivisches Prädikatsnomen, dann richtet sich das Relativpronomen nicht nach seinem Beziehungswort im Hauptsatz, sondern nach dem Prädikatsnomen. Im Deutschen verwenden wir meist eine Apposition:

I 10,1 qui non longe a Tolosatium finibus absunt, quae civitas est in provincia = die nicht weit entfernt wohnen vom Gebiet der T., einem Volk in der Provinz

I 10,5 ab Ocelo, quod est oppidum citerioris provinciae extremum = von Ocelum, der letzten Stadt im diesseitigen Gallien

I 38,1 Vesontionem, quod est oppidum . . . = V., eine Stadt . . .

V 14,1 qui Cantium incolunt, quae regio est maritima omnis = die Cantium bewohnen, ein Gebiet, das ganz am Meer liegt

VI 13,10 in finibus Carnutum, quae regio totius Galliae media habetur, considunt = sie sitzen im Gebiet der Carnuten, einem Gebiet, das als die Mitte ganz Galliens gilt

H 7 **constructio ad sensum**

Bisweilen richtet sich das Prädikat, Prädikatsnomen oder Relativpronomen in *Genus* oder *Numerus* nicht nach dem

Subjekt bzw. Beziehungswort, sondern nach dem inhaltlichen Genus (Numerus), d. h. nach dem Sinn des Subjekts bzw. Beziehungswortes; man spricht dann von einer Konstruktion dem Sinne nach (constructio ad sensum):

I 2,1 civitati persuasit, ut . . . exirent = er überredete seinen Stamm, dass er auswandern solle (auszuwandern)

I 15,1 equitatumque omnem . . . praemittit, qui videant . . . = und schickte seine gesamte Reiterei voraus; diese sollte (H 14!) feststellen . . .

I 40,5 factum etiam nuper in Italia servili tumultu, quos tamen . . . = beim Aufstand der Sklaven, die doch . . .

H 8 abl. causae mit part. coni.

Das durch einen abl. causae erweiterte participium coniunctum wird ins Deutsche oft nicht als Partizip übertragen, sondern entweder beigeordnet oder durch einen präpositionalen Ausdruck ersetzt:

I 2,1 is regni cupiditate inductus . . . fecit = er zettelte aus Herrschsucht . . .

I 3,1 his rebus adducti et auctoritate Orgetorigis permoti constituerunt = angesichts dieser Verhältnisse und unter dem Einfluss des Orgetorix beschlossen sie . . .

I 3,8 hac oratione adducti . . . dant = unter dem Eindruck dieser Rede gaben sie . . .

I 11,6 quibus rebus adductus Caesar . . . statuit = auf Grund dieser Nachrichten glaubte Caesar . . .

I 16,6 eorum precibus adductus = auf ihre Bitten hin

I 33,1 et beneficio suo et auctoritate adductum = mit Rücksicht auf seine Verdienste (um ihn) und seine Autorität

I 35,2 tanto suo populique Romani beneficio affectus = trotz der großen Gunst, die er und das römische Volk ihm erwiesen hätten

H 9 infinitivus historicus

In lebhafter Darstellung von Vorgängen und Zuständen der Vergangenheit wird als Hauptprädikat eines Satzes auch der Infinitiv gebraucht (inf. historicus o. descriptivus = erzählender bzw. beschreibender Inf.):

I 16,1 interim cotidie Caesar Haeduos frumentum . . . flagitare = inzwischen forderte Caesar täglich (also nachdrücklich!) das Getreide . . .

I 16,4 diem ex die ducere Haedui = von Tag zu Tag hielten ihn die Haeduer hin

I 32,3 nihil Sequani respondere, sed in eadem tristitia taciti permanere = auch jetzt antworteten die Sequaner nichts, sondern verharrten schweigend in ihrer Niedergeschlagenheit

V 6,6 fidem reliquis interponere, ius iurandum poscere = den Übrigen gab er sein Wort und forderte von ihnen den Eid darauf, dass . . .

H 10 Prädikatives part. perf. pass.

In Wendungen wie

I 9,3 civitates . . . habere obstrictas volebat = er wollte die Stämme als verpflichtete (im Zustand des Verpflichtetseins) haben = er wollte die Stämme sich verpflichtet wissen

steht der Akkusativ des part. perf. pass. prädikativ, um die bleibende Folge des im Verb ausgedrückten Vorganges zu betonen. Diese Verbindungen sind der Ausgangspunkt für die umschreibende Bildung des Perfekts Aktiv in den romanischen Sprachen (nous avons obligé).

I 15,1 equitatum ... coactum habebat = er hatte die Reiterei als zusammengezogene: in Bereitschaft
I 18,3 portoria reliquaque omnia Haeduorum vectigalia redempta habere = er habe ... in Pacht
I 48,3 aciem instructam habuit = er hielt das Heer in Gefechtsbereitschaft
VI 16,3 publiceque eiusdem generis habent instituta sacrificia = sie haben von Staats wegen solche Opfer als eingerichtete = ... als feste Einrichtung

H 11 Nachzeitigkeit in konjunktivischen Nebensätzen

Der Konjunktiv ist der Modus des als möglich, gewollt oder unwirklich dargestellten Verbalvorgangs und hat deshalb auch *futurischen* Sinn. Das zeigt sich auch darin, dass das Lateinische eigene Formen für einen Konjunktiv Futur nicht entwickelt hat. Infolgedessen tritt zur Bezeichnung der **Nachzeitigkeit** (consecutio temporum in konjunktivischen Nebensätzen!) der Konjunktiv Präsens bzw. Imperfekt auf (je nachdem, ob das übergeordnete Verb in einem Haupt- oder Nebentempus steht) oder auch der Konjunktiv Präsens bzw. Imperfekt der coniugatio periphrastica. Entsprechend wird dann das Futur II (Vorzeitigkeit zu einer bevorstehenden Handlung) durch den Konjunktiv Perfekt bzw. Plusquamperfekt ausgedrückt.

Im Deutschen wird in diesen Fällen der futurische bzw. hypothetische Sinn durch entsprechende (andere!) Tempora, mitunter auch durch das Hilfsverb ‚sollen' ausgedrückt.

I 8,2 eo opere perfecto praesidia disponit, castella communit, quo facilius, si se invito transire **conarentur,** prohibere possit = um sie dadurch, falls sie gegen seinen Willen den Übergang versuchen **sollten,** leichter abwehren zu können.

I 8,3 et, si vim facere **conentur,** prohibiturum ostendit = und erklärte, falls sie **versuchten (versuchen sollten),** Gewalt anzuwenden, werde er sie (daran zu) hindern (wissen)

I 13,3 si pacem populus Romanus cum Helvetiis **faceret,** in eam partem ituros atque ibi futuros Helvetios, ubi eos Caesar **constituisset** atque esse **voluisset** = wenn das römische Volk mit den Helvetiern Frieden **schließe,** dann würden diese in die Gegend gehen und dort bleiben, wo Caesar sie angesiedelt und wohnen wissen **wolle**

I 17,4 neque dubitari debere, quin, si Helvetios **superaverint,** Romani una cum reliqua Gallia Haeduis libertatem **sint erepturi** = und man dürfe nicht daran zweifeln, dass die Römer, wenn sie (erst einmal) die Helvetier **besiegt hätten,** (auch) den Häduern die Freiheit **nehmen würden**

I 31,15 non dubitare, quin de omnibus obsidibus . . . gravissimum supplicium **sumat** = er zweifle nicht daran, dass er (Ariovist) über alle Geiseln . . . die schwerste Strafe **verhängen werde**/unzweifelhaft werde . . .

H 12 coniunctivus obliquus

Der Konjunktiv der subjektiven Meinung (coni. obliquus) kann in allen Nebensätzen stehen; er drückt aus, dass der Inhalt dieses Nebensatzes nicht als objektive *Tatsache,* sondern als subjektive *Meinung* eines anderen (besonders des regierenden Subjekts) hingestellt wird. Nebensätze dieser Art nennt man *innerlich* abhängig.

Übersetzung ins Deutsche:
a) mit Hilfe adverbialer Ausdrücke: seiner (ihrer) Meinung nach, offenbar, vermutlich u. a.;
b) ebenfalls durch den Konjunktiv (gleichsam indirekte Rede).

I 6,3 quod nondum bono animo ... viderentur = weil sie anscheinend noch nicht wohlgesinnt waren (weil sie noch nicht wohlgesinnt seien)

I 16,1 quod essent ... polliciti = das sie doch versprochen hätten

I 23,3 seu quod ... existimarent = sei es, weil ... sie glaubten (Hier soll aber eigentlich nicht das Glauben, sondern der Inhalt des Glaubens subjektive Meinung sein!)

I 39,3 quam sibi ad proficiscendum necessariam esse diceret = der ihn, wie er sagte, zur Abreise zwinge

V 6,5 id esse consilium Caesaris, ut, quos in conspectu Galliae interficere vereretur, hos omnes in Britanniam traductos necaret = es sei Caesars Plan, alle diejenigen, die er vor den Augen Galliens umzubringen sich (offenbar, vermutlich) scheue, mit nach Britannien hinüberzunehmen und dort töten zu lassen

V 21,2 quo satis magnus hominum pecorisque numerus convenerit = wohin sich Menschen und Vieh in beträchtlicher Anzahl geflüchtet hätten (wohin sich eine beträchtliche Anzahl ... geflüchtet habe)

H 13 Imperativ in der indirekten Rede

Aufforderungssätze der direkten Rede (Imperative, Konjunktive) erscheinen in der indirekten Rede im *Konjunktiv* (Negation ne!). Im Deutschen wird die Abhängigkeit der Aufforderung meist durch das Hilfsverb ‚sollen‘ ausgedrückt:

I 7,6   ad idus Apriles reverterentur = sie sollten an den Iden des April wiederkommen

I 13,4   reminisceretur = er solle sich erinnern (denken an)

I 13,5   ne . . . virtuti tribueret aut ipsos despiceret = er solle deshalb nicht auf seine Tapferkeit (Leistung) pochen oder sie gering schätzen

I 36,7   congrederetur = er solle angreifen

H 14 Konjunktivische Relativsätze

Steht das Prädikat eines Relativsatzes im Konjunktiv, so enthält der Satz außer der relativen Beziehung noch einen Nebensinn (abgesehen von Relativsätzen in der indirekten Rede oder im obliquen Konjunktiv: H 12). Der Nebensinn kann final, kausal, konzessiv oder konsekutiv sein:

I 3,1   ea, quae ad proficiscendum pertinerent = das, was (so beschaffen war, dass es) zum Aufbruch nötig war

I 6,1   erant omnino itinera duo, quibus itineribus domo exire possent = es gab überhaupt nur zwei Wege, (die so beschaffen waren, dass sie) auf denen sie auswandern konnten

I 6,4   qua die . . . conveniant = an dem sie zusammenkommen sollten

I 16,5   quo die frumentum militibus metiri oporteret = an dem den Soldaten Korn hätte zugeteilt werden müssen

I 31,8 unum se esse . . ., qui adduci non potuerit = er sei der einzige . . ., der nicht habe veranlasst werden können (er allein habe nicht dazu gebracht werden können; der Konj. stünde hier auch außerhalb der indir. Rede!)

V 4,4 qui iam ante inimico in nos animo fuisset = er, der doch schon vorher feindlich gegen uns gesinnt war

V 7,7 nihil hunc . . . pro sano facturum arbitratus, qui praesentis imperium neglexisset = er glaubte, ein Mann, der schon bei seiner Anwesenheit sich um Befehle nicht gekümmert habe, werde nichts Gutes stiften

H 15 Konjunktiv bei dum und priusquam

Der von dum und priusquam jeweils abhängige Modus ist durch den Inhalt des Satzes bestimmt: Wird ein rein temporales Ziel und das tatsächliche Eintreten einer Handlung angegeben, so steht der Indikativ; der Konjunktiv dagegen drückt aus:

a) bei dum, dass das Eintreten des Ereignisses vom Subjekt des übergeordneten Satzes gewünscht wird (finaler Nebensinn: damit [bis] unterdessen):

I 7,6 dum milites . . . convenirent = damit unterdessen die Soldaten, die er zu stellen befohlen hatte, zusammenkämen

I 11,6 dum . . . in Santonos Helvetii pervenirent = bis die Helvetier (unterdessen) in das Gebiet der S. kämen

b) bei priusquam, dass das Eintreten des Ereignisses vom Subjekt des übergeordneten Satzes nicht gewünscht wird (finaler Nebensinn: damit nicht erst) oder zur Zeit der

Handlung des übergeordneten Satzes noch unwirklich bzw. unmöglich ist (bevor = ohne vorher):

I 19,3 priusquam quidquam conaretur = ohne vorher etwas (anderes) zu versuchen (bevor er etwas anderes versuchte)

H 16 a. c. i. im Relativsatz

In einem Relativsatz kann ein a. c. i. auftreten, der vom Prädikat des Relativsatzes abhängig ist. Diese Konstruktion kann im Deutschen nicht nachgeahmt werden und muss deshalb durch eine freiere Übersetzung wiedergegeben werden:

I 1,5 quam Gallos obtinere dictum est = den, wie (oben) erwähnt, die G. bewohnen

I 22,2 quem a Labieno occupari voluerit = dessen Besetzung er dem L. befohlen habe

I 39,3 quam sibi ad proficiscendum necessariam esse diceret = der ihn, wie er sagte, zur Abreise zwinge

V 2,3 quo ex portu commodissimum . . . traiectum esse cognoverat = von diesem Hafen aus konnte man, wie er wusste (erfahrungsgemäß), am besten nach Britannien übersetzen

V 8,3 eam partem insulae . . ., qua optimum esse egressum . . . cognoverat = jenen Teil der Insel (suchte er zu erreichen), wo, wie er wusste, die Landung am leichtesten war

Häufige Wortverbindungen

aciem instruere (constituere)	das Heer zur Schlacht aufstellen
legiones in acie constituere	die Legionen zur Schlacht aufstellen
acie excedere	die Schlacht verlassen
aggerem exstruere	einen Damm aufwerfen
ancoras tollere	die Anker lichten
animos alicuius confirmare	jm. ermuntern, beruhigen, anfeuern
animo deficere	den Mut sinken lassen
arma deponere	die Waffen strecken
arma ferre	Waffen tragen
arma tradere	die Waffen strecken, abliefern
armis contendere	kämpfen
auxilio mittere	zu Hilfe schicken
auxilio venire	zu Hilfe kommen
bellum conficere	den Krieg beenden
bellum defendere	sich verteidigen
bellum parare	zum Kriege rüsten
bellum suscipere	einen Krieg beginnen
caedem facere	ein Blutbad anrichten
calamitatem accipere	eine Niederlage erleiden
calamitatem inferre	eine Niederlage beibringen
castra movere	aufbrechen, weiterziehen
castra munire	ein festes Lager aufschlagen
castris aliquem praeficere	jm. zum Lagerkommandanten machen
castris praesidio relinquere	zum Schutze des Lagers zurücklassen

locum castris idoneum deligere	einen geeigneten Lagerplatz aussuchen
exercitum castris continere	das Heer im Lager halten
castris se tenere	im Lager bleiben
certiorem facere aliquem	jm. benachrichtigen
commeatu prohibere	die Zufuhr abschneiden
condicionem accipere	eine Bedingung annehmen
consilium convocare	einen Kriegsrat einberufen
consilium capere	einen Entschluss fassen, sich entschließen
consilio desistere	von einem Vorhaben ablassen, einen Plan aufgeben
contumeliam accipere	Schmach erleiden
conventus agere	Gerichtstage halten
copias instruere	die Truppen zur Schlacht aufstellen
in deditionem accipere	die Kapitulation annehmen
in deditionem venire	kapitulieren
de deditione legatos mittere	Gesandte zu Kapitulationsverhandlungen schicken
diem constituere (dicere)	einen Termin ansetzen, bestimmen
facultatem dare	die Möglichkeit (Gelegenheit) bieten
in fidem recipere	in Gnaden aufnehmen
in fide alicuius esse	unter jds. Schutz stehen
suis finibus recipere	in sein Land aufnehmen
finibus excedere (exire)	auswandern
flumen transire	über den Fluss setzen
fortunam temptare (experiri)	das Glück versuchen
frumentum providere (comparare)	für Getreide sorgen

fugae se mandare	die Flucht ergreifen, fliehen
fuga salutem petere	sein Heil in der Flucht suchen
in fugam conicere (dare)	in die Flucht schlagen, verjagen
gratias agere	Dank sagen
gratias habere	Dank wissen
gratiam referre	Dank abstatten
aqua et igni alicui interdicere	jm. ächten
impedimento esse	hinderlich sein, behindern
summa imperii	Oberbefehl
imperium obtinere, summam imperii tenere	den Oberbefehl haben
imperio potiri	die Herrschaft an sich reißen
imperia perferre	die Herrschaft ertragen
impetum sustinere	einem Angriff standhalten
iniuriam accipere	Unrecht leiden
iniuriam inferre alicui	jm. Unrecht zufügen
ab iniuria aliquem prohibere (defendere)	jm. vor Gewalttätigkeiten schützen
insidias collocare	eine Falle stellen, auflauern
iter conficere	den Weg zurücklegen
iter convertere	umkehren
iter facere	marschieren, ziehen
iter intermittere	den Marsch unterbrechen
itinere intercludere	vom Wege abschneiden
ius iurandum dare	einen Eid leisten
iure iurando confirmare	mit einem Eid bekräftigen
legiones (milites) conscribere	Legionen (Truppen) ausheben
legioni praeesse	eine Legion führen
litteras accipere	einen Brief erhalten

litteras deferre	einen Brief überbringen
in unum locum cogere	an einem Punkt vereinigen
hostium loco (numero) habere	wie Feinde behandeln
memoriam deponere	etw. vergessen
memoriam retinere	etw. behalten
milites cohortari	die Soldaten anfeuern
milites confirmare	die Soldaten ermuntern
navem conscendere	sich einschiffen
navem solvere	die Anker lichten
navi egredi	landen, an Land gehen
navibus exponere	ans Land setzen, ausschiffen
obsides accipere	Geiseln annehmen
obsides dare	Geiseln stellen
obsides inter se dare	Geiseln austauschen
obsides imperare	die Stellung von Geiseln verlangen (befehlen)
occasionem (facultatem) dimittere	sich eine Gelegenheit entgehen lassen
officium praestare	seine Pflicht tun
orationem habere	eine Rede halten
pacem facere	Frieden schließen
pacem petere	um Frieden bitten
de pace agere	Friedensverhandlungen führen
legatos de pace mittere	Gesandte zu Friedensverhandlungen schicken
periculum subire	eine Gefahr auf sich nehmen
pedem referre	weichen
multum posse	viel vermögen, großen Einfluss haben

in potestatem venire	in die Gewalt kommen, unterworfen werden
in potestatem redigere	in die Gewalt bringen, unterwerfen
potestatem facere	die Möglichkeit (Gelegenheit) bieten
praesidia disponere	Posten aufstellen
praesidium relinquere	eine Wache zurücklassen
praesidio esse	zum Schutz dienen
praesidio relinquere	zum Schutz zurücklassen
principatum obtinere	die Vormachtstellung behaupten
proelium equestre	Reitergefecht
proelium secundum	Schlacht mit günstigem Ausgang
proelium committere	eine Schlacht beginnen
proelium facere	eine Schlacht liefern
proelium redintegrare	den Kampf wieder aufnehmen
proelio contendere	kämpfen
proelio superare (vincere)	in einer Schlacht siegen
proelio excedere	den Kampf verlassen
proelio lacessere	zum Kampf herausfordern
novis rebus studere	Umsturz planen
rem frumentariam comparare (providere)	für Getreide sorgen
fuga salutem petere	sein Heil in der Flucht suchen
de salute desperare	an der Rettung zweifeln
signa ferre	aufbrechen, marschieren
signa inferre	angreifen
in spem venire	sich Hoffnung machen, Hoffnung schöpfen

in statione esse	auf Wache stehen
stipendium imponere	Steuern auferlegen
stipendium pendere	Steuern zahlen
supplicium sumere	die Todesstrafe (an jm.) vollziehen
terga vertere	fliehen
multum valere	viel vermögen, großen Einfluss haben
uxorem ducere	heiraten
hostium vim sustinere	dem Angriff der Feinde standhalten
in vincula conicere	ins Gefängnis werfen
vulnera accipere	Wunden davontragen, Verluste erleiden

Buch I
Wortkunde und Kommentar

Einleitung: Gallien, Land und Leute

1,1 dividere, -visi, -visum — teilen, trennen – *dividieren*
incolere, -colui, – — bewohnen, wohnen
appellare — anreden, nennen – *Appell, appellieren*

2 institutum, i, n. — Einrichtung, Lebensgewohnheit – *Institut, Institution*
differre, –, – — sich unterscheiden – *Differenz, differenzieren*
propterea — deswegen
3 cultus, us, m. — Pflege, feine Lebensweise Zivilisation – *Kultur, Kult*

1,1 Gallia ... omnis die auffallende Trennung des (prädikativ gebrauchten) Adjektivs vom Substantiv betont dieses: Gallien in seiner Gesamtheit, als Ganzes (das ist das Land zwischen den Pyrenäen, dem Rhein, dem Ozean und der provincia Narbonensis, also das von den Römern noch nicht eroberte Siedlungsgebiet der Kelten; T 19) – **quarum** gen. part.; beginne mit quarum einen Hauptsatz – **aliam** einen zweiten – (ii,) **qui** – **ipsorum lingua** abl. limit.: in ihrer Muttersprache – **nostra** (lingua)

2 hi omnes füge ein Substantiv hinzu – **inter se differunt** Pleonasmus H 4 – **Garunna flumen** die Garonne (Die erklärenden geographischen Nomina flumen, mons, oppidum fallen im Dt. weg!)

3 horum omnium füge ein Substantiv hinzu (wie 1,2) – **Belgae** beachte die Stellung und berücksichtige sie auch im Dt. – **propterea quod** beginne einen Hauptsatz mit ‚denn' –

humanitas, atis, f.	Menschlichkeit, (geistige) Bildung, Kultur – *Humanität, Humanismus*
minime	am wenigsten – *minimal*
mercator, oris, m.	Händler, Kaufmann
commeare (ad)	zusammenkommen, verkehren (bei)
effeminare (femina)	verweichlichen
pertinere, -tineo, -tinui, – (ad)	sich erstrecken (bis), sich beziehen (auf), beitragen, führen (zu)
importare	einführen – *importieren*
continenter	andauernd, zusammenhängend – *kontinuierlich, Kontinuität*
4 qua de causa	interrogativ: weshalb? relativisch: deshalb
praecedere, -cessi, –	vor jm. her gehen, jm. übertreffen – *Präzedenzfall*
fere	fast, beinahe, ungefähr
cotidianus, a, um	täglich
contendere, -tendi, –	sich anstrengen, eilen, kämpfen
prohibere, -hibeo, -hibui, -hibitum	fern Halten, abwehren, hindern

provinciae: Gallia Narbonensis o. Transalpina (1,1) – **minime saepe** sehr selten – **mercatores** die Kaufleute kamen aus Italien und aus den griechischen Kolonialstädten (Massilia = Marseille, Nikaia = Nizza) – **ea, quae** verwende ein Substantiv – **animos** = homines

4 **reliquos Gallos:** die Gallier im engeren Sinne oder Kelten (1,1!) – **virtute** abl. limit. – **cum** coincidens: indem

finis, is, m.	Ende, Grenze; Plural: Gebiet, Land – *Finale*
cum (m. Ind.)	wenn, sooft, indem
5 obtinere, -tineo, -tinui, -tentum	innehaben, besitzen, bewohnen
initium, i, n.	Anfang, Beginn – *Initiative*
capere, capio, cepi, captum	nehmen, fangen, fassen
initium capere a	beginnen bei, an
continere, -tineo, -tinui, -tentum	zusammenhalten, umschließen, begrenzen – *Kontinent*
attingere, -tigi, -tactum	berühren – *Takt*
vergere, versi, –	liegen, sich erstrecken
septentriones, um, m.	‚die sieben Dreschochsen': das Siebengestirn, der Große Bär = Norden
6 oriri, orior, ortus sum (a)	beginnen (bei), entstehen, sich erheben, aufgehen – *Orient*
inferior, ius (Kompar.)	der untere
sol oriens, solis orientis, m.	Osten – *Orient*

5 Die §§ 5–7 sind eine – etwas genauere – Wiederholung des bisher Mitgeteilten, die den Zusammenhang zwischen Kapitel 1 und Kapitel 2 stört. Sie sind – wie auch einige spätere geographische Beschreibungen – möglicherweise ein Einschub eines späteren Bearbeiters, der dem Bedürfnis nach größerer geographischer Genauigkeit nachkommen wollte; vielleicht handelt es sich aber auch um Partien, die Caesars Sekretäre in seinem Auftrag aus Werken griechischer Geographen zusammenstellten.
eorum: omnium Gallorum (1,1) – **quam . . . dictum est** a. c. i. im Relativsatz H 16 – **ab Sequanis** . . . unweit des Gebietes der Sequaner und Helvetier

7 occasus, us, m.	Untergang
occasus solis	Westen – *Okzident*

I. Der Feldzug gegen die Helvetier

2,1 longe (b. Superl.)	bei weitem, weitaus
dives, divitis,	reich
ditissimus	= divitissimus
regnum, i, n.	Königswürde
cupiditas, atis, f.	Begierde, Verlangen
inducere, -duxi, -ductum	hineinführen, verleiten
	– *Induktion*
coniuratio, onis, f.	Verschwörung
nobilitas, atis, f.	Adel – *nobel*
civitas, atis, f.	Bürgerschaft, Gemeinde, Stamm, Volk – *zivil*
persuadere, -suadeo, -suasi, -suasum (dat.)	mit Erfolg raten, überreden (ut); überzeugen (a. c. i.)

6 **extremus** übersetze mit einem geographischen Begriff – Galliae das keltische Gallien (1,5) – **spectare in septentriones** sich in nördlicher Richtung erstrecken; entsprechend **in orientem solem**

7 **spectare inter occasum solis et septentriones** sich in nordwestlicher Richtung erstrecken

2,1 M. Messala M. Pisone consulibus abl. temp.: als M. und P. Konsuln waren, unter dem Konsulat des M. und P. (= 61 v. Chr.; die Römer bezeichneten die Jahre entweder nach den regierenden Konsuln oder nach ihrem Abstand von der Gründung Roms: ab urbe condita) – **cupiditate inductus** H 8 – **coniurationem facere** eine Verschwörung anzetteln – **ut ... exirent** constructio ad sensum H 7 – **cum omnibus copiis** mit ihrer ganzen Habe

copia, ae, f.	Vorrat, Menge; Plural: Truppen
2 perfacilis, e	sehr leicht
praestare, -stiti, – (dat.)	voranstehen, übertreffen
potiri, -tior, -titus sum (abl.)	sich bemächtigen, in seine Gewalt bekommen
hōc = eō	desto, um so
3 undique	von allen Seiten
natura, ae, f.	Natur, natürl. Beschaffenheit
continere, -tineo, -tinui, -tentum	zusammenhalten, einschließen – *Kontinent*
ager, agri, m.	Land, Gebiet, Acker
lacus, us, m.	See
vagari	umherstreifen – *Vagant, Vagabund*
4 inferre, -fero, -tuli, illatum	hineintragen
bellum inferre (dat.)	Krieg anfangen (mit), angreifen

2 **perfacile esse** achte im Dt. auf den Modus der abhängigen Rede. Das verbum dicendi, von dem die abhängige Rede abhängt, ist nur durch den Doppelpunkt angedeutet; es muss aus persuadere gedanklich abgeleitet werden.

3 **id** Objekt zu persuadere (in der Grundbedeutung ‚mit Erfolg raten') – **una ex parte . . . altera ex parte . . . tertia (ex parte)** auf der einen Seite usw. – **latissimo atque altissimo** Elativ – **lacus Lemannus** Genfer See

4 **his rebus fiebat, ut . . . possent** his rebus abl. pl. zu hoc, also: dadurch geschah es, dass . . . sie konnten = infolgedessen konnten sie – **minus late** nicht weit genug – **minus facile** nur schwer – **qua ex parte** rel. Anschluss: dadurch – **magno dolore afficiebantur** es schmerzte sie sehr, sie ärgerten sich sehr – **bellandi cupidus** kriegslustig

bellare	Krieg führen
afficere, -ficio, -feci, -fectum (abl.)	erfüllen, versehen (mit) – *Affekthandlung*
5 pro (abl.)	vor, für, im Verhältnis zu – *Prozent*
angustus, a, um	eng, beengt
arbitrari	meinen, glauben, halten für
longitudo, dinis, f.	Länge
passus, us, m.	Doppelschritt (T 46)
latitudo, dinis, f.	Breite
patere, patet, patuit	offen stehen, sich erstrecken – *Patent*
3,1 adducere, -duxi, -ductum	herbeiführen, veranlassen
auctoritas, atis, f.	Einfluss, Ansehen – *Autorität*

5 **gloria belli atque fortitudinis** Hendiadyoin H 2 – **angustos se fines** das Adjektiv wird durch die Trennung vom Substantiv hervorgehoben: zu eng. Die Kopfzahl der Bevölkerung gibt Caesar an Hand von gefundenen Listen mit 263 000 an (29,2)! – **milia passuum** T 46

3,1 his rebus übersetze res immer durch ein Substantiv oder Pronomen, niemals mit ‚Sache'; den treffenden Ausdruck legt der Zusammenhang nahe, hier: Verhältnisse – **adducti ... permoti** H 8 – **constituerunt**: davon hängen asyndetisch vier Infinitive ab: comparare – coemere – facere – confirmare – **pertinerent** zum Konjunktiv H14 – **quam maximum numerum** Nach Napoleons Berechnungen waren für diese Unternehmung mindestens 8500 Wagen und 34 000 Zugtiere notwendig. Der Wagenzug hätte damit eine Länge von etwa 130 Kilometer gehabt. – **sementes facere** Land bestellen – **pacem et amicitiam confirmare** bereits bestehende Friedens- und Freundschaftsverhältnisse bekräftigen

permovere, -moveo, -movi, -motum	bewegen, veranlassen, verleiten – *Motiv, Motor*
constituere, -tui, -tutum	aufstellen, festsetzen, beschließen – *Konstitution*
proficisci, ficiscor, -fectus sum	aufbrechen, marschieren, reisen
comparare	beschaffen, (vor)bereiten; vergleichen – *Komparativ*
iumentum, i, n.	Zugtier, Lasttier (T 38)
carrus, i, m.	Wagen, Karre(n)
quam (b. Superl.)	möglichst, so . . . wie möglich
coemere, coemi, coemptum	zusammenkaufen, aufkaufen
sementis, is, f.	Aussaat
suppetere, -petivi, –	vorhanden sein, ausreichen
proximus, a, um	nächster, letzter
confirmare	befestigen, sichern; versichern; ermutigen – *Konfirmation*
2 conficere, -ficio, -feci, -fectum	anfertigen, vollenden – *Konfektion*
biennium, i, n.	ein Zeitraum von zwei Jahren, zwei Jahre
satis	genug, genügend – *satt*
ducere, duxi, ductum	führen; glauben, meinen
profectio, onis, f.	Aufbruch, Abreise, Auszug
3 deligere, -legi, -lectum	(aus)wählen
legatio, onis, f.	Gesandtschaft – *Delegation*
suscipere, -cipio, -cepi, -ceptum	unternehmen, übernehmen

2 **eas res** vgl. zu his rebus 3,1; hier: diese Vorbereitungen

4 obtinere, -tineo, -tinui, -tentum	innehaben, behaupten
occupare	besetzen, einnehmen
ante	vor; vorher, früher (= antea)
5 item	ebenso, desgleichen, auch
principatus, us, m.	erste Stelle, Führung
acceptus, a, um (dat.)	angenehm, beliebt (bei)
conari	(ver)suchen
matrimonium, i, n.	Ehe
6 probare	billigen; beweisen – *Probe*
conatum, i, n.	Versuch, Vorhaben, Unternehmung
7 dubius, a, um	zweifelhaft – *dubios*
dubium non est, quin . . .	ohne Zweifel, zweifelsohne

4 **Sequano** ziehe im Dt. den Volksnamen vor den Personennamen – **amicus appellatus erat** den Titel ‚amicus populi Romani' verliehen die Römer ehrenhalber oder aus taktischen Gründen an einflussreiche Männer fremder Völker, um sie sich moralisch zu verpflichten (T 20); übersetze also den Titel nicht! (etwa: den Ehrentitel amicus erhalten) – **quod** relat.

5 **itemque Dumnorigi** . . . Satzbau: itemque (= et item) Dumnorigi Haeduo . . persuadet – **fratri Diviciaci** den Römern war Diviciacus bereits als Vertreter der romfreundlichen Häduer bekannt (T 8: 62 v. Chr.) – **qui:** Dumnorix

6 **factu** Supinum II (finaler Dativ eines Verbalsubstantivs: ‚zum Tun'), im Dt. überflüssig – **suae civitatis imperium** gen. obi. – **obtenturus esset** Konj. Imperf. der coniugatio periphrastica (obtenturus sum = ich bin im Begriff, zu übernehmen)

7 **suis copiis** durch seinen Einfluss

plurimum posse	am meisten vermögen, am mächtigsten sein
copia, ae, f.	Vorrat, Menge; Plural: Truppen
conciliare	gewinnen, verschaffen – *konziliant*
8 fides, ei, f.	Treue, Versprechen
ius iurandum, iuris iurandi, n.	Eid, Schwur
potens, entis	mächtig – *Potenz*
firmus, a, um	stark, tüchtig – *firm*
4,1 indicium, i, n.	Anzeige, Verrat – *Indiz, Index*
enuntiare	verraten
vinculum, i, n.	Fessel
causam dicere	sich vor Gericht verantworten
cogere, coegi, coactum (co-agere)	zusammenbringen, versammeln, zwingen
damnare	verurteilen – *verdammen*
oportet, oportuit (oportere)	es gehört sich, ist nötig
cremare	verbrennen – *Krematorium*
2 dies, ei, m./f.	mask.: Tag; fem.: Termin
causae dictio, onis, f.	Verantwortung (vor Gericht), Prozess

8 **adducti** H 8 – **fidem et ius iurandum dare** Hendiadyoin H 2 – **per** mit Hilfe – **potentissimos atque firmissimos:** Macht nach aussen – Stärke im Innern (Festigkeit) – **totius Galliae** gen. obi.

4,1 **ea res** Substantiv! – **moribus suis** abl. modi – **damnatum** = si damnatus esset – **oportebat** es hätte sich gehört; verw. ‚hätte treffen müssen' – **ut . . . cremaretur** erklärt poena (. . . des Feuertodes)

iudicium, i, n.	Gericht(sgebäude), Urteil
familia, ae, f.	Dienerschaft, Gesinde, Familie
ad (acc.) b. Zahlen:	an, ungefähr
undique	von allen Seiten
cliens, entis, m.	Lehnsmann, Schützling, Vasall – *Klient*
obaeratus, a, um (aes alienum)	verschuldet; subst.: Schuldner
eodem	ebendahin, auch dorthin
eripere, eripio, eripui, ereptum	herausreißen, entreißen
se eripere	sich entziehen
3 civitas, atis, f.	Bürgerschaft, Gemeinde, Stamm, Volk – *zivil*
ob (acc.)	wegen
incitare	antreiben, erregen, (auf)reizen
exsequi, -sequor, -secutus sum	verfolgen, durchsetzen – *Exekution*
magistratus, us, m.	Beamter, Amt, Behörde – *Magistrat*
4 suspicio, onis, f.	Verdacht – *suspekt*
mortem sibi consciscere, -scivi, -scitum	sich den Tod geben, Selbstmord begehen

2 **omnes clientes obaeratosque suos** vgl. die Verhältnisse in Rom T 12 – **ne causam diceret, se eripuit** übersetze mit substantivischem Ausdruck (H 5)

3 **ob eam rem** (!) – **ius suum exsequi** das Recht, die Alleinherrschaft eines einzelnen notfalls mit Waffengewalt (armis) zu verhindern – **ex agris** vom Lande – **neque abest** H 3

5,1 nihilo minus	um nichts weniger, nichtsdestoweniger, trotzdem
2 ubi	wo, sobald, wenn
vicus, i, m.	Dorf
incendere, -cendi, -censum	anzünden, anstecken
3 comburere, -ussi, -ustum	verbrennen
domum reditio, onis, f.	Heimkehr
tollere, sustuli, sublatum	aufheben, (weg)nehmen
subire, -eo, -ii, -itum	unter etw. gehen, etw. auf sich nehmen, ertragen
mensis, is, ium, m.	Monat
quisque	jeder
4 uti	ältere Form für ut
uti, utor, usus sum (abl.)	gebrauchen, benutzen – *Usus*
exurere, -ussi, -ustum	einäschern
una	zusammen, zugleich – *Union*
recipere, -cipio, -cepi, -ceptum	(zurücknehmen), bei sich (ad se) aufnehmen – *Rezept*
asciscere, -scivi, -scitum	annehmen, machen zu

5,1 id, quod constituerant H 5 – **ut** . . . im Dt. Infinitiv, eingeleitet mit ‚nämlich, also'

2 **ad eam rem** (!) – **numero** abl. limit.

3 **praeter** (id,) **quod** – **molita cibaria** Mehl; da die römischen Soldaten das Korn ungemahlen bekamen (T 38), registriert Caesar das Verfahren der Helvetier, die offenbar auf Transportgüter wie Handmühlen verzichteten.

4 **consilio uti** sich einem Plan anschliessen – **persuadent . . ., uti . . . usi . . . exustis . . . proficiscantur** die Vorzeitigkeit kann imDt. auch durch die Reihenfolge deutlich werden bei Beiordnung der drei Verbformen; verwende drei Infinitive – **Boiosque** die Bojer sind ein weitverzweigter kel-

6,1 omnino — im Ganzen, überhaupt, nur
qua (= qua via) — wo
impendere, -pendeo, –, – — hereinhangen, (her)überhangen

2 expeditus, a, um — unbehindert, bequem
nuper — neulich, (erst) kürzlich, noch nicht lange
pacare (pax) — friedlich macen, beruhigen; unterwerfen
vadum, i, n. — Furt, Untiefe – *Watt*

3 pertinere (ad) — sich erstrecken, sich beziehen (auf); beitragen, führen (zu)
nondum — noch nicht
bono animo (esse) in — von guter Gesinnung (sein) gegen, wohlgesinnt (sein) gegen
existimare — glauben, meinen, halten für

---

tischer Stamm; die hier genannten B. wohnten wahrscheinlich vorher in Böhmen (Boiohaemum = Bojerheim); von den benachbarten Germanen bedrängt (T 19), wanderten sie aus; ein Teil schloss sich den Helvetiern an, ein anderer Teil fand in der Steiermark eine neue Heimat. – **ager Noricus** zu Caesars Zeit ein Königreich mit der Hauptstadt Noreia (jetzt Neumarkt in der Steiermark) – **receptos** beiordnen!

6,1 **possent/ducerentur** zum Konj. H 14 – **vix qua** betonte Voranstellung des vix; stelle im Dt. um – **singuli carri** jedes Mal nur ein Karren = einer hinter dem anderen – **prohibere** ergänze als Objekt ‚Durchgang'

2 **multo** abl. mens. – **nuper** T 19 – **transitur** man kann durchwaten

3 **extremum** von der provincia aus gesehen – **viderentur** coni. obl. H 12

pati, patior, passus sum	dulden, erlauben, lassen – *Patient, Passiv*
4 profectio, onis, f.	Aufbruch, Abreise, Auszug
diem dicere	einen Tag (Termin) bestimmen
Kalendae, arum, f.	die Kalenden, der erste Tag jedes Monats
7,1 iter facere, facio, feci, factum	den Weg nehmen, ziehen, marschieren
maturare	sich beeilen, eilen
quam (b. Superl.)	möglichst, so ... wie möglich
ulterior, ius (Kompar.)	jenseitig
contendere, -tendi, -tentum	sich anstrengen, eilen, kämpfen
2 imperare	befehlen, zu stellen od. liefern befehlen – *Imperativ*

4 **omnibus rebus ... comparatis** (!) – **conveniant** zum Konj. H 14 – **ante diem quintum Kalendas Apriles** = dies quintus ante Kalendas (Subst.!) Apriles (Adj.!): 28. März – **L**(ucio Calpurnio) **Pisone A**(ulo) **Gabinio consulibus**: 58 v. Chr.

7,1 **id** weist auf den folgenden a. c. i. hin – **per provinciam nostram**: provincia Narbonensis T 12 (Gallia ulterior § 2) – **maturat** übersetze adverbiell – **ab urbe** urbs, in dieser Weise ohne Namen gesetzt, bezeichnet die Hauptstadt Rom – **quam maximis potest itineribus** T 39, Plutarch (Caesar 17): „Er reiste so schnell, dass er das erste Mal den Weg von Rom bis an die Rhone innerhalb von 8 Tagen zurücklegte." – **ad Genavam** die Prp. bezeichnet die Nähe oder Umgegend

2 **legio una** nur ...; die 10. Legion, die später Caesars Lieblingslegion wurde; die anderen Legionen, die ihm bewilligt worden waren (T 19), lagen bei Aquileia in den Winterquartieren

omnino	im Ganzen, überhaupt, nur
rescindere, -scidi, -scissum	abreißen, abbrechen
3 ubi	wo, sobald, wenn
certiorem facere	benachrichtigen; Passiv: erfahren
legatus, i, m.	Gesandter, Unterfeldherr (T 34) – *Legat*
legatio, onis, f.	Gesandtschaft – *Delegation*
princeps, cipis m.	der erste; Adliger, Fürst
mihi in animo est	ich habe vor, beabsichtige
ullus, a, um	(irgend)einer
maleficium, i, n.	böse Tat, Untat
rogare	bitten
voluntas, atis, f.	Wille, Einwilligung
licet, licuit (licere)	es ist erlaubt, man darf – *Lizenz*
4 memoria tenere	im Gedächtnis haben, wissen
occidere, -cidi, -cisum	niederhauen, töten
pellere, pepuli, pulsum	(ver)treiben, schlagen – *Puls*
iugum, i, n.	Joch, Gebirgskamm

3 **legatos** prädikativ – **qui dicerent** zum Konj. H 14 – **rogare** (se)

4 **occisum ... pulsum ... missum** (esse) – **sub iugum** aus zwei senkrechten und einer waagerecht darüber liegenden Lanze bildete der Sieger ein Tor („Joch' vom Joch der Zugtiere) und zwang das entwaffnete Heer des Besiegten, zum Zeichen der Demütigung gebückt darunter durchzuziehen; zur Niederlage des Cassius (107 v. Chr.) T 7 – (id = den Durchzug) **concedendum** (sibi esse) **non putabat**

concedere, -cessi, -cessum	weichen, nachgeben, gestatten – *konzedieren, Konzession*
putare	glauben, meinen, halten für
5 facultas, atis, f.	Fähigkeit, Möglichkeit, Gelegenheit – *Fakultät, fakultativ*
temperare (ab)	(sich) mäßigen, sich enthalten – *Temperament*
iniuria, ae, f.	Unrecht, Ungerechtigkeit, Feindseligkeit
6 spatium, i, n.	Zwischenraum, Zeitraum
intercedere, -cessi, -cessum	dazwischentreten, -liegen, vergehen
dum	während, solange (wie, bis)
deliberare	bedenken, überlegen
Idus, Iduum, f.	die Iden
8,1 influere, -fluxi, –	hineinfließen, (abfließen), münden
murus, i, m.	Mauer, Wall
fossam perducere, -duxi, -ductum	einen Graben ziehen

5 **inimico animo** abl. qual. – **data facultate** übersetze konditional
6 **dum ... convenirent** zum Konj. H 15 a. – **dies** hier: Frist – **ad Idus Apriles** die Iden sind eigentlich der Tag des Vollmonds; sie fielen gewöhnlich auf den 13. eines Monats, nur in den Monaten **M**ärz, **J**uli, **M**ai, **O**ktober (Merkwort: Milmo) auf den 15. – **reverterentur** Imperativ in indir. Rede H 13
8,1 **ea legione ... militibusque** abl. instr. – **a lacu Lemanno ... ad montem Iuram** dabei ist nicht an eine ununterbrochene

2 opus, operis, n. — Arbeit, Werk, Befestigung – *Opus*
perficere, -ficio, -feci, -fectum — vollenden, zustande bringen – *Perfekt, Perfektion*
praesidium, i, n. — Schutz, Besatzung, Posten
disponere, -posui, -positum — auseinander stellen, verteilen – *disponieren*
communire, -munivi, -munitum — befestigen
quo (mit Konj.) = ut eo — damit desto
invitus, a, um — wider Willen, ungern
me invito (abl. abs.) — wider meinen Willen
prohibere, -hibeo, -hibui, -hibitum — fern halten, abwehren, hindern
3 exemplum, i, n. — Probe, Beispiel – *Exemplar*
ostendere, -tendi, – — vorhalten, zeigen, eröffnen, mitteilen, erklären – *ostentativ*

Befestigungslinie zu denken; vielmehr wurden nur die verhältnismäßig wenigen Stellen befestigt, an denen ein Übergang möglich war (das Bett der Rhone ist hier meist tief eingeschnitten) – **milia passuum undeviginti** Akk. der Ausdehnung – murum hier nicht Mauer aus Steinen, sondern Erdwall, wie fossamque nahelegt. – **pedum** T 46
2 **disponit** C. stellt Posten ‚an verschiedenen Punkten' auf – **conarentur** H 11 – **possit** das übergeordnete praes. hist. bewirkt hier die Zeitenfolge eines Nebentempus, bald darauf (8,3 conentur) die eines Haupttempus
3 **constituere cum** vereinbaren mit – **negat** die Negation gehört gedanklich in die abhängige Erklärung: dicit se ... nulli ... – **more et exemplo** Hendiadyoin H 2 – **conentur** H 11 – **prohibiturum** (se esse)

vim facere	Gewalt anwenden
iter dare	den Durchzug gestatten
4 deicere, deicio, deieci, deiectum	hinabwerfen, herabwerfen
ratis, is, f.	Floß
qua (= qua via)	wo
altitudo, dinis, f.	Höhe, Tiefe
nonnumquam	manchmal, bisweilen
interdiu	bei Tage, tagsüber
noctu	bei Nacht, nachts
perrumpere, -rupi, -ruptum	durchbrechen
munitio, onis, f.	Befestigung – *Munition*
concursus, us, m.	Zusammenlaufen – *Konkurs*
telum, i, n.	Waffe, Geschoss
conatus, us, m.	Versuch, Vorhaben, Unternehmen
desistere, destiti, –	abstehen, ablassen, aufgeben
9,1 relinquere, -liqui, -lictum	zurücklassen, übrig lassen: Passiv: übrig bleiben – *Relikt, Reliquie*
angustiae, arum, f.	Enge, Engpass

4 **Helvetii . . . alii** beide Teile sind Helvetier; der erste stellt die Hauptmasse dar (**navibus . . . factis;** übersetze instrumental), der zweite kleinere Gruppen (**vadis Rhodani**) – **Helvetii . . . deiecti . . . conati . . . repulsi . . . destiterunt** übersetze durch Beiordnung und verwende ‚zwar . . . aber . . . und (schließlich)' **ea spe deiecti** von dieser Hoffnung herabgeworfen = in dieser Hoffnung getäuscht – **si perrumpere possent** abhängig von **conati,** si = ob – **operis munitione** munitio hier: Festigkeit, Stärke

9,1 **qua** abl. instr., im Dt. lokal

2 sua sponte — nach seinem (ihrem) Willen, freiwillig, allein, aus eigener Kraft – *spontan*

deprecator, oris, m. — Fürbitter, Vermittler

me deprecatore (abl. abs.) — auf meine Fürsprache, durch meine Vermittlung

impetrare — erlangen, erreichen

3 gratia, ae, f. — Beliebtheit, Einfluss, Dank

largitio, onis, f. — Freigebigkeit, Bestechung

multum posse — viel Vermögen, großen Einfluss haben

amicus, a, um — befreundet

in matrimonium ducere — in die Ehe führen, heiraten

studere, studeo, studui, – (dat.) — sich bemühen (um), sich beschäftigen mit – *Student, studieren*

novis rebus studere — Umsturz planen

quam (b. Superl.) — möglichst, so ... wie möglich

beneficium, i, n. — Wohltat, Gunst, Gefälligkeit

obstringere, -strinxi, -strictum — (sich) verbinden, (sich) verpflichten

4 suscipere, -cipio, -cepi, -ceptum — übernehmen, unternehmen

pati, patior, passus sum — etw. dulden, zulassen, gestatten – *Patient, Passiv*

obses, obsidis, m. — Geisel, Bürge

3 **cupidiate regni adductus** H 8 – **civitates ... habere obstrictas** H 10

4 **rem** (!) – **impetrat, ut** Satzbau: impetrat, ut ... patiantur, (et,) uti obsides ... dent, perficit – **Sequani** ..., **Helvetii** ... ergänze jeweils ‚obsides dent'; im Dt. Zusatz ‚mit dem Versprechen'

	uti	ältere Form für ut
	perficere, -ficio, -feci, -fectum (ut)	durchsetzen, erwirken, vollenden – *perfekt, Perfekt, Perfektion*
	maleficium, i, n.	böse Tat, Untat
10,1	mihi in animo est	ich habe vor, beabsichtige
2	locus, i, m.	Ort, Stelle – *Lokal*
	Plural: loci, -orum, m.	Stellen in Büchern
	loca, -orum, n.	Gegend, Gebiet
	patens, entis (patere)	offen, frei, ungeschützt – *Patent*
	frumentarius, a, um	getreidereich, fruchtbar
	ob eas causas	‚wegen dieser Gründe' = deshalb
3	munitio, onis, f.	Befestigung(sanlage)
	munitionem facere	eine Befestigung anlegen (lassen)

10,1 **non longe** immerhin beträgt die Entfernung 200 Kilometer – **quae civitas est** H 6

2 **id si fieret** (zum Tempus H 11) rückt im Dt. hinter das Hauptprädikat **intellegebat – futurum** (esse) hier Inf. Fut. von fieri – **ut . . . haberet** Subjekt provincia – **locis . . . frumentariis** dat. (das Gebiet der Tolosaten) – **finitimos** prädikativ, im Dt. Substantiv

3 **in Italiam:** Gallia Cisalpina T 12 – **magnis itineribus** T 39 – **duas legiones** die 11. und 12., **et tres** die 7., 8. und 9. Legion; Caesar vergrösserte sein Heer im Laufe der Kriegsjahre bewusst (T 21) – **qua proximum iter** etwa vom heutigen Turin aus über den Mont Genèvre, den niedrigsten Pass der Westalpen (1860 Meter), und durch das Tal der Isère nach Lugdunum (Lyon); Caesars Marschrichtung (10,5) erlaubte ihm nicht, den bequemsten Weg entlang der Küste zu nehmen. – **ire contendit** er machte sich eilends auf

praeficere, -ficio, -feci, -fectum	an die Spitze stellen, das Kommando übertragen – *Präfekt*
iter magnum, itineris magni, n.	Eilmarsch
contendere, -tendi, -tentum	sich anstrengen, eilen, kämpfen
conscribere, -scripsi, -scriptum	(in die Rekrutierungslisten) einschreiben, (Soldaten) ausheben
circum (acc.)	in der Umgebung von
hiemare	überwintern
hiberna (castra), hibernorum, n.	Winterlager, Winterquartiere
qua (= qua via)	wo
11,1 populari	verwüsten
2 suum, i, n.; Plur.: sua, orum, n.	seine (ihre) Habe, sein (ihr) Hab und Gut
defendere, -fendi, -fensum (a)	verteidigen (gegen) – *Defensive*
rogare	bitten, erbitten
3 mereri, mereor, meritus sum (de)	sich verdient machen (um) – *Meriten*
paene	fast, beinahe
conspectus, us, m.	Erblicken, Anblick
vastare	verwüsten
servitus, utis, f.	Sklaverei, Knechtschaft

11,1 **per angustias:** inter montem Iuram et flumen Rhodanum (6,1)
   2 **rogatum** Supinum I mit Akk.-Obj. **auxilium**
   3 **ita se** ... die indirekte Rede hängt ab von einem aus rogatum zu erschließenden verbum dicendi – **omni tempore** seit 121 heißen die Häduer ‚socii et amici populi Romani' (T 5) – **debuerint** hätten ... dürfen

debere, debeo, debui, debitum	schulden, müssen, verdanken
non debere	nicht dürfen
4 necessarius, a, um	notwendig; subst.: Freund
consanguineus, a, um	blutsverwandt, stammverwandt
certiorem facere	benachrichtigen; Passiv: erfahren
depopulari	verwüsten
vis, vim, vi, f.	Kraft, Gewalt, Angriff
prohibere, -hibeo, -hibui, -hibitum	fern halten, abwehren, hindern
5 item	ebenso, desgleichen, auch
possessio, onis, f.	Besitzung – *Possessivpronomen*
se recipere, -cipio, -cepi	sich zurückziehen
fuga se recipere	(sich) flüchten
solum, i, n.	Grund, Boden – *Sohle*
reliquus, a, um	übrig; subst.: das Übrige, der Rest – *Relikt, Reliquie*
6 exspectare	warten, erwarten, Ausschau halten
statuere, -tui, -tutum	hinstellen; beschließen; hier: glauben – *Statut*
dum	während, solange (wie, bis)
fortuna, ae, f.	Geschick, Glück; Plural: Güter, Vorräte
consumere, -sumpsi, -sumptum	verwenden, verbrauchen – *Konsum*

4 **depopulatis agris** das Deponens hier in passivischer Bedeutung – **non facile** Litotes H 3
5 **sibi ... esse** mit dat. = haben, besitzen – **nihil reliqui** gen. part.
6 **quibus rebus adductus** H 8 – **exspectandum (esse)** – **dum** zum Konj. H 15 a

12,1 incredibilis, e — unglaublich
lenitas, atis, f. — Milde, Ruhe
uter, utra, utrum — wer, welcher (von beiden)
pars, partis, f. — Teil, Seite, Richtung, Gegend – *Partei, partiell, Partitur*

iudicare — richten, entscheiden, urteilen
ratis, is, f. — Floß
linter, tris, f. — Nachen, Kahn
iungere, iunxi, iunctum — verbinden, zusammenbinden

2 ubi — wo, sobald, wenn
explorator, oris, m. — Kundschafter, Späher
flumen traducere — über den Fluss setzen, den Fluss überqueren
vero — aber
citra (acc.) — diesseits
vigilia, ae, f. — Nachtwache – *Vigil*
de tertia vigilia — noch während der dritten Nachtwache
nondum — noch nicht

3 impeditus, a, um — behindert, nicht kampfbereit
inopinans, antis — nichts ahnend, ahnungslos
concidere, -cidi, -cisum — zusammenhauen, niederhauen, töten

12,1 incredibili lenitate abl. qual.; lenitas hier: langsame Strömung – **transibant** imperf. de conatu

2 tres partes drei Viertel – **de tertia vigilia** die Nacht von abends 18 Uhr bis morgens 6 Uhr wurde in vier Nachtwachen eingeteilt; die dritte Nachtwache beginnt also um Mitternacht

3 mandarunt = mandaverunt

mandare	(in die Hand geben) anvertrauen, auftragen – *Mandant, Mandat*
fugae se mandare	sich der Flucht übergeben, fliehen
abdere, -didi, -ditum	wegtun, verbergen
4 pagus, i, m.	Gau, Stamm
appellare	nennen; Passiv: heißen – *Appell*
5 patrum memoria	zur Zeit der Väter
iugum, i, n.	Joch, Bergrücken
6 sive . . . sive	(entweder) . . . oder
insignis, e	ausgezeichnet, bedeutend
calamitas, atis, f.	Schaden, Unglück, Niederlage – *Kalamität*
inferre, -fero, -tuli, illatum	hineintragen, zufügen
princeps, cipis	der erste; Adliger, Fürst
poena, ae, f.	(Lösegeld für eine Blutschuld, Wergeld - vir: Wer) Strafe
persolvere, -solvi, -solutum	(gründlich) bezahlen

5 **hic pagus unus** dies war der eine Gau, der . . . – **patrum memoria** 107 v. Chr. (T 7) – **quae pars civitatis . . ., ea** = ea pars civitatis . . . **ea** = ea pars civitatis . . ., quae (betonte Nachstellung des Demonstrativums; ahme sie im Dt. nach) – **princeps** prädikativ – **qua in re** damit, durch diesen Sieg – **publicas . . . privatas iniurias** seinem Volk . . . seiner eigenen Person zugefügtes Unrecht – **eius:** Caesaris – **soceri L**(ucii Calpurnii) **Pisonis** T 18 – **L**(ucium Calpurnium) **Pisonem legatum** der Großvater des Schwiegervaters (Konsul 112; 107 Legat des Cassius; T 7)

poenas persolvere	Buße zahlen, Strafe erhalten, büßen
7 ulcisci, ulciscor, ultus sum (acc.)	(sich) rächen (an), (be)strafen (für)
socer, soceri, m.	Schwiegervater
idem qui	derselbe wie
13,1 consequi, -sequor, -secutus sum	(nach)folgen, einholen, erreichen – *Konsekutivsatz, Konsequenz*
pontem in flumine facere	eine Brücke über einen Fluss schlagen
curare	sorgen, besorgen; mit Gerundivum: lassen
2 repentinus, a, um	plötzlich
commovere, -moveo, -movi, -motum	bewegen, beunruhigen – *Motiv, Motor*
aegre (Superl.: aegerrime)	mit Mühe, mit Müh und Not, kaum
conficere, -ficio, -feci, -fectum	vollenden – *Konfektion*
legatio, onis, f.	Gesandtschaft – *Delegation*
3 agere, egi, actum (cum)	treiben, tun; verhandeln (mit) – *Aktion, Aktiv*
pars, partis, f.	Teil, Seite, Richtung, Gegend – *Partei, partiell, Partitur*

13,1 hoc proelio facto nach . . .
 2 **Helvetii . . . commoti** H 8 – Satzbau: Helvetii . . . commoti, cum (id . . . illum . . . fecisse) intellegerent, . . . mittunt – **cum** im Dt. Hauptsatz („denn . . .') – **ut flumen transirent** erklärt id (im Dt. ‚nämlich') – **Divico** wenn er bereits 107 im Krieg gegen Cassius (T 7) eine führende Position innehatte, ist er jetzt (58) ungefähr 80 Jahre alt
 3 **faceret/constituisset/voluisset/perseveraret** H 11

constituere, -tui, -tutum	hinstellen, ansiedeln – *Konstitution*
4 sin = si autem	wenn aber
bello persequi, -sequor, -secutus sum	mit Krieg verfolgen, Krieg führen
perseverare	beharren (auf etw.), fortfahren (etw. zu tun)
reminisci, reminiscor, – gen.	sich erinnern, gedenken – *Reminiszenz*
vetus, veteris	alt, ehemalig – *Veteran*
incommodum, i, n.	Unbequemlichkeit, Nachteil, Schaden, Niederlage
pristinus, a, um	früher, alt, ehemalig
5 improviso	unversehens, unvermutet – *improvisieren*
adoriri, -orior, -ortus sum	angreifen, überfallen
tribuere, -bui, -butum	zuteilen, zuschreiben – *Tribut*
ob eam rem	deshalb
despicere, -spicio, -spexi, -spectum	herabsehen, gering schätzen, verachten – *despektierlich*
6 maiores, um, m.	Vorfahren
discere, didici, –	lernen
contendere, -tendi, -tentum	sich anstrengen, eilen, kämpfen
insidiae, arum f.	Hinterhalt, Tücke
niti, nitor, nisus (nixus) sum (abl.)	sich stützen, sich verlassen auf

4 **sin bello persequi perseveraret** (eos) übersetze perseveraret adverbiell – **reminisceretur** Imperativ in indir. Rede H 13 – **veteris incommodi** die Niederlage des Cassius

5 **cum ii** cum temporale: zu einem Zeitpunkt, da (als) – **ne tribueret aut despiceret** H 13 – **ob eam rem** (!)

7 quare	weshalb?; deshalb
committere, -misi, -missum	zustande kommen lassen, es dahin kommen lassen, dass . . .; verschulden
consistere, -stiti, –	sich aufstellen, Halt machen, sich festsetzen; Perfekt: stehen
internecio, onis, f.	Vernichtung, Niedermetzelung
nomen capere ex	einen Namen bekommen von, bekannt werden nach
prodere, -didi, -ditum	weitergeben, verraten, überliefern
memoriam prodere	das Andenken weitergeben
14,1 eo . . . quo	desto (um so) . . . je
dubitatio, onis, f.	Bedenken, Zweifel
commemorare	erwähnen
memoria tenere	im Gedächtnis haben, wissen
graviter ferre	schwer (er)tragen, schmerzlich empfinden
meritum, i, n.	Verdienst, Schuld – *Meriten*
accidit, accidit (accidere)	es ereignet sich, geschieht, stößt jm. zu, widerfährt jm.

7 ne committeret H 13 – **memoriam proderet** zu memoriam sind calamitatis und internecionis als gen. obi. zu ergänzen
14,1 his: legatis (13,2) – Satzbau: eo minus . . . dari, quod . . . teneret, atque eo gravius (se) ferre, quo . . . – **minus dubitationis** gen. part. – **dari** ‚es gebe (für ihn)' – **eas res** (!) – **commemorassent** = commemoravissent – **accidissent** ergänze das Subjekt aus eas res

2 conscius, a, um — mitwissend, bewusst
cavere, caveo, cavi, cautum — sich hüten
decipere, -cipio, -cepi, -ceptum — täuschen
committere, -misi, -missum — zustande kommen lassen, es dahin kommen lassen, dass . . .; verschulden

3 quodsi — wenn (aber)
contumelia, ae, f. — Schmach, Schimpf, Schande
oblivisci, -liviscor, -litus sum (gen.) — vergessen
num — etwa?
recens, entis — frisch, neu, jüngster, letzter
me invito (abl. abs.) — gegen meinen Willen
temptare — versuchen
vexare — peinigen, misshandeln
deponere, -posui, -positum — niederlegen – *deponieren, Depot*

2 **qui . . .** Subjekt ist populus Romanus (14,1) – **non fuisse difficile** in direkter Rede: difficile non fuit; im Dt. Konjunktiv: wäre es nicht schwer gewesen . . . – **eo** dadurch – **deceptum** (eum esse) es habe sich täuschen lassen – **intellegeret/putaret** im Dt. Konj. Perf.: das Bewusstsein gehabt habe . . . / geglaubt habe . . . – **quare timeret** weshalb es sich hätte fürchten sollen

3 **vellet** Subjekt ist populus Romanus und zugleich sein Vertreter Caesar – **num . . . memoriam deponere posse** rhetorische Frage: der Satzinhalt ist eine Behauptung (deshalb in indirekter Rede a. c. i.), die Antwort ‚nein' steht fest (deshalb num) – **quod eo invito . . .** die verschiedenen iniuriae werden durch faktische quod eingeleitet (‚nämlich dass . . . ') – **per vim temptare** zu erzwingen suchen

memoriam deponere	die Erinnerung aufgeben, vergessen
4 insolenter	ungewöhnlich, übermütig
gloriari (abl.)	sich rühmen
impune	ungestraft, straflos
admirari	anstaunen, bewundern, sich wundern
eodem	ebendahin
pertinere, -tineo, -tinui (ad)	sich erstrecken, sich beziehen (auf)
5 consuescere, -suevi, –	sich gewöhnen; Perfekt: gewohnt sein, pflegen
quo (mit Konj.) = ut eo	damit desto
commutatio, onis, f.	Veränderung, Wechsel – *Mutation, Kommutativgesetz*
scelus, sceleris, n.	Frevel, Verbrechen
ulcisci, ulciscor, ultus sum (acc.)	(sich) (an jm.) rächen, (be)strafen (für)
secundus, a, um (sequi)	folgender, zweiter, günstig – *Sekunde, sekundär*
res secundae	Glück
interdum	bisweilen, manchmal
diuturnus, a, um	lang(dauernd)
impunitas, atis, f.	Straflosigkeit

4 **quod ... quodque** die beiden quod-Sätze (fakt. quod: wenn ... und wenn ...) sind Subjekt zu **eodem pertinere**
5 Stelle im Dt. den Relativsatz (quos ... velint) hinter his (näml. hominibus) und setze den Finalsatz (quo ... doleant) an das Ende des Ganzen Satzes – **consuesse** = consuevisse – **secundiores res** größeres Glück – **commutatio rerum** Veränderung der Verhältnisse

	concedere, -cessi, -cessum	weichen, nachgeben, einräumen, gestatten – *Konzession, konzedieren*
6	polliceri, -liceor, -licitus sum	versprechen
	iniurias inferre	Unrecht zufügen
	item	ebenso, desgleichen, auch
	satisfacere, -facio, -feci, -factum (de)	Genüge tun, Genugtuung leisten (für)
7	instituere, -tui, -tutum	hinstellen, einrichten, erziehen – *Institut*
	testis, is, m.	Zeuge – *Testat*
	discedere, -cessi, –	auseinander gehen, weggehen
15,1	posterus, a, um	folgender, nächster
	castra movere, moveo, movi, motum	aufbrechen, weiterziehen
	ad (acc.) b. Zahlen:	an, ungefähr
	cogere, coegi, coactum (co-agere)	zusammenbringen, versammeln, zwingen
	iter facere	den Weg nehmen, ziehen, marschieren

6 Hauptsatz: tamen . . . sese cum iis pacem esse facturum; stelle im Dt. die si-Sätze hinter den Hauptsatz – **dentur/polliceantur/satisfaciant** H 11 – **quae polliceantur** ihre Versprechungen (H 5) – **facturos** (eos esse) – **Haeduis/Allobrogibus** Dativobjekte zu **si satisfaciant** wenn sie den Häduern . . . und ebenso den Allobrogern . . .
7 **consuerint** – consueverint – **eius rei** (gen. zu id!) dafür – **hoc responso dato** nach . . .
15,1 **equitatum** T 36 – **ad numerum** numerus im Dt. entbehrlich – **coactum habebat** H 10 – **qui videant** constructio ad sensum H 7; zum Modus H 14

pars, partis, f.	Teil, Seite, Richtung, Gegend, – *Partei, partiell, Partitur*
2 agmen, minis, n.	Zug, Heer(eszug)
cupidus, a, um	begierig, heftig, hitzig
agmen novissimum	Nachhut
insequi, -sequor, -secutus sum	verfolgen, nachsetzen
alienus, a, um	fremd, ungünstig
proelium committere, -misi, -missum	ein Gefecht zustande kommen lassen, beginnen
3 sublatus, a, um (tollere)	ermutigt, übermütig geworden
propellere, -puli, -pulsum	vor sich her treiben, schlagen
audax, audacis	kühn, mutig
subsistere, -stiti, –	Halt machen, Stand halten
lacessere, -sivi, -situm	reizen, locken
proelio (abl.) lacessere	zum Kampf reizen
4 continere, -tineo, -tinui, – (ab)	zurückhalten (von)
rapina, ae, f.	Raub, Raubzug
5 populatio, onis, f.	Verwüstung
circiter (acc.)	um ... herum, ungefähr
agmen primum	Vorhut
amplius	weiter, mehr

2 **cupidius** zu hitzig – **pauci** einige, ein paar
3 **quingentis** mit nur ...
4 **suos** seine Leute
5 **amplius quinis** ... amplius hier mit dem abl. comp.; die Distributivzahl ist hier angebracht, weil der Vorgang sich täglich wiederholte: jedes Mal fünf oder sechs Meilen

interesse, -sum, -fui (dat.)	dazwischen sein, -liegen; dabei sein, teilnehmen an – *Interesse*
16,1 interim	inzwischen, unterdessen
publice	öffentlich, im Namen des Volkes – *Publikation, publik*
flagitare	verlangen, fordern
2 frigus, oris, n.	Frost, Kälte
maturus, a, um	reif, zeitig
ne . . . quidem	nicht einmal
pabulum, i, n.	Futter
suppetere, -petivi; -petitum	vorhanden sein, ausreichen
3 subvehere, -vexi, -vectum	heranfahren, nachfahren
avertere, -verti, -versum	abwenden, entfernen – *Aversion*
discedere, -cessi, -cessum	auseinander gehen, weggehen
4 diem ex die	Tag für Tag, von einem Tag auf den anderen
comportare	zusammentragen, (an)liefern
5 instare, -stiti, -	herandrängen, bevorstehen
metiri, metior, mensus sum	messen, zumessen

16,1 **quod essent . . . polliciti** coni. obl. H 12 – **flagitare** inf. hist. H 9

2 **frigora** das kalte Klima – **frumenta** pl.: das Getreide auf den Feldern (frumentum: das als Proviant mitgeführte Korn)

3 **flumine Arari** abl. instr., im Dt. lokal – **a quibus discedere nolebat** denen er auf den Fersen bleiben wollte – **iter avertere** abbiegen

4 **ducere/dicere** inf. hist. H 9; ducere hier: hinhalten (eum)

5 **diutius** wie cupidius 15,2 – **metiri** hier passivisch – **oporteret** zum Konj. H 14 – **Diviciaco et Lisco** abl., weil Apposition zu

oportet, oportuit (oportere)	es gehört sich, ist nötig
magistratus, us, m.	Amt; Beamter – *Magistrat*
praeesse, -sum, -fui (dat.)	vorstehen, führen
annuus, a, um	jährlich, für die Dauer eines Jahres
nex, necis, f.	Tod
potestas, atis, f.	Macht, Gewalt, Möglichkeit
6 accusare	anklagen, Vorwürfe machen
emere, emi, emptum	kaufen
necessarius, a, um	nötig, dringend
propinquus, a, um	nahe, verwandt
sublevare	erleichtern, unterstützen
praesertim cum	besonders weil, zumal da
magna ex parte	großenteils
preces, precum, f.	die Bitten – *prekär*
bellum suscipere, -cipio, -cepi, -ceptum	einen Krieg unternehmen, beginnen
destituere, -tui, -tutum	wegstellen, im Stich lassen
queri, queror, questus sum	sich beklagen – *Querulant*

convocatis principibus – qui summo magistratui praeerat der oberste Staatsbeamte (H 5) – Mache aus den beiden Relativsätzen in der Parenthese im Dt. zwei Hauptsätze – **vergobretum** der Vergobret war als oberster Beamter nicht nur Richter (das Wort bedeutet wohl ‚Vollzieher der Urteile'), sondern im Krieg auch Heerführer – **in suos** seinen Leuten gegenüber

6 **cum** concessivum – **neque emi neque sumi possit** (frumentum) – **tam necessario tempore** während die Zeit so dränge – **tam propinquis hostibus** in so unmittelbarer Nähe des Feindes – **subleveтur/susceperit/sit destitutus** coni. obl. H 12 – **eorum precibus adductus** H 8 – **multo** abl. mens.

17,1 tum demum — nun erst, jetzt endlich
tacere, taceo, tacui, – — (ver)schweigen
proponere, -posui, -positum — vorstellen, darlegen, mitteilen
auctoritas, atis, f. — Ansehen, Einfluss, Rat – *Autorität*
valere, valeo, valui, – — stark sein, vermögen, gelten – *Invalide; Valenz*
privatim — persönlich, als Privatperson – *privat*

2 seditiosus, a, um — aufrührerisch
improbus, a, um — böswillig
deterrere, -terreo, -terrui, -territum — abschrecken, abhalten, hindern – *Terror*
debere, debeo, debui, debitum — schulden, müssen, verdanken

3 praestat — es ist besser
principatus, us, m. — erste Stelle, Führung
obtinere, -tineo, -tinui, – — innehaben, behaupten
perferre, -fero, -tuli, -latum — ertragen; überbringen

4 non dubitare, quin — nicht (daran) zweifeln, dass…
una — zusammen, zugleich – *Union*
eripere, eripio, eripui, ereptum — herausreißen, entreißen

5 gerere, gessi, gestum — tun; passivisch: geschehen – *Geste*

17,1 **quod** relativ. – **auctoritas apud plebem** vgl. das Klientelverhältnis in Rom (T 12)

3 **praestare** . . .: der Inhalt der oratio seditiosa atque improba – **possint:** Haedui – Gallorum ,von Galliern'.

4 **superaverint** zum Tempus H 11; ebenso **sint erepturi**

5 **nostra:** Romanorum – **quaeque . . . geruntur** = et ea, quae geruntur; H 5 – **a se:** Liscus

enuntiare	mitteilen, verraten
coercere, coerceo, coercui, coercitum	in Schranken halten, bändigen
6 quin etiam	ja sogar
quamdiu	solange wie; wie lange?
18,1 designare	bezeichnen, anspielen auf – *designiert*
sentire, sensi, sensum	fühlen, merken – *sensibel, Sensation*
iactare	hin- und herwerfen, verhandeln, erörtern
concilium, i, n.	Versammlung – *Konzil*
dimittere, -misi, -missum	auseinander schicken, entlassen
retinere, -tineo, -tinui, -tentum	zurückhalten
2 quaerere, quaesivi, quaesitum	suchen, zu erfahren suchen, fragen
conventus, us, m.	Zusammenkunft, Versammlung, Gerichtstag – *Konvent, Konvention*
secreto	gesondert, insgeheim – *Sekret*
reperire, repperi, repertum	finden, erfahren
3 liberalitas, atis, f.	Freigebigkeit
gratia, ae, f.	Beliebtheit, Ansehen, Dank

6 **quod** fakt. – **necessaria res** dringende Angelegenheit – **coactus** durch die Vorwürfe Caesars (16,6) – **enuntiarit** = enuntiaverit

18,1 **pluribus praesentibus** abl. abs.: vor (mehreren) Zeugen – **eas res** (!) – **dimittit, Liscum** ... adversatives Asyndeton H 1 – **liberius atque audacius** H 2

3 **ipsum esse Dumnorigem** ... es sei wirklich D. – **summa audacia, magna liberalitate** abl. qual.: ein ... (Adjektive!)

portorium, i, n. (portus)	Hafenzoll, Zoll
vectigal, alis, n.	Steuer, Abgabe, Zoll; Plural: Einkünfte
pretium, i, n.	Preis
redimere, -emi, -emptum	(zurück)kaufen, pachten
liceri, liceor, licitus sum	bieten
audere, audeo, ausus sum	wagen
4 res familiaris, rei familiaris, f.	Vermögen – *Familie, familiär*
augere, augeo, auxi, auctum	vergrößern, vermehren – *Auktion*
facultas, atis, f.	Fähigkeit, Möglichkeit, Mittel, Vorrat – *Fakultät*
largiri, largior, largitus sum	schenken, bestechen
5 sumptus, us, m.	Aufwand, Kosten
alere, alui, altum	(er)nähren, unterhalten – *Alimente*
potentia, ae, f.	Macht, Einfluss – *Potenz*
causa (gen.)	wegen (final), im Interesse
illic	dort
collocare	aufstellen, unterbringen
7 propinquus, a, um	nahe, verwandt
nubere, nupsi, nuptum	sich (einem Manne) vermählen, heiraten

. . . Mann – **cupidum rerum novarum** im Dt. Relativsatz
– **parvo pretio** abl. instr., im Dt. ein Wort – **redempta habere**
H 10 – **illo licente** abl. abs., löse in einen Bedingungssatz auf
4 **his rebus** (!) – **comparasse** = comparavisse
6 **domi** bei seinem Stamm – **largiter posse** = multum posse
– **collocare** hier: verheiraten
7 **ex Helvetiis** aus dem Stamm der Helvetier – **sororem ex matre** die Schwester mütterlicherseits, Stiefschwester
– **propinquas** achte auf das genus – **nuptum** Supinum I

8 favere, faveo, favi, fautum (dat.) — günstig sein, begünstigen – *Favorit*
cupere, cupio, cupivi, cupitum — wünschen, begehren, zugetan sein
propter (acc.) — wegen (kausal), aufgrund
affinitas, atis, f. — Verwandtschaft – *Affinität*
odisse, odi — hassen
deminuere, -minui, -minutum — vermindern – *Minute, Minuend*
restituere, -tui, -tutum — wiederherstellen, zurückversetzen

9 accidit, accidit (accidere) — es ereignet sich, geschieht, stößt jm. zu, widerfährt jm.
in spem venire (gen.) — Aussicht haben (auf)
regnum obtinere — die Herrschaft übernehmen
desperare de — die Hoffnung aufgeben auf, verzweifeln an, verzichten müssen auf

10 proelium equestre, proelii equestris, n. — Reitergefecht
adversus, a, um — ungünstig, unglücklich, zugewandt – *adversativ*
initium, i, n. — Anfang, Beginn – *Initialen*
perterrere, -terreo, -terrui, -territum — erschrecken, verwirren – *Terror*

---

8 **favere et cupere** Hendiadyoin H 2 – **odisse** adversatives Asyndeton H 1 – **suo nomine** aus persönlichen Gründen – **in antiquum locum gratiae et honoris** in seine frühere einflussreiche und ehrenvolle Stellung
9 **venire** (eum) – **imperio populi Romani** abl. abs.: unter . . .
10 **quod** fakt.

19,1 cognoscere, cognovi, cognitum — kennen lernen, erfahren, untersuchen; Perf.: kennen, wissen — *kognitiv*

suspicio, onis, f. — Verdacht(smoment), verdächtige Handlung — *suspekt*

certus, a, um — gewiss, bestimmt
accedere, -cessi, -cessum — hinzukommen; sich nähern
obsides inter se dare — Geiseln austauschen
curare — sorgen, besorgen; mit Gerundivum: lassen
iniussu — ohne Befehl
insciens, entis — nicht wissend, ohne Wissen
animadvertere, -verti, versum (in) — (be)merken; vorgehen (gegen)

2 repugnare — widerstreiten, sich widersetzen, entgegenstehen

studium, i, n. — Eifer, (polit.) Ergebenheit — *Studium*

voluntas, atis, f. — Wille, Wunsch, Zuneigung, Zustimmung

egregius, a, um (grex) — (aus der Herde) auserlesen, ausgezeichnet

---

19,1 Hauptsatz: quibus rebus cognitis . . . satis esse causae arbitrabatur – **cum** causale – **certissimae res** erwiesene Tatsachen (die durch die vier quod-Sätze mitgeteilt werden; die quod-Sätze im Dt. am besten als Hauptsätze in Parenthese) – **traduxisset/curasset/fecisset/accusaretur** coni. obl. H 12 – **iniussu suo:** Caesar – **inscientibus ipsis:** Caesar und die Häduer – **a magistratu Haeduorum:** Liscus

2 **his omnibus rebus** (!) – **Diviciaci animum** = Diviciacum

temperantia, ae, f.	Mäßigung, maßvolles Wesen – *Temperament*
supplicium, i, n.	Todesstrafe, Hinrichtung
offendere, -fendi, -fensum	anstoßen, beleidigen – *offensiv*
vereri, vereor, veritus sum	(sich) scheuen, (sich) fürchten
3 quidquam	etwas
iubere, iubeo, iussi, iussum (acc.)	heißen = befehlen, lassen
interpres, pretis, m.	Unterhändler, Dolmetscher – *Interpret, Interpretation*
removere, -moveo, -movi, -motum	wegschicken, entfernen
familiaris, is, m.	Vertrauter, Freund – *familiär*
fidem habere (dat.)	Zutrauen haben (zu), Vertrauen schenken, Glauben schenken
4 simul	zugleich, neben anderem – *simultan*
commonefacere, -facio, -feci, -factum	zu bedenken geben, erinnern
ostendere, -tendi, -tentum	vorhalten, zeigen, erklären – *ostentativ*
separatim	abgesondert, unter vier Augen – *separat*
quisque	(ein) jeder
5 offensio, onis, f.	Beleidigung, Kränkung

3 **priusquam** mit Konj. H 15 b – **summam omnium rerum fidem** (!)

4 **ipso praesente:** Diviciacus

5 **petit atque hortatur** Hendiadyoin H 2 – **offensio animi** Kränkung (des Herzens); **eius:** Diviciaci; also: ohne ihn zu krän-

20,1 statuere, -tui, -tutum (de) — festsetzen, beschließen, ein Urteil fällen (über) – *Statut*
lacrima, ae, f. — Träne
complecti, -plector, -plexus sum — (die Knie) umfassen – *Komplex*
obsecrare — anflehen, beschwören
incipere, incipio, coepi, inceptum — anfangen, beginnen

2 quisquam — jemand, einer
dolorem capere ex — Schmerz empfinden über, sich ärgern über
adulescentia, ae, f. — Jugend
crescere, crevi, – — wachsen, emporkommen – *crescendo*

3 ops, opis, f. — Hilfe; Plural: Macht
nervus, i, m. — Sehne, Muskel; Plural: Stärke – *Nerv*
gratia, ae, f. — Beliebtheit, Ansehen, Dank
pernicies, ei, f. — Verderben, Unglück, Vernichtung
fraternus, a, um — brüderlich
existimatio, onis, f. — Beurteilung, Meinung
vulgus, i, n. — Volk, Menge, Masse – *vulgär*

ken – **causa cognita** abl. abs. nach Untersuchung des Falles
20,1 (ali)**quid gravius statuere in fratrem** ein zu hartes Urteil über den Bruder fällen
2 ex eo: aus dem Verhalten des Bruders – **plus doloris** gen. part., im Dt. attrib. Adjektiv – **cum ipse** cum temporale: zu der Zeit, als (Konj. der indir. Rede!)
3 uteretur: der Bruder

4 quodsi	wenn (aber)
futurum est, ut	es wird dahin kommen, dass
avertere, -verti, -versum	abwenden; Passiv: sich abwenden – *Aversion*
5 dextra, ae, f.	rechte Hand, die Rechte
pre(he)ndere, -hendi, -hensum	(er)greifen, fassen
consolari	trösten, beruhigen
tanti esse (gen. pret.)	soviel gelten
condonare (dat.)	schenken, (jm. zuliebe etw.) verzeihen
6 adhibere, -hibeo, -hibui, -hibitum	anwenden, hinzuziehen
reprehendere, -hendi, -hensum (in)	tadeln (an)
queri, queror, questus sum	(sich) beklagen – *Querulant*
vitare	(ver)meiden
praeteritus, a, um	vergangen – *Präteritum*
custos, odis, m.	Wächter – *Küster*
21,1 explorator, oris, m.	Kundschafter
sub (abl.)	unter, am Fuße
considere, -sedi, –	sich setzen, sich lagern
natura, ae, f.	Natur, natürl. Beschaffenheit

4 **ipse:** Diviciacus – **apud eum:** Caesar – **accidisset** zum Tempus H 11 – **neminem ... non** Litotes H 3 – **totius Galliae animi** = omnes Galli

5 **pluribus verbis** mit noch mehr Worten – **rogat, finem orandi faciat** statt des gewöhnlicheren: rogat, ut ... – **eius ... gratiam:** Diviciacus – **rei publicae** gen. obi. – **suum dolorem:** Caesar – **eius:** Diviciacus

21,1 (exploratores,) **qui cognoscerent** zum Modus H 14; davon abhängig **qualis esset ...** – **facilem:** ascensum

	circuitus, us, m.	Umkreis
	ascensus, us, m.	Anstieg, Aufstiegsmöglichkeit
2	de tertia vigilia	noch während der 3. Nachtwache
	iugum, i, n.	Joch, Kamm, Spitze
3	contendere, -tendi, -tentum	sich anstrengen, kämpfen, eilen
4	res militaris, rei militaris, f.	Kriegswesen – *Militär*
	peritus, a, um (gen.)	kundig, erfahren (in)
22,1	prima luce	bei Tagesanbruch
	captivus, i, m.	Gefangener
	comperire, comperi, compertum	erfahren
2	admittere, -misi, -missum	zulassen, loslassen
	accurrere, -curri, –	herbeieilen
	insigne, is, n.	Abzeichen
3	collis, is, m.	Hügel, Anhöhe
	subducere, -duxi, -ductum	(von unten) heran-, hinaufführen
	acies, ei, f.	(Schärfe) Schlacht-, Kampfordnung
	instruere, -struxi, -structum	einrichten, aufstellen, ausrüsten – *instruieren*

2 **legatum pro praetore** Unterfeldherr T 37
4 **haberi** gelten als
22,1 **summus mons** die Spitze des Berges – **longius mille . . . passibus** abl. comp. – **neque . . . aut . . . aut** und weder . . . noch
2 **equo admisso** mit losgelassenem Pferd = im Galopp – **quem a Labieno occupari voluerit** a. c. i. im Relativsatz H 16
3 **ut erat praeceptum . . .** im Dt. mit ‚denn . . . ' hinter den Hauptsatz! – **ne . . . nisi** er solle nur dann, wenn . . .

aciem instruere	das Heer zum Kampf aufstellen, d. h. sich zum Kampf aufstellen lassen
ut (mit Ind.)	wie
praecipere, -cipio, -cepi, -ceptum	vorschreiben, befehlen
prope (acc.)	in der Nähe
undique	von allen Seiten
uno tempore	gleichzeitig
abstinere, -tineo, -tinui, – (abl.)	sich fern halten, sich enthalten – *Abstinenz*
4 denique	endlich, schließlich, erst
castra movere	aufbrechen, weiterziehen, vorrücken
5 consuescere, -suevi, –	sich gewöhnen; Perf.: gewohnt sein, pflegen
intervallum, i, n.	Zwischenraum, Abstand – *Intervall*
castra ponere	ein Lager aufschlagen, lagern
23,1 omnino	im Ganzen, überhaupt, nur
biduum, i, n.	Zeitraum von zwei Tagen, zwei Tage
superesse, -sum, -fui	übrig sein; überleben

4 **multo denique die** wenn der größte Teil des Tages schon zurückgelegt ist, erst spät am Tage – **timore perterritum** H 8 – (id,) **quod** – **pro viso** an Stelle des Gesehenen, als gesehen

5 **quo consuerat intervallo** = eo intervallo, quo consueverat: abl. modi; übersetze mit einem präpositionalen Ausdruck

23,1 **postridie eius diei** Pleonasmus H 4 – **cum ... oporteret** bis zu dem Zeitpunkt, wo ... (Konj. nach Art konsekutiver Relativsätze: bis zu dem Zeitpunkt, der so beschaffen war,

metiri, metior, mensus sum	(zu)messen
longe (b. Superl.)	bei weitem, weitaus
copiosus, a, um (copia)	reich (an Vorräten)
res frumentaria, rei frumentariae, f.	Getreide, Verpflegung
prospicere, -spicio, -spexi, -spectum	voraussehen (acc.), sorgen für (dat.) – *Prospekt*
iter avertere	sich abwenden von
2 fugitivus, i, m. (eig.: fugitivus servus)	der geflohene Sklave, Überläufer
decurio, onis, m.	der Anführer einer zehn (decem)-köpfigen Abteilung, Dekurio
seu (sive) ... sive	entweder ... oder
3 pridie	am Vortage, tags zuvor
locus superior, loci superioris, m.	Anhöhe, Höhe
intercludere, -clusi, -clusum (abl.)	abschneiden, abschließen, hindern an
confidere, -fisus sum	vertrauen, glauben
commutare	ändern, (ver)tauschen – *Kommutativgesetz*

dass an ihm dem Heer das Getreide hätte zugeteilt werden müssen; **metiri** hier passivisch) – **Bibracte** T 45 – **prospiciendum** (sibi esse) – **ire contendit** übersetze adverbiell

3 **seu quod ... sive eo, quod** sei es, weil ... , sei es deshalb, weil – **existimarent/commisissent** (Romani!)/**confiderent** coni. obl. H 12 – **superioribus locis occupatis** übersetze konzessiv – **intercludi posse**: Romanos – **commutato consilio** und **intinere converso** im Dt. dem insequi ac lacessere coeperunt beiordnen! – **nostros a novissimo agmine** unsere Nachhut

	convertere, -verti, -versum	wenden, umkehren – *Konverter, Konvertit*
	iter convertere	umkehren, kehrtmachen
	agmen novissimum	Nachhut
	insequi, -sequor, -secutus sum	verfolgen, nachsetzen
	lacessere, lacessivi, lacessitum	reizen, herausfordern (zu)
24,1	animadvertere, -verti, -versum (in)	(be)merken; vorgehen (gegen)
	sustinere, -tineo, -tinui, –	aufhalten, abwehren
2	medius, a, um	mittlerer, mitten – *Medium*
	triplex, plicis	dreifach
	veteranus, a, um	alt, altgedient, erprobt – *Veteran*
3	proxime	am nächsten; jüngst, kürzlich
	conscribere, -scripsi, -scriptum	(in die Listen) einschreiben, (Soldaten) ausheben
	auxilium, i, n.	Hilfe; Plural: Hilfstruppen
	supra (acc.)	oberhalb, über
	complere, -pleo, -plevi, -pletum	anfüllen, besetzen – *komplett*
	sarcina, ae, f.	Bündel; Plural: Gepäck (des einzelnen Soldaten: T 35)
	conferre, -fero, contuli, collatum	zusammentragen, -bringen – *Konferenz*
	consistere, -stiti, –	sich aufstellen, antreten

24,1 **qui sustineret** zum Konj. H 14

  2 **in colle medio** auf halber Höhe des Hügels – **triplicem aciem** T 40

  3 **in summo iugo** auf der Spitze, dem Kamm – **proxime** vgl. 10,3 – **omnia auxilia** T 36

4	impedimentum, i, n.	Hindernis; Plural: Gepäck (des Heeres = Tross)
5	confertus, a, um	dicht, geschlossen
	reicere, -icio, -ieci, -iectum	zurückwerfen
	phalanx, langis, f. (grch.)	Phalanx, Schildreihe
	sub (acc.)	unter, von unten gegen
	succedere, -cessi, -cessum	anrücken, nachrücken
25,1	aequare	gleichmachen – *Äquator*
	tollere, sustuli, sublatum	aufheben, hochheben, beseitigen
	cohortari	ermahnen, anfeuern, aufmuntern
2	pilum, i, n.	Pilum, (Wurf)speer
	perfringere, -fregi, -fractum	durchbrechen
	disicere, -icio, -ieci, -iectum	auseinander werfen, aufreißen
	gladius, i, m.	Schwert
	destringere, -strinxi, -strictum	abstreifen, ziehen
3	impedimento (dat.) esse	hinderlich sein
	magno impedimento esse	sehr hinderlich sein
	scutum, i, n.	(Lang)schild
	ictus, us, m.	Hieb, Stoß, Wurf
	transfigere, -fixi, -fixum	durchbohren
	colligare	zusammenheften – *Liga*

5 **phalange facta** T 44
25,1 **suo** (equo) – **omnium** gemeint sind nicht die Reiter, sondern die Offiziere in der Umgebung Caesars
3 **quod ... neque ... neque ... poterant** ist Subjekt zu magno ad pugnam erat impedimento: dass sie ... – **pluribus eorum scutis ... transfixis et colligatis** löse konditional auf – **sinistra** (manu) **impedita** mit der (so) behinderten linken Hand

inflectere, -flexi, -flectum	umbiegen – *flektieren, flexibel*
evellere, -velli, -vulsum	herausreißen
commodus, a, um	günstig, bequem
4 iactare	hin- und herwerfen, schütteln
bracchium, i, n.	Arm, Unterarm
praeoptare	vorziehen
emittere, -misi, -missum	herausschicken, loslassen, (weg)werfen – *Emission*
nudus, a, um	nackt, entblößt, ungedeckt
5 tandem	endlich, schließlich – *Tandem*
defessus, a, um	ermüdet, erschöpft
subesse, -sum	darunter sein, in der Nähe sein
spatium, i, n.	Raum, Entfernung, Zeit
eo	dorthin
se recipere, -cipio, -cepi,	sich zurückziehen
6 succedere, -cessi, -cessum	(von unten) anrücken, nachrücken – *sukzessive*
agmen claudere	das Ende des Zuges bilden
praesidium, i, n.	Schutz, Besatzung
praesidio (dat.) esse	zur Deckung dienen, decken
latus, lateris, n.	Seite, Flanke – *bilateral*
apertus, a, um	offen, ungedeckt
circumvenire, -veni, -ventum	umringen, umzingeln
conspicari	erblicken
rursus	wieder

5 **pedem referre** langsam zurückweichen
6 **capto monte:** von den Helvetiern – **hominum milibus circiter quindecim** abl. instr.: in einer Stärke von . . . – **ex itinere** unmittelbar aus der Marschformation – **ab latere aperto** auf der rechten Flanke (wo die Römer, die den Schild am linken Arm trugen, ungedeckt waren)

instare, -stiti, –	bedrängen, vordringen
redintegrare	erneuern, von neuem beginnen
7 signa convertere, -verti, -versum	die Feldzeichen wenden, kehrtmachen
signa inferre (in hostem)	vorrücken, angreifen
bipertito (pars; bis)	nach zwei Seiten
submovere (summovere), -moveo, -movi, -motum	wegschaffen, zurückdrängen
26,1 anceps, ancipitis (ambi, caput)	doppelköpfig, doppelt
acriter	heftig
alter . . . alter	der eine . . . der andere (von zweien)
incipere, incipio, coepi, inceptum	anfangen, beginnen
se conferre, -fero, -tuli, –	sich begeben
2 vesper, vesperi, m.	Abend – *Vesper*
avertere, -verti, -versum	abwenden – *Aversion*
aversus, a, um	abgewandt, fliehend
3 pro (abl.)	vor, für, anstatt, im Verhältnis zu – *Prozent*
obicere, -icio, -ieci, -iectum	entgegenwerfen, -stellen – *Objekt, objektiv*

7 **victis ac submotis:** Helvetiis – **venientes:** Boios et Tulingos
26,1 **ancipiti proelio** in einem Kampf nach zwei Seiten (bipertito 25,6!)
2 **hoc toto proelio** abl. temp. – **cum** concessivum – **ab hora septima ad vesperum** also von etwa 13 bis 18 Uhr
3 **ad multam noctem** bis tief in die Nacht – **pro vallo** anstatt eines Walles, nach Art eines Walles

raeda, ae, f. (keltisch)	Wagen, Reisewagen
matara, ae, f.	Wurfspieß
tragula, ae, f.	Wurfspieß mit Schwungriemen, Riemenspeer
subicere, -icio, -ieci, -iectum	(von unten) werfen – *Subjekt, subjektiv*
4 potiri, potior, potitus sum (abl.)	sich bemächtigen
5 superesse, -sum, -fui	übrig sein, überleben
continenter	andauernd – *Kontinent, kontinuierlich*
intermittere, -misi, -missum	dazwischenschicken, unterbrechen
pervenire, -veni, -ventum	kommen, erreichen
sepultura, ae, f.	Bestattung
occidere, -cidi, -cisum	niederhauen, töten; Passiv: fallen (in der Schlacht)
triduum, i, n.	Zeitraum von drei Tagen
morari	sich aufhalten – *Moratorium*
neve	oder (damit nicht)
eodem loco habere quo	ebenso behandeln wie
27,1 inopia, ae, f.	Mangel, Not

4 **castrisque** hier: Wagenburg

5 **eaque** zu tota nocte – **die quarto** die zurückgelegte Strecke betrug ca. 80 Kilometer

6 **qui:** Lingones; relat. Anschluss – **si** (eos) **iuvissent** (zum Tempus H 11), **se** (eos) ... **habiturum – triduo intermisso** übersetze mit präpositionalem Ausdruck

27,1 **omnium rerum inopia adducti** H 8; die Gründe für die Mittellosigkeit finden sich in 26.4 und 26.6 – **legatos de deditione** Gesandte, die über die Kapitulation verhandeln sollten

deditio, onis, f.	Übergabe, Unterwerfung, Kapitulation
2 convenire, -veni, -ventum	zusammenkommen, treffen – *Konvention, Konvent*
proicere, -icio, ieci, -iectum	vorwerfen (örtl.), wegwerfen – *Projektor, Projektion*
supplex, plicis	kniefällig, demütig
petere, petivi, petitum	streben (nach etw.), erbitten – *Petition*
parere, pareo, parui, –	gehorchen – *parieren*
3 perfugere, -fugio, -fugi, –	fliehen, überlaufen, desertieren
poscere, poposci, –	fordern
4 dum	während, solange (wie, bis)
conquirere, -quisivi, -quisitum	zusammensuchen, ausfindig machen
sive . . . sive	(entweder) . . . oder
supplicio afficere	mit dem Tode bestrafen, hinrichten
dediticius, a, um (dedere)	ergeben, unterworfen; subst.: Kriegsgefangener
occultare	verbergen – *okkult*
ignorare	nicht kennen (wollen) – *ignorieren, Ignorant*
prima nocte	bei Anbruch der Nacht
egredi, egredior, egressus sum	herausgehen, (ex) verlassen

2 **quo tum essent** coni. obl. H 12 (ebenso **perfugissent; existimarent**) – **iussisset** Subjektswechsel!
4 **ea** nämlich: obsides, arma, servi
sive . . . im Dt. Parenthese (oder auch als Hauptsatz hinter **contenderunt**)

	contendere, -tendi, -tentum	sich anstrengen, eilen, kämpfen
28,1	resciscere, -scic (-scii), -scitum	erfahren, in Erfahrung bringen
	purgare	reinigen, rechtfertigem
2	in hostium numero habere	als Feinde behandeln
	perfuga, ae, m.	Überläufer, Deserteur
	deditio, onis, f.	Übergabe, Unterwerfung, Kapitulation
3	fruges, um, f.	Feldfrüchte
	amittere, -misi, -missum	verlieren
	fames, is, f.	Hunger
	tolerare	dulden, ertragen – *tolerant*
	famen tolerare	den Hunger stillen
	incendere, -cendi, -censum	anzünden, anstecken
	ratio, onis, f.	Berechnung, Überlegung, Absicht – *rationell, Ration, rational*
4	vacare	leer sein, unbewohnt sein – *vakant, Vakuum*
	incolere, -colui, –	bewohnen; wohnen

28,1 **quod** rel. Anschluss – **quorum ... his – si sibi purgati esse vellent** wenn sie in seinen Augen (ihm) gerechtfertigt sein wollten

2 **in hostium numero habuit** d. h. er ließ sie töten oder verkaufte sie als Sklaven

3 **domi nihil erat** (vgl. 5,3!), **quo famem tolerarent** zum Konj. H 12 (,hätten stillen können') – **frumenti copiam facerent** ,das nötige Getreide liefern'

4 **ea maxime ratione** hauptsächlich in der Absicht – **Allobrogibusque** ,und zwar ...'

5 egregius, a, um (grex) (aus der Herde) auserlesen, ausgezeichnet
cognitus, a, um bekannt
collocare hinstellen, ansiedeln – *lokal*
concedere, -cessi, -cessum weichen, nachgeben, einräumen, gestatten – *Konzession, konzedieren*
par, paris gleich, gewachsen – *Parität*
par . . atque gleich . . . wie
condicio, onis, f. Bedingung, Lage – *Kondition*
29,1 tabula, ae, f. Tafel, Verzeichnis, Liste
littera, ae, f. Buchstabe; Plural: Schrift, Brief, Wissenschaft(en)
conficere, -ficio, -feci, -fectum anfertigen, vollenden – *Konfektion*
referre, -fero, rettuli, relatum (über)bringen, berichten – *Referent, Referat*
nominatim namentlich, mit Angabe des Namens – *nominell*

5 **Boios** Akk.-Obj. zu **collocarent** (Haedui); der ut-Satz abhängig von **concessit; petentibus Haeduis** dat., abhängig von concessit („den H. auf ihre Bitten hin') – **quibus:** die Boier – **in parem iuris libertatisque condicionem, atque ipsi erant, receperunt** sie gaben ihnen die gleichen Rechte und die gleiche Unabhängigkeit, die sie selbst besaßen
29,1 **litteris Graecis confectae** in grch. Buchstaben (nicht Sprache). Das grch. Alphabet war im Raum von Massilia durch den Einfluss grch. Kaufleute bekannt und in Gebrauch. – **qui arma ferre possent** H 5; zum Konj. H 14

ratio, onis, f.	Berechnung, Überlegung – *Ration, rational, rationell*
rationem conficere	eine Berechnung aufstellen
separatim	gesondert, getrennt – *separat*
mulier, mulieris, f.	Frau
2 summa, ae, f.	höchste Stelle (der Römer addiert von unten nach oben), Gesamtheit – *Summe*
ad (acc.) b. Zahlen:	an, ungefähr
3 census, us, m.	Schätzung, Zählung – *Zensur*
censum habere	eine Zählung vornehmen, zählen

II. Der Feldzug gegen Ariovist

30,1 conficere, -ficio, -feci, -fectum	vorfertigen, beenden – *Konfektion*
princeps, cipis	der erste; Adliger, Fürst – *Prinz*
gratulari	gratulieren, Glück wünschen – Gratulation
2 tametsi	wenn auch, obgleich
iniuria, ae, f.	Unrecht, Ungerechtigkeit

2 **summa erat capitum** die Kopfzahl betrug
3 **eorum ... repertus est** (ergab sich) **numerus;** beginne im Dt. mit: censu habito, ut Caesar imperaverat, ...
30,1 **Helvetiorum** gen. obi. – **totius fere Galliae** gmeint ist das keltische Gallien (vgl. 1,1) – **gratulatum** Supinum I
2 **pro veteribus Helvetiorum** (gen. subi.) **iniuriis populi Romani** (gen. obi.) gemeint sind die in 7,4 und 12,5–7 erwähnten Ereignisse – **poenas bello repetere** das Bußgeld durch einen Krieg fordern = an jm. Rache nehmen im Krieg – **eam rem** dies, dieser Vorgang

non minus ... quam	ebenso ... wie
usus, us, m.	Gebrauch, Nutzen, Vorteil – *Usus*
accidit, accidit (accidere)	es ereignet sich, geschieht, stößt jm. zu, widerfährt jm.
ex usu accidit	es trifft sich vorteilhaft (für)
3 eo consilio, ut(i)	in der Absicht (Inf. mit zu)
florens, entis	blühend – *Flor*
domicilium, i, n.	Wohnsitz – *Domizil*
deligere, -legi, -lectum	auswählen
opportunus, a, um	geeignet, günstig – *opportun*
fructuosus, a, um	fruchtbar
iudicare	(be)urteilen, halten für
stipendiarius, a, um	steuerpflichtig, abgabepflichtig
4 indicere, -dixi, -dictum	ansagen, anberaumen, einberufen
communis, e	gemeinsam, allgemein – *Kommunismus*
consensus, us, m.	Übereinstimmung, Beschluss – *Konsens*
permittere, -misi, -missum	erlauben, gestatten – *permissiv*
constituere, -tui, -tutum	festsetzen, beschließen – *Konstitution*

3 Satzbau: eo consilio, uti ... inferrent ... neque potirentur ... que ... deligerent, ..., ... que ... haberent – **florentissimis rebus** abl. abs.; übersetze konzessiv – **domicilio** dat. fin. – **stipendiarias** prädikativ: als Steuerzahler

4 **petierunt** = petiverunt – **concilium indicere** einen Landtag einberufen – **quasdam res** mancherlei, einiges

mandare	(in die Hand geben) auftrauen – *Mandat, Mandant*
ius iurandum, iuris iurandi, n.	Eid
sancire, sanxi, sanctum	festmachen, festsetzen
iure iurando inter se sancire	sich durch einen Eid verpflichten
31,1 dimittere, -misi, -missum	entlassen
secreto	abgesondert, allein, ohne Zeugen – *Sekret*
occultus, a, um	verborgen, geheim – *okkult*
salus, salutis, f.	Wohl, Rettung, Leben – *Salut*
agere, egi, actum (cum)	verhandeln (mit) – *Aktiv, Aktion*
2 impetrare	erreichen, erlangen
proicere, -icio, -ieci, -iectum	(vor)werfen, wegwerfen – *Projektor, Projektion*
contendere, -tendi, -tentum	sich anstrengen, eilen, kämpfen

5 **ea re** wähle ein treffendes Substantiv (beachte permissa!) – **concilio** dat fin. – **enuntiaret** Objekt dazu sind die (nicht genannten) Beschlüsse des Landtags – **nisi quibus** mit Ausnahme (derer), denen ...

31,1 **qui ante fuerant** wie vorher – **de sua omniumque salute** über ihre persönliche Zukunft und die ihres ganzen Volkes

2 **ea re** das, dies – **proiecerunt** setze (als Einleitung der folgenden indir. Rede) hinzu: und sagten – Satzbau: non minus ... ne ... enuntiarentur, quam uti ... impetrarent, ... – **contendere et laborare** Hendiadyoin H 2 – **ea, quae dixissent/ea, quae vellent** H 5

laborare	arbeiten, sich (be)mühen – *Labor, Laborant*
cruciatus, us, m.	Marter, Qual
3 factio, onis, f.	Partei
principatus, us, m.	Vormachtstellung, Führung
alter . . . alter	der eine . . . der andere (v. zweien)
4 tantopere	so sehr
potentatus, m.	Oberherrschaft – *Potentat*
fit, ut(i)	es kommt dahin, dass
merces, cedis, f.	Lohn, Sold
arcessere, -cessivi, -cessitum	herbeiholen, zu Hilfe rufen
5 circiter	etwa, ungefähr, gegen
posteaquam	= postquam
cultus, us, m.	Pflege, feine Lebensweise, Zivilisation – *Kultur, Kult*
copia, ae, f.	Vorrat, Menge; Plural: Truppen
ferus, a, um	wild
barbarus, a, um	ungebildet, roh – *Barbar*
adamare	liebgewinnen
traducere, -duxi, -ductum	hinüberführen, übersetzen
ad (acc.) b. Zahlen:	an, ungefähr
6 cliens, entis, m.	Lehnsmann, Schützling, Vasall – *Klient*

4 **mercede** abl. instr.: gegen Sold
5 **copias** hier: Wohlstand – **adamassent** = adamavissent – **numerum** Subjektsakkusativ
6 **pulsos** übersetze durch Beiordnung – **senatum . . . , equitatum** Übertragung römischer Begriffe auf fremde Verhältnisse: Rat der Alten, Ritterschaft; ebenso **clientes** (T 12)

semel atque iterum	wiederholt
pellere, pepuli, pulsum	(ver)treiben, schlagen – *Plus*
calamitatem accipere	eine Niederlage erleiden – *Kalamität*
amittere, -misi, -missum	verlieren
7 frangere, fregi, fractum	(zer)brechen – *Fraktur*
hospitium, i, n.	Gastfreundschaft, Gastrecht – *Hospiz, Hospital*
multum posse	viel vermögen, großen Einfluss haben
cogere, coegi, coactum (co-agere)	zusammenbringen, versammeln, zwingen
obstringere, -strinxi, -strictus	verpflichten
repetere, -petivi, -petitum	zurückfordern – *Repetition*
implorare	anflehen, erflehen
recusare	zurückweisen, sich weigern
non recusare, quominus	sich nicht weigern, etwas zu tun
perpetuo	beständig, für immer – *Perpetuum mobile*
dicio, onis, f.	Befehl, Macht
8 adducere, -duxi, -ductum	heranführen, veranlassen
9 profugere, -fugi, –	fliehen

---

7 **qui ... potuissent** H 14 (konzessiv); ergänze vor dem Relativsatz den Subjektsakkusativ se – **hospitio atque amicitia** infolge des Gastrechtes und des freundschaftlichen Verhältnisses (mit dem römischen Volk) überhaupt – **ante** = antea – **obsides** prädikativ – **dicione atque imperio** Hendiadyoin H 2

8 **qui ... potuerit** zum Konj. H 14

9 **postulatum** Supinum I, abhängig von **venisse,** mit Akk.-Obj. **auxilium** im Jahre 59 v. Chr. – **teneri** sich gebunden fühlen

10 male mihi accidit	es (er)geht mir schlecht
victor, oris, m.	Sieger; adj. = siegreich
considere, -sedi, –	sich setzen, sich lagern, sich festsetzen
occupare	besetzen
decedere, -cessi, – (de)	weggehen (von), verlassen, räumen
mensis, is ium, m.	Monat
sedes, is, f.	Sitz, Wohnsitz
11 futurum est, ut	es wird dahin kommen, dass . . . – *Futurologie*
conferre, -fero, -tuli, collatum	zusammenbringen, vergleichen – *Konferenz*
consuetudo, inis, f.	Gewohnheit, Art
victus, us, m.	Lebensunterhalt, Nahrung, Lebensweise
comparare	beschaffen, (vor)bereiten; vergleichen – *Komparativ*
12 ut (m. Ind.)	wie; sobald
semel	einmal
superbus, a, um	stolz, hochmütig
crudelis, e	grausam
imperare	befehlen, herrschen; zu stellen, zu liefern befehlen – *Imperativ*

10 **locus ac sedes** Platz für Siedlungen (Hendiadyoin H 2) – **pararentur** beschafft werden müssten
11 **Gallicum** (agrum)
12 **proelio . . ., quod proelium . . .** in der Schlacht bei . . . (H 5; T 20) – **omnia exempla cruciatusque edere** (in eos) alle nur erdenklichen grausamen Strafen über sie verhängen – **si qua res** wenn irgend etwas

nobilissimus, a, um	von (sehr) vornehmer Herkunft – *nobel*
quisque	(ein) jeder
edere, edidi, editum	herausgeben, veröffentlichen – *Edition*
nutus, us, m.	Wink
13 iracundus, a, um	jähzornig
temerarius, a, um	unbesonnen, leidenschaftlich
sustinere, -tineo, -tinui,	aushalten, aufhalten, standhalten
14 emigrare	auswandern – *Emigration*
domicilium, i, n.	Wohnsitz – *Domizil*
remotus, a, um	entfernt
petere, petivi, petitum	erstreben, erbitten – *Petition*
quicumque	wer auch immer
experiri, experior, expertus sum	versuchen, erproben, erfahren – *Experiment*
accidit, accidit (accidere)	es ereignet sich, geschieht, stößt jm. zu, widerfährt jm.
15 non dubitare, quin	nicht (daran) zweifeln, dass ...
16 recens, entis	frisch, neu, jüngster, letzter
iniuria, ae, f.	Unrecht, Willkür
defendere, -fendi, -fensum (ab)	erteidigen (gegen), schützen (vor) – *defensiv*

13 **barbarum** Adj.; die Römer bezeichneten ebenso wie die Griechen mit barbarus jeden Ausländer, der nicht ihre Gesittung hatte – **imperia** Willkürherrschaft

14 **ut ... emigrent petant/experiantur** sind Erklärungen zu **idem:** nämlich ...

15 **non dubitare** (se) – **si enuntiata ... sint/sumat** zum Tempus H 11

16 **deterrere** ohne Objekt: verhindern

32,1 orationem habere — eine Rede halten
fletus, us, m. — Weinen
2 tristis, e — traurig, betrübt – *trist*
demittere, -misi, -missum — herunterlassen, herunterschicken
caput demittere — das Haupt senken, den Kopf hängen lassen
intueri, -tueor, – — anschauen
quaerere, quaesivi, quaesitum — (von jm. etw.) zu erfahren suchen, jm. fragen (ex. ab); suchen (acc.)
3 tristitia, ae, f. — Traurigkeit, Niedergeschlagenheit
tacitus, a, um — schweigend, schweigsam
permanere, -maneo, -mansi, -mansum — bleiben, verharren – *permanent*
omnino — im Ganzen, überhaupt, nur
exprimere, -pressi, -pressum — herausdrücken, herausbringen
4 ne . . . quidem — nicht einmal
occultus, a, um — verborgen, geheim –*okkult*
queri, queror, questus sum — sich beklagen – *Querulant*
audere, audeo, ausus sum — wagen

32,1 omnes, qui aderant alle Anwesenden (H 5)
2 unos prädikativ – **nihil earum rerum, quas** (von dem, was) **ceteri facerent** nichts dergleichen – **eius rei** Benehmen – **quae** leitet den indir. Fragesatz ein – **quaesiit** = quaesivit
3 respondere/permanere inf. hist. H 9 – **idem** ‚wieder'
4 hoc (abl.) . . . **quod** dadurch, dass; deshalb, weil – Satzbau: quod . . . auderent . . . que . . . horrerent, propterea quod . . . daretur, Sequanis . . . essent perferendi – **tamen** doch wenigstens

velut si	wie wenn, (gleich) als ob
coram	gegenwärtig
horrere, horreo, horrui, –	schaudern, fürchten – *horrend*
5 facultas, atis, f.	Fähigkeit, Möglichkeit, Gelegenheit – *Fakultät, fakultativ*
vero	in Wahrheit, aber
perferre, -fero, -tuli, -latum	geduldig über sich ergehen lassen
33,1 confirmare	(ver)sichern, befestigen, ermutigen – *Konfirmation*
polliceri, -liceor, -licitus sum	versprechen
(res) mihi curae (dat.) est	ich kümmere mich um . . .
beneficium, i, n.	Wohltat, Gefälligkeit
2 secundum (acc.)	nächst, außer
suscipere, -cipio, -cepi, -ceptum	übernehmen, auf sich nehmen
in primis = imprimis	in erster Linie, besonders – *primär*
consanguineus, i, m.	Blutsverwandter, Stammverwandter

5 **omnes** (cruciatus) alle möglichen

33,1 Gallorum animos = Gallos – **verbis confirmare** Mut zusprechen – **eam rem** verwende ein treffendes Substantiv – **et beneficio suo et auctoritate adductum Ariovistum** H 8; mit beneficio suo spielt Caesar auf das Jahr 59 an, in dem er als Konsul veranlasste, dass A. den Ehrentitel ‚rex atque amicus populi Romani' erhielt (vgl. 35,2; T 20)

2 **multae res** (!) – **eam rem** (!) – **fratres consanguineosque** T 20; im Dt. Relativsatz – **in servitute atque dicione** Hendiadyoin H 2 – **quod** relat. Anschluss – **in tanto imperio** angesichts der (so) gewaltigen Macht

saepenumero	oft
dicio, onis, f.	Befehl, Macht
turpis, e	schimpflich, schändlich
3 paulatim	allmählich
consuescere, -suevi, –	sich gewöhnen; Perf.: gewohnt sein, pflegen
4 sibi temperare	sich mäßigen, sich enthalten
sibi non temperare, quin	sich nicht enthalten, etw. zu tun – *Temperament*
praesertim (cum)	besonders, zumal (da)
maturus, a, um	zeitig, früh, reif
quam (b. Superl.)	möglichst, so ... wie möglich
occurrere, -curri, -cursum	entgegeneilen, begegnen, entgegentreten
5 spiritus, us, m.	Hauch; Plural: Hochmut
arrogantia, ae, f	Anmaßung, Dünkel – *Arroganz*
sumere, sumpsi, sumptum	nehmen, sich herausnehmen
non ferendus, a, um	unerträglich
34,1 quam ob rem	weswegen?; deswegen
placere, placet, placuit, –	gefallen

3 Germanos consuescere ... et magnam eorum multitudinem venire beide a. c. i. sind Subjekt zu **populo Romano periculosum** (esse), das von **videbat** abhängt; übersetze die a. c. i. durch einen wenn-Satz
4 Satzbau: quin ... exirent atque ... contenderent (auf diesen Gedanken bezieht sich die Erinnerung **ut ante Cimbri** ...) – cum ... **occupavissent** cum temporale: sobald, wenn; H 5 – **Rhodanus** nur die Rhone – **quibus rebus** (!)
34,1 qui ... **postularent** zum Konj. H 14 – **colloquio** dat. fin. – **de re publica** über Staatsangelegenheiten – **de summis**

mihi placet (ut)	ich beschließe (etw. zu tun)
medius, a, um	mittlerer; mitten zwischen (dat.) – *Medium*
uterque, utraque, utrumque	jeder von zweien, beide, beide Parteien
colloquium, i, n.	Unterredung – *Kolloquium*
deligere, -legi, -lectum	auswählen
2 legatio, onis, f.	Gesandtschaft – *Delegation*
mihi opus est (abl.)	(es ist mir geholfen mit =) ich brauche, ich habe nötig
volo te aliquid	ich will etwas von dir
3 praeterea	außerdem
possidere, -sideo, -sedi, –	besitzen
commeatus, us, m.	Zufuhr; Lebensmittel
molimentum, i, n.	Anstrengung, Mühe
contrahere, -traxi, -tractum	zusammenziehen – *Kontraktion, Kontrakt*
4 mirus, a, um	wunderbar, sonderbar
negotium, i, n.	Geschäft, Vorhaben, Unternehmung
mihi negotium est	ich habe zu schaffen, zu suchen
35,1 referre, -fero, rettuli, relatum	zurückbringen, berichten – *Referent, referieren*
mandatum, i, n.	Auftrag – *Mandat, Mandant*

utriusque rebus über für sie beide sehr wichtige Fragen
2 **sese ... venturum fuisse** Irrealis in infinitivischer Abhängigkeit von einem verbum dicendi: inf. perf. der coniugatio periphrastica (wäre er schon zu ihm gekommen)

2 quoniam — da (ja), weil
afficere, -ficio, -feci, -fectum — einwirken auf, versehen mit – *Affekthandlung*
beneficio afficere — eine Wohltat (Gefälligkeit) erweisen
consulatus, us, m. — Konsulat
gratiam referre — Dank erweisen (abstatten)
invitare — einladen
gravari — Schwierigkeiten machen, sich weigern
3 amplius — weiter, mehr
permittere, -misi, -missum — erlauben, gestatten
neve . . . neve — weder . . . noch (im Finalsatz)
lacessere, -cessivi, -cessitum — reizen, herausfordern (zu)
4 perpetuus, a, um — beständig, ewig – *Perpetuum mobile*
gratia, ae, f. — Beliebtheit, Einfluss, Dank

35,2 Satzbau: quoniam (tanto . . . beneficio affectus) . . . hanc . . . gratiam referret, ut . . . gravaretur neque . . . putaret, haec esse . . . – **beneficio affectus** konzessiv (H 8); zur Sache vgl. 33,1; T 20 – **cum in consulatu . . .** cum coincidens: indem – **invitatus** konzessiv; im Dt. substant. Wendung – **de communi re** (!) – **dicendum . . . et cognoscendum** . . . ‚sich aussprechen und sich informieren lassen' – **haec esse, quae ab eo postularet** er stelle folgende Forderungen auf (H 5)
3 **ne quam . . . traduceret** keine . . . zu führen – **permitteret, ut . . . voluntate eius . . . liceret** Pleonasmus H 4; **eius:** Ariovist – **ipsi:** Sequani – **illis:** Haeduis
4 **fecisset** zum Tempus H 11 – **sibi . . . gratiam atque amicitiam cum eo futuram** (esse) werde er (C.) in . . . Frieden und

impetrare	(durch Bitten) erreichen
censere, censeo, censui, censum (ut)	schätzen, glauben, beschließen – *Zensur*
obtinere, -tineo, -tinui –	innehaben, behaupten
commodum, i, n.	Vorteil, Nutzen
neglegere, -lexi, -lectum	nicht beachten, vernachlässigen
36,1 quem ad modum	wie, auf welche Weise
item	ebenso, auch
praescriptum, i, n.	Vorschrift
ad praescriptum	nach der Vorschrift
arbitrium, i, n.	Entscheidung, Urteil, Gutdünken
consuescere, -suevi, –	sich gewöhnen; Perf.: gewohnt sein, pflegen
2 praescribere, -scripsi, -scriptum	vorschreiben
3 temptare	versuchen
congredi, -gredior, -gressus sum	zusammentreffen, -geraten kämpfen – *Kongress*

Freundschaft mit ihm leben – **si non impetraret** Subjektswechsel; Satzbau: . . . sese, quoniam . . . censuisset, uti . . . defenderet, se . . . neglecturum (Subjektsakkusativ nach den vier eingeschobenen Nebensätzen wiederholt!) – **impetraret/obtineret/posset** zum Tempus H 11 **M. Messala M. Pisone consulibus** im Jahre 61 v. Chr. – **quicumque Galliam provinciam obtineret** der jeweilige Statthalter der Provinz Gallien (H 5) – **quod** = quantum ‚soweit' – **commodo** abl. modi: im Interesse – **Haeduorum iniurias** gen. obi. – **neglecturum** neglegere hier: ungestraft lassen; H 3

36,1 ad haec darauf – **qui vicissent/iis, quos vicissent** H 5

stipendiarius, a, um	steuerpflichtig, abgabepflichtig
4 vectigal, alis, n.	Steuer, Abgabe, Zoll; Plural: Einkünfte
deterior, ius (Kompar.)	geringer
5 convenit, convenit	man kommt überein, es ist abgemacht – *Konvention*
stipendium, i, n.	Sold, Abgabe, Steuer – *Stipendium*
quotannis	jährlich
pendere, pependi, pensum	zahlen, bezahlen – *Pensum*
fraternus, a, um	brüderlich
longe abesse	weit entfernt sein, nichts nutzen
6 denuntiare	ankündigen, androhen – *denunzieren*
pernicies, ei, f.	Vernichtung, Verderben
contendere, -tendi, -tentum	sich anstrengen, eilen, kämpfen
7 exercitatus, a, um	geübt – *exerzieren*
tectum, i, n.	Dach, Haus

4 **deteriora faceret** verwende: schmälern, verringern
5 **neque iis neque . . .** aber auch weder . . . noch – **iniuria** abl. modi: ohne Grund – **si in eo manerent, quod convenisset** H 5 – **manerent/fecissent** zum Tempus H 11
6 **quod** fakt. – **secum . . . sua** verschiedene Personen! – **neminem . . . contendisse** ergänze vorher: so solle er wissen
7 **cum vellet . . .** cum temporale: wenn – **congrederetur** Imperativ in indir. Rede H 13 – **intellecturum** = eum intellecturum esse – **exercitatissimi** Elativ – **inter** im Verlauf von – **tectum non subire** kein Dach über dem Kopf haben

37,2 queri, queror, questus sum — sich beklagen – *Querulant*
nuper — neulich, (erst) kürzlich, noch nicht lange
populari — verwüsten
ne ... quidem — nicht einmal
redimere, -emi, -emptum — zurückkaufen, sich erkaufen
3 pagus, i, m. — Gau, Bezirk
considere, -sedi, – — sich setzen, sich lagern, sich festsetzen
praeesse, -sum, -fui (dat) — führen, anführen
4 vehemens, entis — heftig, leidenschaftlich – *Vehemenz*
maturare — eilen, sich beeilen
manus, us, f. — Hand, Schar – *Manual, manuell*
5 res frumentaria, rei frumentariae, f. — Verpflegung, Proviant
quam (b. Superl.) — möglichst, so ... wie möglich
iter magnum, itineris magni, n. — Gewaltmarsch (T 35)
38,1 triduum, i, n. — Zeitraum von drei Tagen

37,1 **eodem tempore ... et** zur selben Zeit ..., als
2 **questum** Supinum I – **nuper** zur Sache vgl. 31,10 – **pacem Ariovisti** ‚von A. den Frieden' (gen. poss.)
3 **Treveri autem** (dixerunt) – **ad ripas Rheni** Plural zur Bezeichnung der Ausdehnung; gemeint ist nur das rechte Ufer (im Dt. längs des Rheinufers)
4 **nova manus** gemeint sind die centum pagi Sueborum – **coniunxisset** zum Tempus H 11
38,1 **cum tridui viam processisset** nach dreitägigem Marsch (H 5) – **Vesontionem** ist masc., daher **ad occupandum** – **quod est oppidum** H 6

procedere, -cessi, -cessum	vorrücken – *Prozession*
occupare	besetzen
2 accidit, accidit (accidere)	es ereignet sich, geschieht, stößt jm. zu, widerfährt jm.
praecavere, -caveo, -cavi, -cautum	Gewaltmarsch (T 35)
3 usui esse	von Nutzen sein, nötig sein
facultas, atis, f.	Fähigkeit, Möglichkeit, Gelegenheit; Plural: Mittel, Vorräte – *Fakultät, fakultativ*
4 bellum ducere	den Krieg in die Länge ziehen
circinus, i, m.	Zirkel
paene	fast, beinahe
cingere, cinxi, cinctum	umschließen, umgeben
5 qua = qua parte	wo
intermittere, -misi, -missum	unterbrechen, aussetzen
continere, -tineo, -tinui, -tentum	zusammenhalten, ausfüllen, einnehmen – *Kontinent*
radix, radicis, f.	Wurzel; Fuß eines Berges – *radizieren, radikal, Radieschen*
ex utraque parte	von beiden Seiten
contingere, -tigi, -tactum	berühren – *Kontakt*
6 arx, arcis, f.	Burg, Festung

2 **magnopere** unbedingt, unter allen Umständen
3 **omnium rerum, quae ad bellum usui erant** an allen kriegswichtigen Dingen (H 5)
4 **idemque ... muniebatur** zugleich wurde sie (oppidum) ... geschützt (T 44)
5 **reliquum spatium** Zwischenraum (Obj. zu continet) – **mille sescentorum pedum** gen. qual. – **radices** Akk.-Obj.
6 **hunc** (montem) Obj. zu efficit, dazu **arcem** Objektsprädikativum

efficere, -ficio, -feci, -fectum	bewirken; mit dopp. acc.: machen zu – *Effekt*
7 huc	hierher
nocturnus, a, um	nächtlich, bei Nacht, Nacht-
diurnus, a, um	bei Tag, Tages-
39,1 dum	während, solange (wie, bis)
res frumentaria, rei frumentariae, f.	Verpflegung
commeatus, us, m.	(übriger) Nachschub
morari	sich aufhalten – *Moratorium*
percontatio, onis, f.	Erfragen, Erkundigung
ingens, entis	ungeheuer, gewaltig
incredibilis, e	unglaublich
exercitatio, onis, f.	Übung – *exerzieren*
praedicare	laut verkünden, rühmen – *Prädikat*
congredi, -gredior, -gressus sum	zusammentreffen, kämpfen, angreifen – *Kongress*
vultus, us, m.	Blick, Miene, Gesicht
ne ... quidem	nicht einmal
acies, ei, f.	Schärfe
mediocris, e	mittelmäßig, gering

7 **magnis nocturnis diurnisque itineribus** in Eilmärchen bei Tag und Nacht (T 39)

39,1 Hauptsatz: ex percontatione ... mercatorum (...) tantus subito timor ... occupavit; beginne im Dt. mit qui ingenti magnitudine ... eine Parenthese (bis ferre potuisse) – **ad Vesontionem** in der Umgebung von V. – **ex percontatione** infolge der Erkundigungen – **voces** Gerede – **saepenumero ... congressos** hier nicht in feindlichem Sinn gemeint – **aciem oculorum** ihren feurigen Blick – **non mediocriter** Litotes H 3 – **omnium mentes animosque** Kopf und Herz aller Soldaten

mens, mentis, f.	Sinn, Verstand – *mental*
perturbare	verwirren
2 oriri, orior, ortus sum (a)	entstehen bei, ausgehen von – *Orient*
tribunus militum	Kriegstribun, Hauptmann
praefectus, i, m.	Vorgesetzter, Truppenführer – *Präfekt*
usus, us, m.	Gebrauch, Übung, Nutzen – *Usus*
usum in re militari habere	Kriegserfahrung besitzen
3 causam inferre	einen Grund angeben
voluntas, atis, f.	Wille, Einwilligung
pudor, oris, m.	Schamgefühl, Ehrgefühl
suspicio, onis, f.	Verdacht, Anschein – *suspekt*
vitare	meiden, vermeiden
4 fingere, finxi, fictum	bilden, erdichten – *fingieren, Fiktion*
vultum fingere	sich verstellen
interdum	bisweilen, manchmal
abdere, -didi, -ditum	verbergen, verstecken
tabernaculum, i, n.	Zelt – *Tabernakel*
fatum, i, n.	Schicksal – *fatal*
queri, queror, questus sum	sich beklagen, beklagen – *Querulant*
familiaris, e	Freund, Vertrauter, Verwandter – *familiär*

2 **hic** (timor) – **primum ortus est** Pleonasmus H 4 – **a tribunis militum, praefectis reliquisque, qui . . .** T 37 – **ex urbe** = Rom
3 **quorum alius alia causa illata . . . petebat** der eine gab diesen, der andere jenen Grund an . . . und bat darum . . . – **quam sibi . . . esse diceret** a. c. i. im Relativsatz H 16; zum coni. obl. H 12 – **eius voluntate liceret** Pleonasmus H 4 – **nonnulli pudore adducti** H 8

miserari	bejammern – *miserabel*
vulgo	allgemein, allenthalben – *vulgär*
obsignare	versiegeln
5 paulatim	allmählich
centurio, onis, m.	Zenturio (T 34)
6 timidus, a, um	furchtsam
vereri, vereor, veritus sum	(sich) fürchten (vor)
angustiae, arum, f.	Enge, Engpass, Schluchten
intercedere, -cessi, -cessum	dazwischenliegen, -treten
supportare	herbeischaffen
7 signa ferre	die Fahnen (weiter)tragen, (weiter)marschieren
dicto (dat.) audientem esse	aufs Wort gehorchen, Folge leisten – *Audienz*
40,1 consilium, i, n.	Versammlung; Plan, Absicht
ordo, ordinis, m.	Ordnung, Reihe, Abteilung, Stand
adhibere, -hibeo, -hibui, -hibitum	hinzunehmen, -ziehen, anwenden
incusare	tadeln, anfahren

5 **vocibus ac timore** Hendiadyoin H 2 – **in castris** im Lagerleben, im Feld
6 Satzbau: (Ii,) qui ... volebant, non s e hostem vereri, sed angustias ... Ariovistum, aut rem frumentariam (das Subjekt des ut-Satzes vorweggenommen als Objekt zu timere!) timere dicebant – **quae intercederent** coni. obl. H 12
7 **cum ... iussisset** cum temp.; zum Tempus H 11
40,1 **omniumque ordinum ... centurionibus** T 37 – **quaerendum aut cogitandum** ‚danach fragen oder darüber nachdenken'

2 appetere, -tivi, -titum — suchen, streben nach
– *Appetit*

temere — unüberlegt, leichtsinnig
quisquam — jemand
discedere, -cessi, -cessum — weggehen, weichen
ab officio discedere — seiner Pflicht untreu werden
iudicare — (be)urteilen, glauben, meinen

3 persuadere, -suadeo, -suasi, -suasum (dat.) — überreden (ut), überzeugen (a. c. i.)
mihi persuadetur — ich bin überzeugt
aequitas, atis, f. — Gleichheit, Billigkeit, Berechtigung – *adäquat*
condicio, onis, f. — Vorschlag, Bedingung – *Kondition*
perspicere, -spicio, -spexi, -spectum — erkennen, einsehen – *Perspektive*
repudiare — zurückstoßen, verschmähen

4 quodsi — wenn (aber)
furor, oris, m. — Leidenschaft, Wut, Raserei
amentia, ae, f. — Sinnlosigkeit, Wahnsinn
quid tandem? — was denn?
diligentia, ae, f. — Umsicht, Aufmerksamkeit, Sorgfalt

2 **se consule** Caesar war 59 v. Chr. Konsul – **iudicaret** Konj. in Fragesätzen der indir. Rede; Imperfekt nach Nebentempus incusavit; im Dt.: warum glaube . . .
3 **cognitis suis . . . condicionum perspecta** übersetze die abl. abs. konditional: wenn er erst . . .
4 **furore atque amentia** Hendiadyoin H 2 – **quid . . . vererentur** Konj. wie iudicaret 40,2: was hätten sie . . . zu fürchten?
– **sua . . . ipsius:** die Soldaten . . . Caesar

desperare de	zweifeln an, nicht mehr denken an
5 periculum facere (alicuius)	einen Versuch machen (mit), sich messen (mit)
patrum memoria	zur Zeit der Väter
mereri, mereor, meritus sum	verdienen, sich verdient machen – *Meriten*
tumultus servilis, tumultus servilis, m.	Sklavenaufstand – *Tumult*
disciplina, ae, f.	Unterricht, Lehre, Schulung – *Disziplin*
sublevare	heben, erleichtern, unterstützen
6 constantia, ae, f.	Beharrlichkeit, Unerschrockenheit – *konstant*
aliquamdiu	eine Zeitlang
inermis, e	unbewaffnet
7 denique	endlich, schließlich, erst
plerumque	meistens, gewöhnlich

5 **meritus videretur** offenbar verdient habe; zur Sache T 20 – **factum** (esse eius hostis periculum) **etiam nuper** z. Zt. des Sklavenaufstandes unter Spartakus (73–71 v. Chr.); dabei handelte es sich zu einem großen Teil um kriegsgefangene Germanen – **quos tamen** constructio ad sensum H 7 – **aliquid** adverb. Akk.: etwas, einigermaßen – **usus ac disciplina** Übung im Gebrauch der Waffen und Kriegszucht

6 **quantum ... boni** gen. part. – **quos** Beziehungswort **hos** – **inermes/armatos ac victores** Prädikativa, übersetze konzessiv (Spartakus hatte zunächst einige Erfolge gehabt, ehe er von Crassus und Pompeius besiegt wurde)

7 **quibuscum ...** = quos Helvetii (saepenumero cum iis congressi) superassent – **potuerint** nicht hätten ... können; Erinnerung an den Sieg bei Bibracte, vgl. I 23ff.

par, paris (dat.)	gleich, gewachsen – *Parität*
8 adversus, a, um	zugewandt, widrig, ungünstig, unglücklich
reperire, repperi, repertum	ausfindig machen, erfahren
diuturnitas, atis, f.	Länge, Dauer
defatigare	ermüden
mensis, is, m.	Monat
palus, udis, f.	Sumpf, sumpfiges Gelände
se tenere (abl.)	sich (auf)halten (in)
dispergere, -spersi, -spersum	zerstreuen
adoriri, -orior, -ortus sum	angreifen
ratio, onis, f.	Berechnung, Überlegung, Plan – *Ration, rationell, rational*
9 imperitus, a, um	unerfahren
locus est alicuius rei	es ist etwas am Platze, angebracht
capere, capio, cepi, captum	nehmen, fangen; täuschen

8 **si (ali)quos – adversum proelium** die Schlacht bei Magetobriga, vgl. 31,12; T 20 – Hauptsatz: hos ... reperire posse; davon abhängig Ariovistum ... (Gallos) adortum magis ratione et consilio quam virtute vicisse; übersetze zunächst diesen Teil und füge mit ‚denn' an: cum (nachdem) ... fecisset, diuturnitate belli defatigatis Gallis (wird jetzt Akk.!) ... desperantes ... et dispersos subito adortum (aus dem part. coni. wird im Dt. ein Hauptsatz!) – **sui potestatem** (gen. obi.) **fecisset** verwende: sich (zum Kampf) stellen – **ratione et consilio** klug angelegter Plan (Hendiadyoin H 2)

9 **cui rationi ..., hac** im Dt. umgekehrt: hac ratione, cui – **ipsum**: Ariovist – **capi** im Dt. aktivisch

10 simulatio, onis, f.	Verstellung, Heuchelei, Vorwand – *simulieren, Simulant*
conferre, -fero, -tuli, collatum	zusammentragen, (ver)schieben (auf) – *Konferenz*
arrogans, antis	anmaßend – *arrogant*
hoc mihi curae est (dopp. dat.)	das ist meine Sorge, darum kümmere ich mich
11 subministrare	heranschaffen
rem male gerere	Misserfolg haben
12 facinus, oris, n.	Tat, Untat
comperire, -peri, -pertum	erfahren
avaritia, ae, f.	Geiz, Habsucht
convincere, -vici, -victum	überführen, beweisen, nachweisen
13 innocentia, ae, f.	Unschuld, Uneigennützigkeit
perspicere, -spicio, -spexi, -spectum	durchschauen, erkennen – *Perspektive*
14 repraesentare	vergegenwärtigen, sofort ausführen – *Präsens, repräsentieren*

10 **rei frumentariae** (gen. obi.) **simulationem** angeblicher Getreidemangel – **officio** hier: Pflichtgefühl – **praescribere** (ihm) Vorschriften machen

12 **quod ... dicantur** fakt. quod; zum Tempus H 11 – **nihil** adverb. Akk.: in keiner Weise, überhaupt nicht – **scire** (se) – (iis,) **quibuscumque** – **aliquo facinore comperto** abl. abs.: nach Bekanntwerden einer üblen Tat

13 **perpetua** hier: ganz

14 **in longiorem diem collaturus fuisset** coni. periphr. der Vergangenheit nach Nebentempus: was er auf einen späteren Termin habe verschieben wollen

de quarta vigilia	noch während der 4. Nachtwache
quam primum	sobald wie möglich, möglichst bald
utrum ... an	ob ... oder
15 cohors praetoria	Leibgarde
41,1 mirum in modum	in auffallender Weise
alacritas, atis, f.	Munterkeit, Mut, Tatendrang
inicere, -icio, -ieci, -iectum	(hinein)werfen, einflößen – *Injektion*
2 gratias agere	Dank sagen
confirmare	bekräftigen, versichern, behaupten – *Konfirmation*
summa, ae, f.	höchste Stelle, Gesamtzahl, Summe
agere, egi, actum	(ver)handeln – *Aktion, aktiv, agieren*
satisfacere, -facio, -feci, 3 factum	Genugtuung leisten, sich entschuldigen
umquam	jemals

15 **quodsi ... sequatur** zum Tempus H 11 – **decima legione** Caesars Lieblingslegion – **praetoriam cohortem** Prädikatsnomen

41,1 **conversae sunt** verwende ‚umschlagen' – **omnium mentes** die allgemeine Stimmung

2 **princeps** prädikativ – **fecisset** coni. obl. H 12 – **paratissimam** Elativ: sofort bereit

3 **primorum ordinum centuriones** die rangältesten Centurionen = die 6 Centurionen der ersten Kohorte – **meum est iudicium de** mir steht ein Urteil zu über; entsprechend: **imperatoris** est iudicium

4	exquirere, -quisivi, -quisitum	(aus)suchen, erforschen, erkunden – *exquisit*
	circuitus, us, m.	Umweg, Umkreis
	loca aperta	offenes Gelände
5	intermittere, -misi, -missum	unterbrechen
42,1	respuere, -spui, -sputum	zurückspeien, -weisen, ablehnen
	sanitas, atis, f.	Gesundheit, Vernunft – *Sanitäter*
	denegare	ablehnen, verweigern – *negieren, Negativ*
	ultro	freiwillig, aus freien Stücken
3	pertinacia, ae, f.	Hartnäckigkeit
	desistere, -stiti, –	ablassen, aufhören, Abstand nehmen
4	insidiae, arum, f.	Hinterlist, Falle
5	tollere, sustuli, sublatum	aufheben, beseitigen
	interponere, -posui, -positum	dazwischenstellen

4 **Diviciacum, quod ...** im Dt. relativisch oder durch kausale Parenthese – **ut ... duceret** konsekutiv abhängig von itinere exquisito – **circuitu** abl. instr., übersetze konzessiv: wenn auch auf einem Umweg ...

5 **cum** (da) **iter non intermitteret** nach ununterbrochenem Marsch (H 5)

42,1 **mittit** ergänze ein verbum dicendi – **per se** seinetwegen – **accessisset**: Caesar – **sine periculo** zur Sache vgl. 34,3

3 **pro suis tantis ...** zum Dank für ... – **cognitis suis postulatis** löse konditional auf – **dies** prädikativ

4 **ultro citroque** hin und her – **veniret** Imperativ in indir. Rede H 13 – **alia ratione** andernfalls, sonst

5 **interposita causa tolli** durch einen vorgeschobenen Grund (= unter einem Vorwand) vereitelt werden – **omnibus equis**

	committere, -misi, -missum	zustande kommen lassen, anvertrauen – *Kommission*
	commodus, a, um	zweckmäßig, günstig, bequem
	imponere, -posui, -positum	hineinsetzen, auf etw. setzen – *imponierend*
	amicus, a, um	befreundet, zuverlässig
6	irridicule	unwitzig, ohne Witz
43,1	planities, ei, f.	Fläche, Ebene
	tumulus, i, m.	Hügel
	terrenus, a, um	aus Erde, irden, Erd-
	satis	genug, genügend, ziemlich – *satt*
	grandis, e	groß – *Grand*
	aequum spatium abesse	gleich weit entfernt sein
2	equo devehere	zu Pferd mit sich führen
	intervallum, i, n.	Zwischenraum, Abstand – *Intervall*

Gallis equitibus detractis Gallis equitibus ist dat. – **eo** dorthin = in eos (equi) – **si quid opus facto esset** nötigenfalls, im Notfall (quid ist Nominativ, vgl. 34,2; facto ist abl. limit.)

6 **non irridicule** Litotes H 3 – **pollicitum** part. coni., löse konzessiv auf: obgleich nur . . . – **ad equum rescribere** ‚unter die Reiter versetzen' und ‚in den Ritterstand erheben'. (Der Witz liegt in der Doppeldeutigkeit des Ausdrucks. In früheren Zeiten bildeten die equites Romani die Reiterei; jetzt gab es aber keine römische Reiterei mehr, wohl aber equites Romani.)

43,1 **planities** es geht Caesar nicht um eine genaue Ortsangabe (wahrscheinlich die oberrheinische Tiefebene zwischen Rhein und Vogesen), sondern um die Darstellung der Geländebedingungen

2 **ut erat dictum** H 5

consistere, -stiti, –	sich aufstellen, stehen bleiben, Halt machen
4 munus, eris, n.	Geschenk, Amt
amplus, a, um	umfangreich, reichlich
contingere, -tigi, -tactum	berühren, zuteil werden, glücken – *Kontakt*
officium, i, n.	Pflicht, Verdienst – *offiziell*
docere, doceo, docui, –	lehren, zeigen, erklären – *Dozent*
5 aditus, us, m.	Zugang, Zutritt, Berechtigung
liberalitas, atis, f.	Freigebigkeit
6 necessitudo, inis, f.	Notwendigkeit, enge Verbindung, Freundschaft
intercedere, -cessi, -cessum	dazwischentreten, vorliegen, vorhanden sein
7 consultum, i, n.	Beschluss
quotiens	wie oft – *Quotient*
honorificus, a, um	ehrend, ehrenvoll
8 deperdere, -didi, -ditum	verderben, verlieren, einbüßen

3 **ex equis** zu Pferde – **deni** je zehn
4 **quod amicus** (appellatus esset) – **quam rem** (!) – **paucis/ magnis** ergänze ‚nur'
5 **illum:** Ariovist – **cum . . . haberet** cum concess., i. Dt. auch durch Relativsatz wiederzugeben
6 **ipsis:** Romanis
7 **quae senatus . . . facta essent** Zusammenziehung mehrerer indir. Fragesätze: quae senatus consulta in eos facta essent, quotiens senatus consulta in eos facta essent, quam honorifica senatus consulta in eos facta essent; die Zusammenziehung lässt sich im Dt. nachahmen – **in eos** für sie – **ut . . . tenuissent** indir. Fragesatz

auctus, a, um	vermehrt, reich
afferre, affero, attuli, allatum	mitbringen
eripere, eripio, eripui, ereptum	entreißen, wegnehmen
pati, patior, passus sum	dulden, zulassen, erlauben – *Patient, Passiv*
9 at	aber doch (wenigstens)
44,1 virtus, utis, f.	Tüchtigkeit; Plural: Heldentaten
praedicare	preisen, rühmen – *Prädikat*
2 sua sponte	nach seinem (ihrem) Willen, freiwillig – *spontan*
arcessere, -cessivi, -cessitum	herbeiholen
concedere, -cessi, -cessum	einräumen, erlauben, zugestehen – *Konzession, Konzessivsatz*
stipendium, i, n.	Sold, Abgabe, Steuer – *Stipendium*
4 experiri, -perior, -pertus sum	versuchen, einen Versuch machen – *Experiment, Experte*

8 **sui nihil** gen. part.: nichts von ihrem Besitz – **quod vero . . .** beginne im Dt. mit: quis . . . vero pati posset, . . . – **quod . . . attulissent** nämlich: ihre Unabhängigkeit und Vormachtstellung
9 **in mandatis dare** auftragen – **at** doch wenigstens
44,1 **multa praedicare** viel Aufhebens machen
2 **non sine** Litotes H 3 – **magna spes et magna praemia** Hendiadyoin H 2 – **habere** (sc) – **quod:** stipendium
3 **castra habere** im Felde stehen – **uno proelio** vgl. 31,12 – **pulsas ac superatas** Hendiadyoin H 2
sua voluntate sua meint die Gallier, dt.: freiwillig

decertare	um die Entscheidung kämpfen
iniquus, a, um	ungleich, ungerecht, unbillig
recusare	zurückweisen, sich weigern
ad id tempus	bisher, bis zu diesem Zeitpunkt
pendere, pependi, pensum	zahlen – *Pensum*
ornamento (dat.) esse	Ehre bringen
5 detrimentum, i, n.	Verlust, Nachteil
remittere, -misi, -missum	zurückschicken, nachlassen, vermindern – *Remittenden*
dediticius, i, m.	Gefangener, Untertan
subtrahere, -traxi, -tractum	von unten wegziehen, entziehen – *Subtraktion, subtrahieren*
6 testimonium, i, n.	Zeugnis, Beweis
nisi ... non	nur
7 finibus egredi	die Grenze überschreiten
quid tibi vis?	was willst du eigentlich (für dich: dat. commodi)?
8 interpellare	dazwischenreden, stören, störend eingreifen
9 contentio, onis, f.	Anstrengung, Streit, Kampf
10 suspicari	argwöhnen, vermuten – *suspekt*

8 **vellet/veniret** Konj. in Fragesätzen der indir. Rede, vgl. 40,2 – **provinciam suam** Prädikatsnomen – **hanc ... Galliam, ... illam** das von Ariovist besetzte keltische Gallien und das römische Gallien (provincia Narbonensis T 12) – **suo iure se** beide Pronomina meinen Ariovist

9 **imperitum rerum** nicht vertraut mit den geschichtlichen Tatsachen – **bello Allobrogum proximo** T 20

10 **debere se suspicari** davon abhängig Caesarem ... exercitum (Objekt im Relativsatz!) ... habere – **simulata**

	simulare	heucheln, vortäuschen, so tun als ob – *simulieren, Simulant*
	opprimere, -pressi, pressum	unterdrücken, überfallen
11	regio, onis, f.	Richtung, Gegend – *Region*
12	gratus, a, um	angenehm, dankbar
	comperire, -peri, -pertum	erfahren
	redimere, -emi, -emptum	(zurück)kaufen
13	remunerari (munus)	beschenken, belohnen
45,1	sententia, ae, f.	Meinung, Ansicht, Sinn – *Sentenz*
	negotium, i, n.	Beschäftigung, Pflicht, Aufgabe
	negotio desistere	ein Unternehmen aufgeben
	deserere, -serui, -sertum	verlassen, im Stich lassen – *desertieren, Deserteur*
	potius	eher, lieber
2	ignoscere, ignovi, –	vergeben, verzeihen, begnadigen
	redigere, -egi, -actum	(zurück)bringen, machen zu – *Redakteur*

amicitia unter dem Vorwand der Freundschaft – **sui opprimendi** Ariovist meint sich selber

11 **decedat/deducat** zum Tempus H 11

12 **interfecerit** zum Tempus H 11 **multis nobilibus principibusque populi Romani** die politischen Gegner Caesars in Rom, denen jedes Mittel recht ist, ihn auszuschalten – **compertum habere** H 10

13 **decessisset/tradidisset** zum Tempus H 11 – **geri vellet:** Caesar – **eius labore:** Caesar

45,1 **in eam sententiam** nach dieser Meinung hin, in diesem Sinne

2 **a Q. Fabio Maximo** 121 v. Chr.; (T 6) Caesar will damit sa-

antiquissimum quodque tempus	gerade die älteste Zeit
3 spectare	schauen, betrachten, berücksichtigen
observare	beachten, beobachten – *Observatorium*
46,1 dum	während, solange (wie, bis)
gerere, gessi, gestum	handeln; Passiv: geschehen, vor sich gehen – *Geste*
adequitare	heranreiten
lapis, lapidis, m.	Stein – *lapidar*
conicere, -icio, -ieci, -iectum	werfen, schleudern
2 se recipere, -cipio, -cepi, –	sich zurückziehen
omnino	im Ganzen, überhaupt, nur
3 deligere, -legi, -lectum	auswählen
committere, -misi, -missum (ut)	zustande kommen lassen, verschulden, es dahin kommen lassen, dass . . .
per fidem	gegen das Versprechen, gegen Treu und Glauben – *perfid*
4 vulgus, i, n.	Volk, Menge, Masse – *vulgär*
efferre, effero, extuli, elatum	heraus-, hinaustragen

gen, dass die Ansprüche der Römer auf Gallien viel älter sind als die Ariovists, der erst im Jahre 70 v. Chr. nach Gallien kam – **quibus . . .** im Dt. konzessiver Hauptsatz: und doch . . . ihnen . . .

3 **antiquissimum quodque tempus** zur Sache vgl. 44,7 – **victam** konzessiv – **suis legibus uti** unabhängig sein – **voluisset:** senatus

46,1 **in vulgus militum efferri** unter den Soldaten bekannt werden – **impetumque ut . . .** indir. Frage; ut auch zu **eaque res . . .**

	interdicere, -dixi, -dictum (abl.)	ausschließen (von), untersagen, verbieten
	dirimere, -emi, -emptum	auseinander nehmen, abbrechen
	alacritas, atis, f.	Mut, Tatendrang
	inicere, -icio, -ieci, -iectum	(hinein)werfen, einflößen – *Injektion*
47,1	incipere, incipio, coepi, inceptum (coeptum)	anfangen, beginnen
	perficere, -ficio, -feci, -fectum	vollenden – *perfekt, Perfekt, Perfektion*
2	eo magis	um so mehr
3	obicere, -icio, -ieci, -iectum	entgegenwerfen, preisgeben – *Objekt, objektiv*
4	humanitas, atis, f.	Menschlichkeit, Bildung, Kultur – *Humanität*
	civitas, atis, f.	Bürgerrecht; Bürgerschaft, Gemeinde, Staat
	scientia, ae, f.	Wissen, Kenntnis
	longinquus, a, um	entfernt, langdauernd, lang
	peccare	sündigen, sich vergehen
	una	zusammen, zugleich – *Union*

47,1 **biduo post** tags darauf = postridie
  2 **eo magis** hier: um so weniger – **pridie eius diei** Pleonasmus H 4. Übersetze zunächst: Commodissimum visum est . . . filium (. . .) ad eum mittere et una . . . utebatur; schließe dann die Bemerkungen zur Person des Procillus in einem Hauptsatz an – **multa** prädikativ bezogen auf **qua** (lingua): vielfach, häufig – **civitate donatus** T 34 C. Valerius Flaccus verwaltete im Jahre 83 v. Chr. als Propraetor die Provinz Gallien und verlieh dem C. Valerius Procillus das römische Bürgerrecht – **causa non esset** coni. obl. H 12

6 an?	etwa
speculari	spähen, kundschaften, spionieren – *spekulieren*
catena, ae, f.	Kette
48,1 castra promovere, -moveo, -movi, -motum	weiter vorrücken – *Promotion*
considere, -sedi, -sessum	sich niederlassen, -setzen
sub monte	am Fuße eines Berges
2 praeter (acc.)	an ... vorbei, außer – *Praeteritum*
ultra (acc.)	jenseits, hinter – *Ultraschall*
supportare	heranschaffen
intercludere, -clusi, -clusum (abl.)	abschließen, abschneiden von, hindern an
3 continuus, a, um	zusammenhängend, hintereinander, aufeinander folgend – *kontinuierlich, Kontinuität*
aciem instruere	ein Heer zur Schlacht aufstellen
49,1 idoneus, a, um	geeignet, brauchbar
triplex, plicis	dreifach
3 expeditus, a, um	unbehindert, bequem

48,2 qui ... supportaretur zum Konj. H 14

3 **dies continuos quinque** fünf Tage hintereinander – **aciem instructam habuit** H 10; zur Sache T 40

4 **castris continuit, equestri proelio ...** adversatives Asyndeton H 1

49,1 ne diutius ... Zweck des **locum delegit,** im Dt. erst dort einzuordnen

3 **expedita** unbehindert durch ihr Marschgepäck, kampfbereit (T 39) – **quae copiae** Truppen, die – **terrerent/ prohiberent** zum Konj. H 14

	munitio, onis, f.	Schanzarbeit, Befestigung – *Munition*
4	propulsare	abwehren, vor sich her treiben
	institutum, i, n.	Einrichtung, Gewohnheit – *Institut, Institution*
50,1	paulum	ein wenig, ein Stück
	progredi, -gredior, -gressus sum	vorrücken, fortschreiten – *progressiv, Progression*
2	circiter	ungefähr, um
	tum demum	da erst
3	acer, acris, acre	scharf, heftig, hitzig
	utrimque	auf beiden Seiten
	usque ad (acc.)	bis zu
	occasus, us, m.	Untergang
	vulnus, eris, n.	Wunde, Verletzung
	vulnus inferre	eine Wunde zufügen
4	quam ob rem	weshalb, deshalb
	proelio decertare	eine Entscheidungsschlacht liefern, um die Entscheidung kämpfen
	reperire, repperi, repertum	erfahren
	sors, sortis, f.	Los, Schicksal – *Sorte*

4 **nihilo setius** um nichts (abl. mens.!) weniger, nichtsdestoweniger

50,1 **instituto suo** nach seiner Gewohnheit, wie bisher/sonst **ex castris utrisque** aus jedem der beiden Lager, aus beiden Lagern

2 **oppugnaret** zum Konj. H 14

3 **multis et illatis et acceptis vulneribus** nach zahlreichen Verlusten auf beiden Seiten

4 **sortibus et vaticinationibus** in Holz geritzte Zeichen (Stäbchenorakel) sowie das Rauschen der Wellen und Bäume

vaticinatio, onis, f.	Weissagung, Prophezeiung
declarare	darlegen, erklären, bestimmen – *deklarieren, Deklaration*
utrum ... necne	ob ... oder nicht
usus, us, m.	Vorteil, Gebrauch, Nutzen – *Usus*
ex usu esse = usui esse,	nötig sein
5 fas (indekl.)	(göttl.) Recht, Bestimmung, heilige Pflicht

wurden als Bekundungen des göttlichen Willens gedeutet (vgl. Tacitus, Germania 10: Vorzeichen und Losorakel beobachten sie wie kaum ein zweites Volk. Das herkömmliche Verfahren beim Losorakel ist recht einfach: sie schneiden von einem fruchttragenden Baum ein Reis ab, zerschneiden es in Stäbchen, versehen diese mit bestimmten [runenartigen] Zeichen und streuen sie planlos über ein weißes Tuch, wie sie ihnen gerade unter die Hand kommen. Dann betet der Stammespriester, wenn eine Befragung von Stammes wegen erfolgt, bei privater Befragung der Hausherr selbst zu den Göttern und hebt – den Blick zum Himmel gewendet – dreimal [hintereinander] eines auf und deutet die aufgehobenen Stäbchen nach den vorher eingeritzten Zeichen ... Sie kennen auch den Brauch, die Stimmen der Vögel und ihren Flug zu befragen; eine besondere Eigenart des germanischen Volkes ist es jedoch, auch Witterung und Weisung von Rossen prüfend zu erforschen ... Der Priester und der König ... gehen neben den Rossen her ... und beobachten ihr Wiehern und Schnauben ... von den Rossen meinen sie, sie wüssten um den Willen der Götter.)

51,1 alarius, a, um — auf dem Flügel stehend, Flügel-

alarii, orum, m. — Hilfstruppen (die früher auf den Flügeln des Heeres standen)

pro (abl.) — vor, für, im Verhältnis zu – *Prozent*

species, ei, f. — Anblick, Aussehen, Erscheinung, Schein – *Spezies, speziell*

2 necessario — notgedrungen

generatim — nach Stämmen (geordnet)

raeda, ae, f. — Wagen, Reisewagen

3 pandere, pandi, passum — ausbreiten – *Expansion*

52,1 praeficere, -ficio, -feci, -fectum — an die Spitze stellen – *Präfekt*

testis, is, m. — Zeuge – *Test*

3 repente — plötzlich

pilum, i. n. — Pilum, (Wurf-)Speer (T 33)

4 comminus — in der Nähe, im Nahkampf, Mann gegen Mann

51,1 praesidio dat. fin. – **alarios** T 40 – **minus multitudine militum legionariorum . . . valebat** er hatte zu wenig Legionäre zur Verfügung (Caesar verfügte zu dieser Zeit über sechs Legionen: T 19; zur Stärke einer Legion T 35) – **pro hostium numero** im Verhältnis zur Zahl der Feinde – **ut . . . uteretur** konsekutiv – **ad speciem** zum Schein

2 in fuga beim Gedanken an Flucht

52,1 singulis legionibus singulos legatos et quaestorem jeder Legion einen Legaten (T 36) und einer den Quaestor (T 36) – **testes** prädikativ

3 itaque = et ita

phalanx, langis, f. (grch.)	Phalanx, Schildreihe (T 40)
excipere, -cipio, -cepi, -ceptum	herausnehmen, ausnehmen, auffangen
5 insilire, -silui, - (in)	losspringen (auf)
revellere, -velli, -vulsum	zurückreißen, wegreißen
desuper	von oben (herab)
7 laborare	arbeiten, sich abmühen – *Labor, laborieren*
subsidium, i, n.	Hilfe
53,1 restituere, -tui, -tutum	wiederherstellen
terga vertere, verti, versum	den Rücken kehren, kehrt machen, fliehen
desistere, -stiti, –	ablassen, aufhören
pervenire, -veni, -ventum	(hin)kommen
2 tranare	hinüberschwimmen, durchschwimmen
contendere, -tendi, -tentum	sich anstrengen, eilen, kämpfen
linter, tris, f.	Nachen, Kahn
invenire, -veni, -ventum	auf etw. stoßen, finden
3 navicula, ae, f.	Kahn, Schiff
deligare	anbinden – *Liga*

5 **insilirent/revellerent/vulnerarent** zum Konj. H 14
6 **cum** adversativ
7 **quod expeditior** im Dt. an den vorhergehenden Relativsatz anzuschliessen: ‚und deshalb . . .'– **inter aciem versari** mitten im Gefecht sein
53,1 **proelium restitutum est** die Situation wurde gerettet
2 **sibi salutem reppererunt** fanden Rettung für sich, retteten sich
3 Über das weitere Schicksal des Ariovist ist nichts bekannt. Im Jahre 54 v. Chr. (vgl. V 29,3) war er bereits tot.

nancisci, nanciscor, nactus (nanctus) sum	(zufällig) finden, antreffen
profugere, -fugio, -fugi, –	weiterfliehen, entkommen
4 (uxorem) ducere	(als Gattin heimführen), heiraten
perire, -eo, -ii, -iturus	umkommen, untergehen
occidere, -cidi, -cisum	niederhauen, töten
trini, ae, a	je drei, dreifach
5 vincire, vinxi, vinctum	fesseln
insequi, -sequor, -secutus sum	nachsetzen, auf dem Fuße folgen
incidere, -cidi, – (in)	(hinein)fallen auf, stoßen (auf)
6 voluptas, atis, f.	Freude, Vergnügen
afferre, affero, attuli, allatum	(herbei)bringen, bereiten
honestus, a, um	ehrenhaft, angesehen
restituere, -tui, -tutum	wiederherstellen; zurückgeben
calamitas, atis, f.	Schaden, Unglück – *Kalamität*
gratulatio, onis, f.	Beglückwünschung, Freude über das eigene Glück – Gratulation

4 **duae uxores** eine Ausnahme; sonst war Einehe üblich (vgl. Tacitus, Germania 18 . . . sie sind fast allein von allen Nichtrömern mit einer einzigen Frau zufrieden; nur sehr wenige bilden eine Ausnahme, die sich indessen nicht aus Sinnlichkeit, sondern wegen ihrer adligen Stellung mehrfach mit Heiratsanträgen umwerben lassen) – **natione** abl. limit. – **Norica** ‚aus Noricum' (= heutiges Österreich mit Ausnahme der westlichen Teile)
6 **quae quidem res** (!)

deminuere, -minui, -minutum	mindern, verringern – *Minute, Minuend*
7 ter	dreimal
consulere, -sului, -sultum	um Rat fragen, befragen (acc.); für jm. (etwas) sorgen (dat.) – *Konsul, Konsultation*
reservare	aufbewahren, aufsparen – *reservieren*
incolumis, e	unversehrt, heil, gesund
54,1 sentire, sensi, sensum	fühlen, merken – *sensibel*
2 aestas, atis, f.	Sommer
maturus, a, um	zeitig, früh, reif
hiberna, orum, n.	Winterlager
praeponere, -posui, -positum	vorsetzen, an die Spitze stellen – *Präposition*
3 citerior, ius (Kompar.)	diesseitig
conventus, us, m.	Zusammenkunft, Versammlung – *Konvent, Konvention*
conventus agere	Gerichtstage abhalten

---

7 **ter sortibus consultum** vgl. 50,4 – **beneficio** hier: Gunst
54,1 **qui ... venerant** vgl. 37,3 – **quos ubi** (ii,) **qui ...**
3 **ad conventus agendos** Gerichtstage abhalten gehörte zu den Pflichten eines Provinzstatthalters

Buch II
Wortkunde und Kommentar

Der Feldzug gegen die Belger

1,1 citerior, ius (Kompar). — diesseitig
supra — oberhalb, oben, vorher
demonstrare — (nach)weisen, erwähnen – *demonstrieren*

creber, bra, brum — zahlreich, häufig
rumor, oris, m. — Gemurmel, Gerücht – *rumoren*

afferre, affero, attuli, allatum — bringen, überbringen
item — ebenso
certiorem facere — benachrichtigen
coniurare — sich verschwören, sich verbünden

obses, idis, m. — Bürge, Geisel
2 vereri, vereor, veritus sum (ne) — (sich) scheuen, (sich) fürchten (dass)
pacare (pax) — zur Ruhe bringen, unterwerfen

3 nonnulli, ae, a — einige
sollicitare — beunruhigen, aufwiegeln
partim (pars) — teils – *partiell*
nolle, nolo, nolui, – — nicht wollen, dagegen sein

1,1 **supra** nämlich I 54,3 – **quam dixeramus** a. c. i. im Relativsatz H 16; vgl. außerdem H 6
2 **omni pacata Gallia** konditional
3 **partim qui** = partim ab iis, qui . . ., ut . . . noluerant, ita . . . moleste ferebant

versari	sich aufhalten, sich befinden, beschäftigt sein
hiemare (hiems)	überwintern
inveterascere, -ravi, – (vetus)	altern, sich einnisten – *Veteran*
moleste ferre, fero, tuli, latum	schwer (er)tragen, ungern sehen, erbittert sein
mobilitas, atis, f.	Beweglichkeit, Unbeständigkeit, Wankelmut – *mobil*
levitas, atis, f.	Leichtigkeit, Unzuverlässigkeit
levitas animi	Leichtsinn
studere, studeo, studui, – (dat.)	streben nach, trachten nach – *studieren, Student*
novis imperiis studere (= novis rebus studere)	Umsturz planen
potens, entis	vermögend, mächtig, einflussreich – *Potenz*
4 conducere, -duxi, -ductum	zusammenführen, versammeln, anwerben
facultas, atis, f.	Fähigkeit, Möglichkeit, Gelegenheit; Plural: Vermögen – *Fakultät*
vulgo	allgemein, gewöhnlich – *vulgär*
occupare	besetzen, sich bemächtigen
consequi, -sequor, -secutus sum	(ver)folgen, einholen, erreichen – *Konsequenz, konsequent, Konsekutivsatz*

4 **eam rem** übersetze res immer durch ein Substantiv oder Pronomen, niemals mit ‚Sache'; den treffenden Ausdruck legt der Zusammenhang nahe – **imperio nostro** abl. temp.

4,1 quaerere, quaesivi, quaesitum — zu erfahren suchen, fragen (ab, ex); suchen (acc.)
quantus, a, um — wie groß – *Quantum, Quantität*
reperire, repperi, repertum — finden, erfahren
2 plerique, pleraeque, pleraque — die meisten
oriri, orior, ortus sum — sich erheben, aufgehen; abstammen – *Orient*
antiquitus — vor langer Zeit – *Antiquitäten*
fertilitas, atis, f. — Fruchtbarkeit
considere, -sedi, — sich niederlassen, sich ansiedeln
patrum memoria — zur Zeit der Väter
vexare — plagen, verwüsten
ingredi, -gredior, -gressus sum — eintreten, eindringen
3 spiritus, us, m. — Mut, Anmaßung
sumere, sumpsi, sumptum — nehmen, annehmen
res militaris, rei militaris, f. — Kriegsangelegenheiten, Kriegswesen – *Militär*
4 explorare — erforschen, auskundschaften
propinquitas, atis, f. — Nähe, Verwandtschaft
affinitas, atis, f. — Nachbarschaft, Verschwägerung – *Affinität*

4,1 quantaeque = quotque
2 esse ortos im Dt. Präsens. Die Abstammung der Belger ist umstritten. Caesar legt den Remern die Aussagen über die Belger in den Mund.
3 qua ex re fieri, uti daher rühre es, dass . . . – **memoria** abl. causae
4 omnia se habere explorata H 10 – **propinquitatibus affinitatibusque** Hendiadyoin H 2

concilium, i, n.	Versammlung, Tagung, Landtag – *Konzil*
communis, e	gemeinsam, gemeinschaftlich – *Kommune, Kommunismus*
polliceri, -liceor, -licitus sum	versprechen, zusagen
5 multum valere	viel vermögen, stark (mächtig) sein – *Invalide*
conficere, -ficio, -feci, -fectum	zusammenbringen, vollenden – *Konfektion*
electus, a, um (eligere)	erlesen, ausgewählt
6 latus, a, um	breit, weit, ausgedehnt
ferax, acis	fruchtbar
7 nostra memoria	zu unserer Zeit
cum . . ., tum etiam	nicht nur . . ., sondern auch
summa belli	Oberbefehl im Kriege
deferre, -fero, -tuli, -latum	übertragen, zusprechen
voluntas, atis, f.	Wille, Zustimmung, Einwilligung
8 totidem	ebenso viele
ferus, a, um	wild
arbitrari	urteilen, glauben, schätzen
10 ad (acc.) b. Zahlen:	an, ungefähr

---

5 **pollicitos** ergänze eos esse – **electa** = electorum hominum
6 **suos** gemeint sind die Remer
7 **Diviciacum** nicht der Häduerfürst – **Britanniae imperium** enge Beziehungen zwischen Festlands– und Inselkelten sind auf wirtschaftlichem und kulturellem Gebiet belegt (IV 20, V 14, VII 13); ebenso die gegenseitige Unterstützung in Kriegen gegen Rom (IV 20)
8 **numero** abl. lim.; fällt im Dt. weg
10 **arbitrari** erg. se (= Remos) posse conficere

15,3	attingere, -tigi, -tactum	berühren, grenzen an
	quaerere, quaesivi, quaesitum	zu erfahren suchen, fragen, sich erkundigen (ab, ex); suchen (acc.)
	reperire, repperi, repertum	finden, erfahren
4	aditus, us, m.	Zugang, Zutritt
	pati, patior, passus sum	ertragen, (er)dulden, lassen – *Patient, passiv, Passiv*
	luxuria, ae, f.	Üppigkeit, Luxus
	pertinere, -tineo, -tinui, – (ad)	sich erstrecken, sich beziehen (auf), dienen (zu)
	relanguescere, -langui, –	erschlaffen, ermatten
	remittere, -misi, -missum	zurückschicken, zurückgehen lassen – *Remittenden*
5	increpitare	schelten, höhnen
	incusare	beschuldigen, tadeln
	se dedere, -didi	sich ergeben
	proicere, -icio, -ieci, -iectum	hinwerfen, preisgeben – *Projekt, Projektor*
	confirmare	befestigen, ermutigen, bestätigen, versichern – *Konfirmation*
	ullus, a, um	irgendein
	condicio, onis, f.	Bedingung, Lage – *Kondition*
16,1	triduum, i, n.	ein Zeitraum von 3 Tagen
	invenire, -veni, -ventum	finden, erfahren
2	considere, -sedi, –	sich festsetzen, sich lagern
	exspectare	erwarten, Ausschau halten

15,3 **Ambianorum fines** die Umgegend des heute nach ihnen benannten Amiens – **Nervii** ihr Gebiet erstreckt sich von dem der Ambianer bis zu den Eburonen (Hennegau, Namur, Brabant, Ostflandern und ein Teil Antwerpens)
5 **qui dedidissent . . . proiecissent** H 14

una	zusammen, zugleich (mit) – *Union*
3 experiri, -perior, -pertus sum	erfahren, versuchen – *Experiment, Experte*
5 inutilis, e	unnütz, untauglich
conicere, -icio, -ieci, -iectum	(zusammen)werfen, bringen
palus, paludis, f.	Sumpf, sumpfiges Gelände
17,1 centurio, onis, m.	Zenturio, Führer einer Hundertschaft (T 34)
deligere, -legi, -lectum	auswählen
2 dediticius, a, um	unterworfen; subst.: Untergebener, Untertan
complures, a	mehrere – *Plural*
consuetudo, inis, f.	Gewohnheit
perspicere, -spicio, -spexi, -spectum	(hin)durchschauen – *Perspektive*
impedimentum, i, n.	Hindernis; Plural: Gepäck, Tross
intercedere, -cessi, –	dazwischengehen, sich befinden zwischen
negotium, i, n.	Beschäftigung, Auftrag, Schwierigkeit
sarcina, ae, f.	Bündel, Gepäck
adoriri, -orior, -ortus sum	angreifen

16,5 **quique** = et eos, qui – **quo** = ad quem
17,1 **qui deligant** H 14
2 **consuetudine itineris nostri** die gewöhnliche Marschordnung (T 38); davon abhängig **eorum dierum:** in jenen, diesen Tagen – **demonstrarunt** = demonstraverunt – **neque esse quidquam negotii** gen. part.: und es mache keine Schwierigkeit – **cum venisset/abessent** cum temp.; zum Tempus H 11 – **qua** scil. legione; löse den abl. abs. konditional auf

3 pellere, pepuli, pulsum (ver)treiben, schlagen – *Puls*
diripere, -ripio, -ripui, plündern
  -reptum
fit, ut es kommt dahin, dass . . .
4 deferre, -fero, -tuli, -latum übertragen, überbringen
antiquitus von alters her, seit alter Zeit
 – *Antiquitäten*

copiae pedestres Fußtruppen, Infanterie
praedari Beute machen, plündern,
 rauben
impedire hindern, behindern
tener, tenera, tenerum zart, jung
arbor, oris, f. Baum
incidere, -cidi, -cisum einschneiden
  (caedere)
inflectere, -flexi, -flexum umbiegen – *flektieren, flexibel*
creber, bra, brum zahlreich, häufig
ramus, i, m. Zweig, Ast
enasci, enascor, enatus sum (heraus)wachsen
rubus, i, m. Brombeerstrauch
sentis, is, m. Dornstrauch
intericere, -icio, -ieci, dazwischenwerfen, -pflanzen
  -iectum – *Interjektion*
efficere, -ficio, -feci, -fectum bewirken – *Effekt, Effizienz*
instar (gen.) vergleichbar, gleich wie, wie

3 **quod Nervii . . . effecerant** ordne die abl. abs. dem verbum finitum bei und füge vor effecerant ein ‚so' ein – **quo facilius** = ut eo facilius – **teneris arboribus incisis** die Nervier schnitten den noch jungen Bäumen die Kronen aus, so dass diese nur noch in die Breite wuchsen. Dadurch entstanden gewissermaßen Hecken, die sie noch durch zwischengepflanzte Sträucher ‚verdichteten' – **quo . . . posset** H 14: quo = in quod (munimentum)

saepes, is, f.	Zaun, Hecke
munimentum, i, n.	Schutz(mittel)
quo	wohin? wohin (relat.)
5 omittere, -misi, -missum	wegwerfen, aufgeben hier: unbeachtet lassen
18,1 deligere, -legi, -lectum	auswählen
aequalis, e	gleichaltrig, gleichmäßig; subst.: Zeitgenosse
declivis, e	abfallend
vergere, – , –	sich neigen, sich senken – *konvergieren, divergieren*
2 par, paris	gleich, gleich stark, gewachsen – *Parität*
acclivitas, atis, f.	Anstieg, Steigung
nasci, nascor, natus sum	geboren werden, entstehen, sich erheben
adversus, a, um	zugewandt, entgegen, ungünstig – *adversativ*
contrarius, a, um (contra)	gegenüber(liegend), entgegengesetzt – *konträr, Kontrast*
infimus, a, um (infra)	der unterste, unten
apertus, a, um	offen, frei, ungedeckt
superior, ius (Kompar.)	der obere, frühere
silvestris, e	bewaldet
introrsus	einwärts, nach innen zu, hinein
3 occultus, a, um	verborgen, heimlich – *okkult*
secundum (acc.)	längs
statio, onis, f.	Posten, Wache – *Station*

18,1 **loci natura** das Gelände liegt etwa 5 Kilometer südwestlich von Maubeuge, bei den Höhen von Neuf-Mesnil
2 **huic:** colli – **adversus** hier: zugekehrt – **adversus et contrarius** Hendiadyoin H 2

19,1 subsequi, -sequor, -secutus sum — (unmittelbar, auf dem Fuße) folgen
ratio, onis, f. — Berechnung, Überlegung, Art u. Weise – *Ration, rationell, rational*
ordo, ordinis, m. — Ordnung, Reihe, Stand, Rang
aliter atque (ac) — anders als
se habere — sich verhalten, sein
2 expeditus, a, um — unbehindert, kampfbereit, bequem
3 inde — von da, darauf
conscribere, -scripsi, -scriptum — aufschreiben, (Truppen) ausheben
proxime — kürzlich, jüngst
claudere, clausi, clausum — (ver)schließen, (be)schließen – *Klausur*
praesidio esse — zum Schutz dienen – *Präsidium*
4 funditor, -oris, m. — Schleuderer
sagittarius, i, m. — Bogenschütze
5 identidem — wiederholt, mehrmals – *identisch, Identität*
rursus — wieder(um)
porrigere, -rexi, -rectum — sich ausdehnen
pertinere, -tineo, -tinui, (ad) — sich erstrecken (bis), sich beziehen (auf), dienen (zu)
opus, operis, n. — Werk, Arbeit, Schanzarbeit, Verschanzung – *Opus*

19,1 ratio ordoque agminis Hendiadyoin H 2
2 consuetudine sua T 38
3 inde = deinde – **proxime** hier zeitlich gebraucht – **duae legiones** nämlich die 13. und 14.
5 porrecta verstärkt pertinebant; bleibt im Dt. aber unübersetzt. – **castra munire** T 39

dimetiri, -metior, -mensus sum	vermessen, abstecken – *Dimension*
6 abdere, -do, -didi, -ditum	wegtun, verbergen, verstecken
latere, lateo, latui, –	verborgen sein – *latent*
convenire, -veni, -ventum	zusammenkommen, treffen – *Konvent, Konvention*
convenit	man kommt überein, beschließt, verabredet
confirmare	befestigen, bestätigen, ermutigen, versichern – *Konfirmation*
provolare	hervorfliegen, vorstürmen, hervorstürzen
7 proturbare	vor sich her treiben
incredibilis, e	unglaublich
8 occupatus, a, um (in)	beschäftigt (mit)
20,1 agere, egi, actum	treiben, tun; Passiv: geschehen – *agieren, Aktiv*
vexillum, i, n.	(rote) Fahne (des Feldherrn)
proponere, -posui, -positum	vorn hinstellen, aufziehen, hissen
agger, aggeris, m.	Damm; Schanzmaterial
petere, petivi, petitum	zu erreichen suchen, holen, bitten (um etwas) – *Petition*
2 arcessere, -cessivi, -cessitum	herbeirufen
incursus, us, m.	Ansturm

6 **abditi latebant** H 4
8 **adverso colle** bergauf
20,1 **erant ... agenda** hätte tun müssen (impediebat!) – **vexillum proponendum** (erat) T 41 – **qui ... processerant** ist Subjekt zu arcessendi (erant) – **signum dandum** (erat) T 40

3	difficultas, atis, f.	Schwierigkeit, Verlegenheit – *diffizil*
	scientia, ae, f.	Wissen, Kenntnis
	usus, us, m.	Gebrauch, Übung, Gewöhnung, Erfahrung – *Usus*
	exercitatus, a, um	geübt – *exerzieren*
	superior, ius (Kompar.)	der obere, frühere
	oportet, oportuit, oportere	es ist nötig, gehört sich
	commode	passend, gut
	non minus . . . quam	ebenso . . . wie
4	propinquitas, atis, f.	Nähe, Verwandtschaft
	per se	von selbst, allein
21,1	necessarius, a, um	nötig, dringend
	fors, fortis, f.	Zufall
	offerre, offero, obtuli, oblatum	entgegenbringen, darbieten, anbieten – *Offerte, offerieren*
	devenire, -veni, – (ad)	kommen zu, stoßen auf
2	pristinus, a, um	früher, alt
	memoriam tenere (retinere)	eingedenk sein, denken an
	perturbare	verwirren; Passiv: sich verwirren lassen

3 **his difficultatibus** ist Dativ; übersetze den ersten quod-Satz durch einen Relativsatz, das zweite quod als faktisches quod – **quid fieri oporteret** übersetze substantivisch: H 5 – **nisi munitis castris** erst nach . . .

4 **nihil iam** gar nicht erst – **quae videbantur** was ihnen geraten (gut) zu sein schien

21,1 **ad cohortandos milites, quam partem . . .** = ad eam partem militum cohortandam, quam . . .

2 **non longiore oratione cohortatus, quam uti . . .** verwende: ‚sich nicht mit einer langen Rede aufhalten, sondern ermahnen' – **animo** abl. lim. gehört zu perturbarentur, fällt aber im Dt. weg

3 adigere, -egi, -actum	herantreiben, schleudern
4 occurrere, -curri, -cursum	entgegeneilen, stoßen auf, treffen
exiguitas, atis, f.	Knappheit, Kürze
dimicare	kämpfen
insigne, insignis, n.	Abzeichen
accommodare	anpassen, anlegen
galea, ae, f.	Helm
induere, -dui, -dutum	anlegen, (Helm) aufsetzen
scutum, i, n.	Schild
tegimentum, i, n.	Decke, Überzug
detrahere, -traxi, -tractum (abl.)	abziehen, herunterziehen
6 consistere, -stiti, –	sich aufstellen, stehen bleiben, Halt machen
dimittere, -misi, -missum	auseinander schicken, entlassen
tempus dimittere	Zeit vertrödeln, verlieren
22,1 diversus, a, um	getrennt, entgegengesetzt, verschieden – *divers*
saepes, is, f.	Zaun, Hecke
densus, a, um	dicht

3 **non longius ... quam quo telum ...** H 5; verwende: bis auf Wurfweite
5 **ad insignia accommodanda** wenn der Soldat zur Schlacht ausrückte, legte er Abzeichen und Ehrenzeichen an
6 **quaeque** = et quae – **prima** prädikativ
22,1 **instructo** ... gliedere die Periode in drei Abschnitte: 1. instructo exercitu ... postulabat; 2. cum diversae legiones ... impediretur; 3. neque ... neque ... neque ... poterant; übersetze den ersten Abschnitt als selbständigen Hauptsatz; ordne dann den zweiten Abschnitt dem letzten kausal

intericere, -icio, -ieci, -iectum	dazwischenwerfen, -pflanzen – *Interjektion*
prospectus, us, m.	Ausschau, Ausblick, Überblick – *Prospekt*
subsidium, i, n.	Unterstützung, Hilfe; Plural: Hilfstruppen, Reserve
providere, -video, -vidi, -visum	voraussehen, vorsehen, besorgen – *provisorisch, Provision*
2 iniquitas, atis, f.	Ungleichheit, Ungunst
eventus, us, m.	Ausgang, Schicksal, Wendung – *eventuell*
varius, a, um	mannigfach, bunt – *Varieté, variabel, Variante*
23,1 consistere, -stiti, –	sich aufstellen, stehen bleiben, Halt machen
pilum, i, n.	(Wurf-)Speer (T 33)
emittere, -misi, -missum	ausschicken, entsenden
lassitudo, inis, f.	Ermüdung, Erschöpfung
exanimatus, a, um	atemlos
confectus, a, um	fertig gemacht, erschöpft
obvenire, -veni, -ventum	entgegenkommen, zufallen
compellere, -puli, -pulsum	treiben – *Puls*
2 dubitare	zögern, zaudern, Bedenken tragen (Inf.); zweifeln
iniquus, a, um	ungleich, ungünstig, ungerecht
rursus	wieder(um)

unter – **rei militaris ratio atque ordo** die Regeln der Kriegskunst – **imperia administrare** Befehle geben
23,1 **cursu ac lassitudine** Hendiadyoin H 2 – **impeditam** löse in einem kausalen Nebensatz auf
2 **redintegrato proelio** übersetze als aktiven Relativsatz zu hostes

redintegrare (integer)	erneuern
item	ebenso
3 diversus, a, um	getrennt, entgegengesetzt, verschieden – *divers*
profligare	(zurück)schlagen
congredi, -gredior, -gressus sum	zusammentreffen, kämpfen – *Kongress*
proeliari	kämpfen
at	aber, dagegen
4 frons, frontis, f.	Stirn, Vorderseite – *Front, konfrontieren*
nudare	entblößen, berauben
intervallum, i, n.	Zwischenraum, Abstand, Entfernung – *Intervall*
confertus, a, um	dicht(gedrängt), geschlossen
5 apertus, a, um	offen, frei, ungedeckt
circumvenire, -veni, -ventum	umzingeln, umgeben, überfallen
24,1 armatura, ae, f.	Bewaffnung, Waffengattung – *Armatur*
una	zusammen – *Union*
adversus, a, um	zugewandt, entgegen, ungünstig – *adversativ*
2 calo, onis, m.	Trossknecht
porta decumana	das hintere Tor (des Lagers)
iugum, i, n.	Joch, Spitze (d. Berges)

3 **in ipsis fluminis ripis** unmittelbar am Flussufer, und zwar an mehreren Stellen (ripis)
5 **summum castrorum locum** die höchste Erhebung, auf der sich das Lager befand
24,1 **quos ... dixeram** a. c. i. im Relativsatz H 16
 2 **ab decumana porta** T 39 – **victores** prädikativ zu nostros

praedari	Beute machen, plündern, rauben
respicere, -spicio, -spexi, spectum	zurückblicken, sich umsehen, berücksichtigen – *Respekt*
versari	sich aufhalten, sich befinden, sein
praeceps, -cipitis	kopfüber, Hals über Kopf; abschüssig
3 fremitus, us, m.	Getöse, Lärm
4 permovere, -moveo -movi, -motum	bewegen, verwirren – *Motor, Motiv*
opinio, onis, f.	Erwartung, Meinung
singularis, e	einzig, einzeln, außerordentlich – *Singular, singulär*
complere, -pleo, -plevi, -pletum	anfüllen – *komplett*
premere, pressi, pressum	drücken, pressen, bedrängen – *Presse, Pression*
dispergere,-spersi,-spersum	zerstreuen
dissipare	zersprengen, auflösen
5 potiri, potior, potitus sum (abl.)	sich bemächtigen
25,1 cohortatio, onis, f.	Ansprache, Anfeuerung
urgere, urgeo, ursi, –	bedrängen

3 **cum impedimentis veniebant** vgl. 19,3 – **ferebantur** sie rannten davon
4 **permoti** H 8 – **dispersos dissipatosque** Hendiadyoin H 2
25,1 Der gesamte § 1 ist der Vordersatz zu § 2, mit dem der Hauptsatz erst beginnt. Für die Übersetzung des Vordersatzes empfiehlt sich die Auflösung der Partizipial- und Infinitivkonstruktionen in einzelne Hauptsätze. Die Reihenfolge der einzelnen Glieder entspricht der Abfolge der Handlung.

signum, i, n.	Zeichen, Feldzeichen (T 38)
conferre, -fero, -tuli, collatum	zusammentragen, -drängen – *Konferenz*
confertus, a, um	dicht gedrängt, geschlossen
impedimento esse	hinderlich sein
cohors, cohortis, f.	Kohorte (T 32)
centurio, onis, m.	Zenturio, Führer einer Hundertschaft (T 34)
occidere, -cidi, -cisum (caedere)	niederhauen, töten, fällen; Passiv: fallen
signifer, -feri, m.	Fahnenträger
amittere, -misi, -missum	verlieren
primipilus, i, m.	der erste Zenturio (einer Legion; T 34)
confectus, a, um	fertig gemacht, erschöpft
sustinere, -tineo, -tinui, –	aushalten, standhalten, sich halten
tardus, a, um	langsam, träge
novissimus, a, um	der neueste, jüngste, letzte
vitare	(ver)meiden, ausweichen
subire, -eo, -ii, –	treten unter, auf sich nehmen, sich unterziehen; nachrücken
intermittere, -misi, -missum	dazwischenlassen, frei lassen, unterbrechen, aufhören
latus, -eris, n.	Seite, Flanke
instare, –, –	bedrängen, vordringen, bevorstehen

Eine asyndetische Reihung gibt dabei die bedrängte Lage besonders gut wieder – **signo** im Anschluss an signifero interfecto: seine Fahne – **ab novissimis** in den hintersten Gliedern – **subeuntes** hier part. statt des üblichen inf.

angustus, a, um	eng, beschränkt, misslich
submittere, -misi, -missum	zu Hilfe schicken
2 scutum, i, n.	Schild
detrahere, -traxi, -tractum	abziehen, entreißen
nominatim	namentlich, mit Namen – *nominell*
manipulus, i, m.	Manipel (T 32)
laxare	lockern, öffnen – *lax*
3 redintegrare (integer)	wiederherstellen, erneuern
conspectus, us, m.	Anblick
extremus, a, um	der äußerste, letzte – *extrem*
operam navare	sich Mühe geben
cupere, cupio, cupivi, cupitum	begehren, wünschen, wollen
paulum	ein wenig, etwas
tardare	verlangsamen, verzögern, aufhalten – *retardierend, Ritardando*
26,1 iuxta	daneben, in der Nähe
urgere, urgeo, ursi, –	bedrängen
tribunus militum	Militärtribun (T 34)
paulatim	allmählich
convertere, -verti, -versum	umwenden, umdrehen – *Konverter, Konvertit*
signa convertere	kehrtmachen (T 38)
inferre, -fero, -tuli, illatum	hineintragen
signa inferre	angreifen (T 38)
2 aversus, a, um	abgewandt, im Rücken – *Aversion*
3 incitatus, a, um	eilig

26,1 legiones die 7. und 12.; vgl. 23,4
   3 legionum duarum gemeint sind die 13. und 14. Legion; vgl. 19,3

4 gerere, gessi, gestum	ausführen, tun; Passiv: geschehen, vor sich gehen – *Geste*
conspicari	erblicken
subsidium, i, n.	Unterstützung, Hilfe; Plural: Hilfstruppen, Reserve
27,1 commutatio, onis, f.	Änderung, Umschwung – *Mutation*
confectus, a, um	fertig gemacht, erschöpft – *Konfektion*
procumbere, -cubui, –	niedersinken, sich neigen
inniti, -nitor, -nixus (-nisus) sum (abl.)	sich stützen auf
redintegrare (integer)	wiederherstellen, erneuern
2 inermis, e (arma)	unbewaffnet
turpitudo, inis, f.	Schande, Schmach
miles legionarius	Legionssoldat
se praeferre (dat.)	sich hervortun, sich auszeichnen (vor)
3 praestare, -stiti, –	voranstehen, überlegen sein, übertreffen (dat.); beweisen, zeigen (acc.)

4 **ex loco superiore** der Standort des Nervierlagers waren die gegenüberliegenden Höhen am anderen Sambreufer
5 **qui** die Soldaten der 10. Legion – **versaretur** der Singular ist durch das nächststehende Subjekt bedingt (imperator) – **nihil ad celeritatem sibi reliqui fecerunt** sie ließen sich nichts des Übrigen (übrig) in bezug auf die Schnelligkeit = sie ließen es nicht an der notwendigen Schnelligkeit fehlen = sie eilten so schnell wie möglich herbei
27,1 **horum** die Soldaten der 10., 13. und 14. Legion – **procubuissent** H 14
3 **praestiterunt, ut** . . . Satzbau: ut . . . insisterent atque . . . pugnarent, his deiectis (asyndetisch!) . . . conicerent et . . .

insistere, -stiti, – (dat.)	sich stellen auf, treten auf, etw. eifrig betreiben
deicere, -icio, -ieci, -iectum	herabwerfen, niederstrecken
4 coacervare	aufhäufen, auftürmen
cadaver, eris, n.	Leiche – *Kadaver*
superesse, -sum, -fui	übrig sein, noch leben
tumulus, i, m.	Hügel
intercipere, -cipio, -cepi, -ceptum	auffangen, abfangen
5 nequiquam	vergebens, umsonst
debere, debeo, debui, debitum	schulden, müssen, verdanken
audere, audeo, ausus sum	wagen
subire, -eo, -ii, –	treten unter, auf sich nehmen, sich unterziehen; nachrücken
ascendere, -ndi, -nsum	ersteigen, hinaufsteigen
iniquus, a, um	ungleich, ungünstig
redigere, -egi, -actum	zurückbringen, machen zu – *Redakteur*
28,1 prope	nahe, beinahe, fast
internecio, onis, f.	Niedermetzelung, Vernichtung

remitterent – **cum cecidissent** iteratives cum, Konjunktiv durch attractio modi – **ut ex tumulo** wie von einem Hügel aus

4 **qui superessent** ist Subjekt; H 5
5 **ut** übersetze konsekutiv – **non nequiquam** beziehe zu ausos esse – **tantae virtutis** gen. qual. zu homines – **subire locum** vordringen in ein Gelände – **facilia** prädikativ

28,1 Satzbau: maiores natu, cum ... arbitrarentur, ... miserunt ... que dediderunt et ... dixerunt. Löse die Periode in einzelne Aussagen auf: 1. hoc proelio ... redacto; 2. maiores

maiores natu	die Alten
aestuarium, i, n.	Lagune, Marsch
palus, paludis, f.	Sumpf, sumpfiges Gelände
impeditus, a, um	behindert, kampfunfähig
2 consensus, us, m.	Übereinstimmung, Einverständnis – *Konsens*
commemorare	erwähnen, schildern – *Memoiren*
vix	kaum
redigere, -egi, -actum	zurückbringen, machen zu – *Redakteur*
3 supplex, -plicis	flehend, unterwürfig
misericordia, ae, f.	Barmherzigkeit, Mitleid
conservare	bewahren, (ver)schonen, begnadigen – *Konserve, konservieren, konservativ*
diligenter	sorgfältig, genau
maleficium, i, n.	Übeltat, Untat

natu ... arbitrarentur; 3. omnium, qui ... dixerunt – **quod ... coniectos** (esse) **dixeramus** a. c. i. im Relativsatz H 16 – **impeditum ... tutum** übersetze substantivisch
2 **omnium, qui supererant** übersetze substantivisch: H 5
3 **ut ... videretur** damit man sehe, wie er ... – **suis finibus atque oppidis uti** etwa: im eigenen Land bleiben

Buch IV
Wortkunde und Kommentar

I. Die Kämpfe mit den Germanen

1,1 item — ebenso
longe — weit, bei weitem
quo — wohin
influere, -fluxi, – — hineinfließen, münden – *Influenz*

2 complures, a — mehrere
exagitare — beunruhigen, angreifen – *Agitation*
premere, pressi, pressum — drücken, bedrängen, belästigen – *Pression, Presse*
prohibere, -hibeo, -hibui, -hibitum — abhalten von, hindern an
agricultura, ae, f. — Ackerbau – *Agrikultur*

3 gens, gentis, f. — Geschlecht, Volk
bellicosus, a, um — kriegslustig, kriegerisch

1,1 quae secuta est übersetze attributiv; gemeint ist der Anfang des Jahres 55 v. Chr. – **qui fuit ... H 6 – consulibus** abl. temp (vgl. I 2,1); dieses Konsulat war die Folge der Erneuerung des Triumvirats in Luca 56 v. Chr. (T 21) – Germani adjektivisch gebraucht – **magna multitudine hominum** abl. instr. wie bei equitatu, omnibus copiis u. a. Ausdrücken – **non longe a mari** am Niederrhein bei Kleve oder Xanten – **quo** = in quod
2 ab Suebis vgl. I 37,3
3 Sueborum gens der Name Suebi („Schweifende', vgl. Schwaben) war wohl eine Sammelbezeichnung für mehrere Stämme. Caesar gibt hier (1,3–3,4) eine Charakteristik der

4 pagus, i, m.	Gau, Bezirk
quotannis	jährlich
finis, is, m.	Ende, Grenze; Plural: Gebiet – *Finale*
5 manere, maneo, mansi, –	bleiben – *permanent*
alere, alui, altum	(er)nähren – *Alimente*
rursus	wieder(um)
invicem	abwechselnd
6 ratio, onis, f.	Berechnung, Überlegung, Vernunft, Art und Weise – *Ration, rationell, rational*
usus, us, m.	Gebrauch, Nutzen, Übung, Vorteil – *Usus*
intermittere, -misi, -missum	dazwischenlassen, frei lassen, unterbrechen
7 privatus, a, um	privat, persönlich
separatus, a, um	getrennt – *separat*
colere, colui, cultum	verehren, pflegen, bebauen (Acker) – *Kult, Kultur*
licere, licet, licuit	erlaubt sein, dürfen – *Lizenz*
8 lac, lactis, n.	Milch
pecus, pecoris, n.	Vieh, Fleisch
venatio, onis, f.	Jagd

Sueben und damit der damaligen Germanen, ihrer Sitten, Gebräuche und Eigentümlichkeiten
5 **anno post** = proximo anno – **illi** adversatives Asyndeton H 1
6 **ratio atque usus belli** Theorie und Praxis der Kriegführung
7 **privati . . . agri** gen. part. – **anno** abl. comp.
8 **multum** und **maximam partem** sind adverbiale Akkusative

9 cibus, i, m. — Speise, Nahrung
genus, generis, n. — Geschlecht, Stamm, Art
cotidianus, a, um — täglich
exercitatio, onis, f. — Übung – *exerzieren*
a pueris — von Kindheit an
officium, i, n. — Dienst, Pflicht, Amt – *Offizier, offiziell*
disciplina, ae, f. — Lehre, Unterricht, Schule, Zucht – *Disziplin*
assuefacere, -facio, -feci, -factum — gewöhnen (an)
omnino — überhaupt, im Ganzen, nur
voluntas, atis, f. — Wille, Wunsch, Erlaubnis, Einverständnis
efficere, -ficio, -feci, -fectum — bewirken – *Effekt*
immanis, e — ungeheuer, riesig
10 adducere, -duxi, -ductum — heranführen, bringen, veranlassen
consuetudo, inis, f. — Gewohnheit
frigidus, a, um — kalt – *frigide*
quisquam; quidquam — irgendeiner; etwas
vestitus, us, m. — Kleidung – *Weste*
praeter (acc.) — an ... vorbei, außer – *Präteritum*
pellis, is, f. — Fell; Plural: Zelt – *Pelle*
exiguitas, atis, f. — Kleinheit, Kürze, geringe Größe
apertus, a, um — offen, unbedeckt, ungeschützt

9 **quae res** übersetze res immer durch ein Substantiv oder Pronomen, niemals mit ‚Sache'; den treffenden Ausdruck legt der Zusammenhang nahe
10 **locis frigidissimis** übersetze konzessiv!

lavare, lavi, lautum	waschen; Passiv: (sich) baden – *Lavamat*
2,1 aditus, us, m.	Zugang, Zutritt
vendere, -didi, -ditum	verkaufen
importare	einführen – *importieren, Import*
desiderare	wünschen, ersehnen
2 quin etiam	ja sogar
iumentum, i, n.	Zugtier, Pferd
delectare	erfreuen
impensus, a, um	hoch, teuer
pretium, i, n.	Preis
uti, utor, usus sum (abl.)	gebrauchen, benutzen – *Usus*
deformis, e	missgestaltet, hässlich – *deformiert*
efficere, -ficio, -feci, -fectum	bewirken – *Effekt*
3 proelium equestre	Reitergefecht
desilire, -silui, –	herabspringen – *Salto*
proeliari	kämpfen
vestigium, i, n.	Spur, Stelle
assuefacere, -facio -feci, -factum	gewöhnen (an)
usus, us, m.	Nutzen, Gebrauch, Übung, Vorteil – *Usus*

2,1 mercatoribus schon vor Caesar gab es einen umfangreichen keltischen und römischen Handel nach Germanien, wie Bodenfunde beweisen – **magis eo** (zu dem Zweck), **ut, quae . . .** verbinde: magis eo, ut habeant (eos), quibus vendant (ea), quae bello ceperint – **quibus vendant** Konjunktiv H 14 – **quam quo** = quam eo, quod
2 **summi . . . laboris** gen. qual. (höchste Leistungsfähigkeit)
3 **cum usus est** iterativ

	se recipere, -cipio, -cepi	sich zurückziehen, sich erholen
4	mos, moris, m.	Sitte, Gewohnheit
	turpis, e	hässlich, schimpflich, schändlich
	iners, inertis (ars)	ungeschickt, unmännlich, träge
	ephippium, i, n.	Reitdecke, Sattel
5	quivis, quaevis, quodvis	jeder beliebige
	ephippiatus, a, um	gesattelt
	adire, -eo, -ii, -itum	herangehen, sich nähern, angreifen
	audere, audeo, ausus sum	wagen
6	omnino	im Ganzen, überhaupt, nur
	pati, patior, passus sum	ertragen, (er)dulden, zulassen – *Patient*
	remollescere, –, –	erschlaffen – *moll*
	effeminare	weibisch machen, verweichlichen – *feminin*
3,1	publice	von Staats wegen, für den Staat – *publik, Publikum*
	laus, laudis, f.	Lob, Ansehen, Ruhm –
	quam (b. Superl.)	möglichst
	late	weit
	vacare	leer sein, brachliegen – *vakant, Vakuum*
	significare	zeigen, anzeigen – *signifikant*
	sustinere, -tineo, -tinui, –	aushalten, standhalten, sich halten
2	una ex parte	auf der einen Seite
	circiter (acc.)	ungefähr

5 **ad quemvis ... quamvis pauci** jede beliebige ... , wenn auch in noch so geringer Zahl

3 succedere, -cessi, –	sich anschließen, nachrücken, an die Stelle treten – *sukzessive*
amplus, a, um	weit, bedeutend, angesehen
florens, entis	blühend, – *Flora, Fleurop*
captus, us, m.	Auffassung
genus, generis, n.	Geschlecht, Stamm, Art
attingere, tigi, -tactum	berühren, erreichen, grenzen an
ventitare	kommen, gehen, aus und ein gehen
propinquitas, atis, f.	Nähe, Nachbarschaft, Verwandtschaft
mos, moris, m.	Sitte, Gewohnheit – *Moral*
assuefacere, -facio, -feci, -factum	gewöhnen (an)
4 experiri, -perior, -pertus sum	versuchen, erproben, erfahren – *Experte, Experiment*
amplitudo, inis, f.	Umfang, Weite, Größe, Ansehen – *Amplitude*
gravitas, atis, f.	Schwere, Bedeutung, Macht – *gravierend, Gravitation*
tamen	dennoch
vectigalis, e	zinspflichtig, steuerpflichtig
humilis, e	niedrig, gering, unbedeutend
redigere, -egi, -actum	zurückbringen, machen zu – *Redakteur*

3,3 paulo abl. mens. zu **humaniores – ceteris** abl. comp.
 4 **hos cum Suebi ...** die Bedeutung des cum erhellt aus dem folgenden tamen – **multis saepe bellis** Pleonasmus H 4 – **experti** übersetze das p. c. als Hauptsatz vor dem cum-Satz!

4,1 causa, ae, f. — Grund, Ursache, Vorwand – *kausal, Kausalität*

extremus, a, um — der äußerste, hinterste, letzte – *extrem, Extremist*

triennium, i, n. (tres, annus) — Zeitraum von drei Jahren, drei Jahre

vagari — umherziehen, -streifen – *Vagant, Vagabund*

pervenire, -veni, -ventum — hinkommen

regio, onis, f. — Richtung, Gegend, Gebiet – *Region*

incolere, -colui, – (incola) — wohnen, bewohnen

2 uterque, utraque, utrumque — jeder von beiden, beide

tantus, a, um — so groß

demigrare — auswandern

3 aedificium, i, n. — Gebäude, Gehöft, Hof

disponere, -posui, -positum — aufstellen, verteilen – *disponieren, Disposition*

cis (acc.) — diesseits

praesidium, i, n. — Schutz, Besatzung, Posten – *Präsidium*

4 contendere, -tendi, -tentum — sich anstrengen, eilen, kämpfen

inopia, ae, f. — Mangel, Not

clam — heimlich

custodia, ae, f. — Wache – *Küster*

sedes, is, f. — Sitz, Wohnsitz, Heimat

4,1 causa hier = Lage

3 trans flumen vom Standpunkt Caesars aus gesehen: auf dem rechten Rheinufer, ebenso **cis Rhenum – dispositis praesidiis** abl. instr. – **prohibebant** imperf. de conatu

4 vi contendere mit Gewalt zum Ziele kommen – **reverti ... simulaverunt** verwende im Dt. ‚scheinbar'

simulare	so tun als ob, heucheln, vorgeben – *simulieren*
5 triduum, i, n. (tres, dies)	Zeitraum von drei Tagen, drei Tage
progredi, -gredior, -gressus sum	vorrücken, fortschreiten – *progressiv, Progression*
inscius, a, um	unwissend, ahnungslos
inopinans, antis	unvermutet
opprimere, -pressi, -pressum	bedrängen, unterdrücken, überfallen
6 discessus, us, m.	Abzug, Weggang
explorator, oris, m.	Kundschafter
metus, us, m.	Furcht, Angst
7 occupare	besetzen, in Besitz nehmen
priusquam	bevor, ehe
copia, ae, f.	Menge, Vorrat; Plural: Truppen
alere, alui, altum	ernähren – *Alimente*
5,1 infirmitas, atis, f.	Schwäche, Unzuverlässigkeit, Wankelmut
veritus, a, um	aus Furcht (fürchtend)
mobilis, e	beweglich, unbeständig, wankelmütig – *mobil*
plerumque	meistens, gewöhnlich
committere, -misi, -missum	beginnen, zustande kommen lassen, überlassen – *Kommissar, Kommission*

5 **inscios inopinantesque** Hendiadyoin H 2
7 **priusquam ...** gibt den beabsichtigten Zeitpunkt des Übersetzens an (H 15b) – **citra Rhenum** wie 4,3: das linke Rheinufer – **copiae** hier in der eigentlichen Bedeutung: Vorräte
5,1 **his de rebus** verwende ein treffendes Substantiv!

2 consuetudo, inis, f. — Gewohnheit, Sitte
viator, oris, m. — Wanderer, Reisender
invitus, a, um — nicht wollend, wider Willen
cogere, coegi, coactum — zusammenbringen, zwingen
consistere, -stiti, – — sich aufstellen, stehen bleiben, Halt machen

quisque — jeder
quaerere, quaesivi, quaesitum — suchen (acc.); zu erfahren suchen, fragen (ab, ex)
vulgus, i, n. — Volk, Leute, Masse – *vulgär*
circumsistere, -steti, – — umstellen, umzingeln
pronuntiare — ausrufen, erzählen, mitteilen
auditio, onis, f. — Anhören, Mitteilung, Gerede
3 summus, a, um — der höchste, größte, wichtigste – *Summe*

consilium inire, -eo, -ii, — einen Plan (Beschluss) fassen

vestigium, i, n. — Spur, Stelle
paenitere, -tet- -tuit, – (acc.) — (bereuen), es reut (jm.)
necesse — notwendig
incertus, a, um — ungewiss, unsicher, unzuverlässig

rumor, oris, m. — Gerücht – *rumoren*
servire, –, – — dienen – *servieren, Service*
plerique, pleraeque, pleraque — die meisten

voluntas, atis, f. — Wille, Wunsch, Erlaubnis
fingere, finxi, fictum — bilden, erdichten, erlügen – *fingiert, Fiktion*

2 Satzbau: . . . uti et . . . cogant (Galli) et . . . quaerant et . . . vulgus circumsistat . . . que . . . pronuntiare cogat
3 **his rebus/de summis saepe rebus** wie 5,1! – **incertis rumoribus servire** sich durch . . . bestimmen lassen

6,1 gravis, e
　schwer, gewichtig
　– *gravierend, Gravitation*
　occurrere, -curri, -cursum
　entgegeneilen, begegnen
2 maturus, a, um
　reif, zeitig, früh
　consuescere, -suevi, –
　sich gewöhnen; Perf.: gewohnt sein, pflegen
3 eo
　dahin, dorthin
　suspicari
　befürchten, vermuten, ahnen
　legatio, onis, f.
　Gesandtschaft – *Delegation*
　invitare
　einladen, auffordern
　discedere, -cessi, –
　weggehen, abziehen
　postulare
　verlangen, fordern – *Postulat*
4 late
　weit
　vagari
　umherziehen, -streifen – *Vagant, Vagabund, extravagant*
　permulcere, -mulceo, -mulsi, -mulsum
　streicheln, beruhigen, beschwichtigen
　confirmare
　befestigen, ermutigen, versichern – *Konfirmation*

6,1 qua ... cognita übersetze kausal – **consuerat** = consueverat – **ad exercitum proficiscitur** von Oberitalien aus, wo Caesar sich den Winter über aufgehalten hatte (vgl. I 54,3) – **graviori bello** ein gravius bellum drohte Caesar durch die infirmitas Gallorum (5,1)
2 fore ... facta (esse) fore wird im Dt. überflüssig
3 Germanos: Usipetes et Tencteri – **ab Rheno discederent** nämlich nach Gallien hinein – **postulassent** = postulavissent – **fore parata** der inf. fut. II pass. hängt ab von einem Ausdruck des Versprechens, zu entnehmen dem **invitatos**
4 qua spe adducti H 8

imperare	befehlen, zu stellen befehlen – *Imperativ*
constituere, -tui, -tutum	festsetzen, beschließen – *Konstitution*
7,1 res frumentaria	Verpflegung
comparare	beschaffen, vorbereiten; vergleichen – *Komparativ*
deligere, -legi, -lectum	auswählen
incipere, incipio, coepi, inceptum	anfangen, beginnen
3 prior, ius (Kompar.)	früher, eher – *Prior*
recusare	sich weigern, verweigern, ablehnen
lacessere, -cessivi, -cessitum	reizen, herausfordern
consuetudo, inis, f.	Gewohnheit, Sitte, Brauch
maiores, maiorum, m.	Vorfahren
tradere, -didi, -ditum	übergeben, überliefern – *Tradition*
quicumque, quaecumque, quodcumque	wer auch immer; jeder, der; Plur.: alle, die
resistere, -stiti, –	widerstehen, sich widersetzen – *resistent*
deprecari	(um Gnade) bitten, abbitten
4 invitus, a, um	wider Willen, nicht wollend
eicere, eicio, eieci, eiectum	hinauswerfen, vertreiben

5 **dissimulanda** (esse)
7,1 **equitibusque delectis** aus den gestellten Reitern (6,5 equitatuque imperato) wählt er sich offenbar die zuverlässigsten aus
3 **priores** prädikativ: zuerst – **neque . . . neque tamen** zwar nicht . . ., aber auch nicht
4 **dicere** (sc). – **eiectos domo** erläutert invitos – **posse** (sc) – **attribuant:** Romani (Imperativ in indir. Rede H 13) – **eos** (sc) **tenere**

gratia, ae, f.	Gunst, Dank, Freundschaft
attribuere, -bui, -butum	zuerteilen, zuteilen – *Attribut*
pati, patior, passus sum	ertragen, dulden, zulassen – *Patient, Passiv*
possidere, -sedi, -sessum	besetzen, in Besitz nehmen, erobern – *Possessivpronomen*
5 unus, a, um	(nur) einer, einzig, allein
concedere, -cessi, -cessum	weichen, nachgeben, zugestehen – *konzedieren, Konzession, konzessiv*
ne ... quidem	nicht einmal
immortalis, e	unsterblich, ewig, unvergänglich
par, paris	gleich, gewachsen – *Parität*
reliquus, a, um	übrig, weiter – *Relikt, Reliquie*
quidem	zwar, wenigstens
8,1 exitus, us, m.	Ausgang, Ende, Erfolg
2 neque	und nicht, auch nicht, aber nicht, nicht einmal
verus, a, um	wahr, richtig, recht
tueri, tueor, –	verteidigen, schützen
alienus, a, um	fremd, andersartig
tantus, a, um	so groß
vacare	leer sein, frei sein, brachliegen – *Vakuum, vakant*
praesertim	zumal, besonders

8,1 **quae visum est** ... die Antwort, die ihm passend erschien
2 **verum esse** davon hängt ab: (eos) alienos (fines) occupare – **potuerint** hätten schützen können – **tantae praesertim multitudini** einer noch dazu so großen Menge; in 15,3 wird sie mit 430.000 angegeben.

iniuria, ae, f.	Unrecht, Beleidigung, Gewalttat
3 licet, licuit (licere)	es ist erlaubt, man darf – *Lizenz*
considere, -sedi, –	sich niederlassen, sich ansiedeln
queri, queror, questus sum	sich beklagen, klagen – *Querelen, Querulant*
petere, petivi, petitum	aufsuchen, erstreben, (er)bitten – *Petition*
9,1 referre, -fero, -rettuli, relatum	zurücktragen, berichten, überbringen – *Referent, Referat*
deliberare	erwägen, überlegen, beraten
castra movere	aufbrechen, vorrücken
2 impetrare	(durch Bitten) erreichen
3 aliquot	einige
praedari	Beute machen, plündern
frumentari	Getreide holen, beschaffen
exspectare	(er)warten
mora, ae, f.	Aufenthalt, Verzögerung
interponere, -posui, -positum	dazwischenlegen, einschieben
10,1 profluere, -fluxi, –	hervorfließen, entspringen
efficere, -ficio, -feci, -fectum	machen, bewirken – *Effekt*

3 **Sueborum iniuriis** gen. subi.; übersetze relativisch – **hoc:** ut considere Germanos in suis finibus paterentur

9,1 **haec . . . et re deliberata** haec wird mit res wieder aufgenommen; suche ein treffendes Substantiv (beachte den Zusammenhang!) – **propius:** davon abhängig **se – petierunt** = petiverunt

10,1 Zur Frage der Echtheit dieser geographischen Bemerkungen siehe zu I 1,5f. – **parte quadam** (aquae) ein Arm – **Vacalus** Waal

2 profluere, -fluxi, –	hervorfließen, -strömen
influere, -fluxi, –	hineinfließen, münden
3 oriri, orior, ortus sum	entstehen, sich erheben, abstammen – *Orient*
spatium, i, n.	Raum, Strecke, Zwischenraum, Entfernung
citatus, a, um	eilig, schnell
4 diffluere, -fluxi, –	zerfließen, sich teilen
ingens, entis	ungeheuer, groß
ferus, a, um	wild, ungestüm
piscis, is, m.	Fisch
ovum, i, n.	Ei – *oval*
avis, is, f.	Vogel
existimare	meinen, glauben, halten für
caput, capitis, n.	Haupt; Mündung – *Kapital, Kapitell*
11,1 constituere, -tui, -tutum	festsetzen, beschließen – *Konstitution*
congredi, -gredior, -gressus sum	zusammengeraten, kämpfen, treffen – *Kongress*
magnopere	sehr
impetrare	(durch Bitten) erreichen
2 antecedere, -cessi, – (acc.)	vorangehen, übertreffen
praemittere, -misi, -missum	vorausschicken
prohibere, -hibeo, -hibui, -hibitum	fern Halten, hindern
potestas, atis, f.	Macht, Gewalt, Möglichkeit, Gelegenheit
fides, fidei, f.	Treue, Zuverlässigkeit, Versprechen

---

3 **longo spatio** abl. modi: in langem Lauf
11,1 **in itinere congressi:** cum eo – **ut erat constitutum** zu reverterunt

3 ius iurandum,   Eid, Schwur
    iuris iurandi, n.
  condicio, onis, f.   Bedingung, Lage – *Kondition*
  ostendere, -tendi, -tentum   zeigen, erklären – *ostentativ*
  conficere, -ficio, -feci,   fertig machen, beenden
    -fectum   – *Konfektion*
  spatium, i, n.   Raum, Strecke, Zwischen-
         raum, Entfernung
  triduum, i, n. (tres, dies)   Zeitraum von drei Tagen,
         drei Tage
4 eodem illo   ebendahin
  pertinere, -tineo, -tinui, –   sich erstrecken, sich
    (ad)   beziehen (auf)
  mora, ae, f.   Aufenthalt, Verzögerung
  interponere, -posui,   dazwischenlegen,
    -positum   einschieben
  tamen   dennoch
  aquatio, onis, f.   das Wasserholen
  procedere, -cessi, –   vorrücken – *Prozession, Prozess*
5 huc   hierhin, dahin

3 **principes ac senatus fecisset** das Verbum ist durch das letzte Subjekt bestimmt; zum Tempus H 11 – **iure iurando fidem facere** durch einen Eid die Garantie geben (dafür, dass sie ihnen Land einräumen wollen)

4 **ut ... reverterentur** = ut tridui mora interponeretur, dum equites eorum ... reverterentur – **qui abessent** H 12 – **tamen sese ... aquationis causa processurum** der Gedanke ist durch die Kürze des lat. Ausdrucks leicht verdunkelt: er wolle ihrem Wunsche entsprechen, müsse aber, um an Trinkwasser zu gelangen, doch noch ungefähr 6 Kilometer weiter marschieren

5 **huc** meint: zur Wasserstelle – **quam frequentissimi** die Begründung für diese Forderung liefert Caesars Verhalten in 13,6

quam (b. Superl.)	möglichst, so ... wie möglich
frequens, entis	zahlreich – *Frequenz*
cognoscere, -gnovi, -gnitum (de)	erkennen, erfahren, befinden über – *kognitiv*
postulatum, i, n.	Forderung, Verlangen, Wunsch – *Postulat*
6 interim	inzwischen
praefectus, i, m.	Vorgesetzter, Anführer – *Präfekt*
sustinere, -tineo, -tinui, –	aushalten, standhalten, sich halten
quoad	solange, solange bis, bis
12,1 ubi primum	sobald
conspicere, -spicio, -spexi -spectum	weggehen, verlassen
frumentari	Getreide holen, beschaffen
nondum	noch nicht
discedere, -cessi, -cessum	weggehen, verlassen
indutiae, arum, f.	Waffenstillstand
perturbare	verwirren, in Verwirrung bringen
2 rursus	wiederum
resistere, -stiti, –	widersetzten – *resistent*

6 **nuntiarent** H 14 – **quoad** = dum H 15a

12,1 Hauptsatz: at hostes ..., nihil timentibus nostris ..., impetu facto celeriter nostros perturbaverunt. Lasse bei der Übersetzung dieses Hauptsatzes nihil timentibus nostris zunächst weg und füge es später in Verbindung mit dem quod-Satz mit ‚nämlich' an!

2 **his resistentibus** = nostris resistentibus; übersetze durch einen Temporalsatz – **prius ... quam ... venissent** H 15 b

	desilire, -silui, –	herabspringen
	suffodere, -fodio, -fodi -fossum (fossa)	von unten durchbohren
	deicere, -icio, -ieci, -iectum	herabwerfen, vertreiben
	perterritus, a, um	erschreckt – *Terror*
	desistere, -stiti, – (abl.)	ablassen (von), aufhören (mit)
	conspectus, us, m.	Anblick, Gesichtskreis
4	genus, generis, n.	Geschlecht, Stamm, Art
	amplus, a, um	weit bedeutend, angesehen
	avus, i, m.	Großvater
	obtinere, -tineo, -tiniu -tentum	besitzen, behaupten
5	intercludere, -clusi, -clusum	versperren, abschneiden
	eripere, eripio, eripui	entreißen, rauben, retten
	quoad	solange, solange bis, bis
6	circumvenire, -veni, -ventum	umringen, umzingeln
	cadere, cecidi, –	fallen – *Kasus*
	excedere, -cessi, -cessum	herausgehen, verlassen – *Exzess*
	procul	in der Ferne, fern, von fern
	incitare	antreiben, anspornen
	offerre, -fero, obtuli, oblatum	entgegenbringen, anbieten – *offerieren, Offerte*
13,1	condicio, onis, f.	Bedingung, Lage – *Kondition*

4 **vir fortissimus . . . amplissimo genere** . . . ersetze den lat. Superlativ durch den Positiv im Dt. – **amicus appellatus** übersetze parallel zu obtinuerat; zur Sache vgl. I 3,4
5 **ferret** impf. de conatu
13,1 **neque iam . . . neque** nicht mehr . . . noch (oder) – **ab iis, qui . . . intulissent** H 14 (Verbindung des kausalen, konzes-

dolus, i, m.	List
insidiae, arum, f.	Hinterhalt, List, Tücke
ultro	freiwillig, ohne Veranlassung
2 exspectare	(er)warten
vero	in Wahrheit, aber
dementia, ae, f.	Wahnsinn, Torheit
iudicare	richten, urteilen, glauben, halten für
3 infirmitas, atis, f.	Schwäche, Unzuverlässigkeit, Wankelmut
quantum	wieviel – *Quantum, Quantität*
consequi, -sequor, -secutus sum	folgen, verfolgen, erreichen – *konsequent, Konsekutivsatz*
sentire, sensi, sensum	fühlen, merken, urteilen, glauben – *sensibel, Sensation*
spatium, i, n.	Raum, Zwischenraum, Entfernung
4 constituere, -tui, -tutum	festsetzen, beschließen – *Konstitution*
communicare	mitteilen, besprechen – *Kommunikation(smittel)*

siven und konsekutiven Aspektes) – **per dolum atque insidias** Hendiadyoin H 2 – **petita pace** übersetze konzessiv

2 **exspectare** ist Subjekt zu summae dementiae esse – **dum augerentur** H 15 a – **summae dementiae esse** est c. gen. = es ist ein Zeichen von, zeugt von

3 **infirmitate** vgl. 5,1 – **quantum . . . auctoritatis** gen. part.

4 **ne . . . praetermitteret** ist der Inhalt des consilium (ein Plan, der geeignet war, die sofortige Entscheidung herbeizuführen) – **pugnae** ist Dativ – **opportunissima res accidit** = opportunissime accidit; das Subjekt ist durch einen Satz mit faktischem quod ausgeführt

praetermittere, -misi, -missum	vorüberlassen, verstreichen lassen
opportunus, a, um	geeignet, günstig – *opportun*
accidit, accidit (accidere)	es ereignet sich, geschieht, stößt jm. zu, widerfährt jm.
postridie	am folgenden Tage
mane	in der Frühe, frühmorgens
simulatio, onis, f.	Heuchelei, Verstellung, Schein – *Simulant, simulieren*
perfidia, ae, f.	Treulosigkeit, Heimtücke
maiores, maiorum, m.	Vorfahren, Ahnen
adhibere, -hibeo, -hibui, -hibitum	anwenden, hinzuziehen
5 simul – simul	einerseits – andererseits – *simultan*
purgare	reinigen, rechtfertigen
contra atque	anders als – *Kontrast*
pridie	am Vortage
fallere, fefelli, –	täuschen
indutiae, arum, f.	Waffenstillstand
impetrare	(durch Bitten) erreichen
6 offerre, -fero, obtuli, oblatum	entgegenbringen, anbieten; Passiv: in die Hände fallen – *Offerte, offerieren*
gaudere, gaudeo, gavisus sum	sich freuen – *Gaudium*
retinere, -tineo, -tinui, -tentum	zurückhalten, festhalten, behalten
recens, recentis	frisch, neu, jüngst

5 **contra atque ... petissent** H 5 – **esset/petissent/commisissent** coni. obl. H 12 – **si quid possent** möglicherweise, womöglich
6 **quos sibi ...** Objekt zu gavisus ist quos (relat. Anschluss) sibi ... oblatos (esse); quos ist auch Objekt zu **retineri**

subsequi, -sequor, -secutus sum	folgen, nachfolgen
14,1 instituere, -tui, -tutum	aufstellen, einrichten – *Institut, Institution*
triplex, -plicis	dreifach
2 discessus, us, m.	Weggang, Abzug, Ausbleiben
perturbari	sich keinen Rat wissen
adversus (acc.)	gegen
-ne – an	ob – oder
praestat	es ist besser
3 timor, oris, m.	Furcht, Befürchtung
fremitus, us, m.	Lärm
14,1 consursus, us, m.	Hin- und Herlaufen – *Konkurs, konkurrieren*
significare 2	anzeigen; Passiv: sich bemerkbar machen – *signifikant*
pristinus, a, um	früher, alt
perfidia, ae, f.	Treulosigkeit, Heimtücke
incitare	antreiben, anspornen
irrumpere, -rupi, -ruptum	einbrechen, eindringen
4 paulisper	eine Weile, ein wenig
resistere, -stiti, –	widerstehen, sich wider setzen – *resistent*

14,1 acie triplici T 40 – **possent** H 15 b
  2 **omnibus rebus** wird erklärt durch das folgende et . . . et – **neque . . . spatio dato perturbantur** sie finden nicht die Zeit . . . und wissen in ihrer Bestürzung nicht, ob . . .; der in perturbantur enthaltene Begriff der Ratlosigkeit ermöglicht die indirekte dreigliedrige Frage
  3 **milites nostri . . . incitati** H 8
  4 **quo loco** = ibi – **qui celeriter** . . . = ii, qui celeriter . . .

carrus, i, m.	Karren, Wagen
impedimentum, i, n.	Hindernis; Plural: Gepäck, Tross
5 passim	weit und breit, nach allen Seiten
incipere, incipio, coepi, inceptum	anfangen, beginnen
consectari	verfolgen, nachjagen, einholen
15,1 tergum, i, n.	Rücken
abicere, -icio, -ieci, -iectum	wegwerfen
signum militare, signi militaris, n	Fahne, Feldzeichen (T 37)
2 confluens, entis, m.	Zusammenfluss, Mündung – *Koblenz*
desperare	verzweifeln an, aufgeben
se praecipitare	sich hinabstürzen
lassitudo, inis f.	Ermüdung, Erschöpfung
opprimere, -pressi, -pressum	bedrängen, überfallen, überwältigen
perire, pereo, perii, –	untergehen, zugrunde gehen
3 ad unum omnes	alle bis auf den letzten Mann

15,1 **clamore audito** ziehe einschl. **post tergum** in den **cum**-Satz und ordne dem **viderent** bei – **suos** = die Frauen und Kinder (vgl. 14,5)

2 **ad confluentem Mosae et Rheni** wahrscheinlich: Mosellae et Rheni; der genaue Schauplatz des Überfalls ist unbekannt (vgl. 6,4) – **reliqua fuga desperata** übersetze als Hauptsatz – **oppressi** H 8

3 **ex tanti belli timore** befreit von der Furcht vor einem Krieg so großen Ausmasses – **numerus capitum . . .** eine wahrscheinlich starke Übertreibung, um den eigenen Sieg um

incolumis, e	unversehrt, wohlbehalten
perpauci, ae, a	sehr wenige
tantus, a, um	so groß
timor, oris, m.	Furcht, Befürchtung
discedere, -cessi, –	auseinander gehen, abziehen
4 potestas, atis, f.	Macht, Möglichkeit, Gelegenheit
5 supplicium, i, n.	Todesstrafe, Hinrichtung
cruciatus, us, m.	Folter, Marter, Qual
vereri, vereor, veritus sum	fürchten, sich fürchten
vexare	plagen, belästigen, verwüsten
liberaliter	freigebig, gern
concedere, -cessi, -cessum	nachgeben, einräumen, zugestehen, erlauben – *konzedieren, Konzession, konzessiv*
16,1 conficere, -ficio, -feci, -fectum	fertig machen, beenden – *Konfektion*
statuere, -tui, -tutum –	aufstellen, festsetzen, beschließen – *Statut*
impellere, -puli, -pulsum	antreiben, verleiten – *Impuls*
timere, timeo, timui, (dat.)	fürchten (für), besorgt sein (um)
intellegere, -lexi, -lectum	einsehen, bemerken, erkennen – *Intellekt, Intelligenz*

so positiver herauszustellen – **milium** esse mit gen. qual.
5 **supplicia cruciatusque** Hendiadyoin H 2
16,1 **iustissima** (causa) der triftigste Grund – **suis quoque rebus** ist Dativ; res hier: Sicherheit – **cum intellegerent** cum temp. = wenn; zum Tempus H 11 – **et posse et audere** übersetze substantivisch

audere, audeo, ausus sum	wagen
commemorare	erwähnen – *Memoiren*
2 accedere, -cessi, –	herangehen, sich nähern
praedari	Beute machen, plündern
frumentari	Getreide holen
interesse (dat.)	beiwohnen, teilnehmen an – *Interesse*
coniungere, -iunxi, -iunctum	verbinden, sich verbünden, sich vereinigen – *Konjunktion, Konjunktiv*
3 nuntius, i, m.	Bote, Botschaft – *Nuntius*
dedere, dedidi, deditum	übergeben, ergeben, ausliefern
4 finire, finivi, finitum	begrenzen, beenden – *Finale*
invitus, a, um	wider Willen, nichtwollend
aequus, a, um	gleich, günstig, recht – *Äquator*
potestas, atis, f.	Macht, Möglichkeit, Gelegenheit
5 obses, obsidis, m.	Geisel, Bürge
magnopere	sehr
premere, pressi, pressum	drücken, bedrängen, belästigen – *pressen, Presse*

2 **quam ... transisse** a. c. i. im Relativsatz H 16
3 **qui postularent** H 14 – **eos ... sibi dederent** ohne ut abhängig von postularent; übersetze infinitivisch
4 **se invito** = Caesare invito – **quidquam** verbinde mit trans Rhenum – **sui imperii aut potestatis** esse c. gen. = gehören zu – **postularet** mit a. c. i. = in einer Forderung etwas behaupten
5 **premerentur** coni. obl. H 12

6 occupatio, onis, f.	Beschäftigung, Belagerung
modo	nur, wenigstens
praesens, entis	gegenwärtig, augenblicklich – *Präsens, präsent*
satis	genügend, genug – *satt*
7 opinio, onis, f.	Meinung, Vermutung, Glaube
pellere, pepuli, pulsum	treiben, verjagen, schlagen – *Puls*
novissimus, a, um	der neueste, letzte
etiam	auch, sogar
ultimus, a, um	der äußerste, entfernteste, letzte – *Ultimatum*
tutus, a, um (a)	sicher, geschützt (vor)
8 polliceri, -liceor, -licitus sum	versprechen
17,1 decernere, -crevi, -cretum	entscheiden, beschließen – *Dekret*
dignitas, atis, f.	Würde, Ansehen
2 et si	wenn auch
difficultas, atis, f.	Schwierigkeit, Verlegenheit, Not – *diffizil*
proponere, -posui, -positum	vor Augen halten, auseinander setzen, darlegen

6 **ad praesens** = für die Gegenwart – **transportaret** Imperativ in indir. Rede H 13

7 **opinione** schon durch die Meinung

17,1 **neque suae ... dignitatis esse** nicht vereinbar sein, sich nicht vertragen mit

2 **proponebatur** übersetze reflexiv – **propter latitudinem, rapiditatem altitudinemque fluminis** Der Übergang wird in der Gegend von Neuwied angenommen. Dort war der Rhein zu Caesars Zeit ca. 400 Meter breit und etwa 5 bis 6 Meter tief. Caesars Rheinüberquerung ist der früheste geschichtlich belegte und bis heute zu Recht bestaunte Brückenschlag

latitudo, inis, f.	Breite
rapiditas, atis, f.	Schnelligkeit – *rapide*
altitudo, inis, f.	Höhe, Tiefe
aliter	anders, andernfalls, sonst
3 tignum, i, n.	Balken, Pfahl
bini, ae, a	je zwei
sesquipedalis, e	eineinhalb Fuß dick
imus = infimus, a, um	der unterste
praeacutus, a, um	vorn zugespitzt – *akut*
dimetiri, -metior, -mensus sum (ad)	ausmessen, bemessen (nach) – *Dimension*
intervallum, i, n.	Zwischenraum, Abstand, Entfernung – *Intervall*
4 machinatio, onis, f.	Vorrichtung, Maschine
immittere, -misi, -missum	hineinlassen, einlassen, hineinsenden

über den Rhein. Er wurde schon im Altertum als ein unglaubliches Werk bezeichnet: Plutarch, Caesar 22: „Diese Brücke, ein Werk, das alle Erwartungen übertraf, vollendete er in 10 Tagen." – **id sibi contendendum** contendere hier transitiv: durchführen

3 **rationem pontis hanc instituit** den Plan der Brücke richtete er so ein, er verfuhr beim Brückenbau so (Abb. im Anhang des Textbandes) – **tigna** sind roh behauene Pfähle von eineinhalb Fuß Dicke (**sesquipedalia**), die, unten ein wenig zugespitzt (**paulum ab imo praeacuta**) und verschieden lang – je nach der Tiefe des Flusses – abgemessen (**dimensa ad altitudinem fluminis**), paarweise (**bina**) zwei Fuß auseinander (**intervallo pedum duorum**) durch Querhölzer verbunden waren (**iungebat**).

4 Diese Pfahlpaare (**haec**) wurden durch maschinelle Vorrichtungen (**machinationibus**) – zu denken ist an Winden, Kräne, Flöße, auf denen sich Rammen befanden – in den Fluss

defigere, -fixi, -fixum	befestigen – *fixieren*
festuca, ae, f.	Ramme
adigere, -egi, -actum	herantreiben, hineintreiben
sublica, ae, f.	(Brücken-)Pfahl
derectus, a, um	gerade, in gerader Richtung
perpendiculum, i, n.	Lot, Senkblei – *Perpendikel*
pronus, a, um	nach vorn geneigt
fastigatus, a, um	schräg, giebelförmig
secundum (acc.)	gemäß, nach
procumbere, -cubui, –	sich vorwärts legen, sich neigen
5 item	ebenso
contrarius, a, um	gegenüber, entgegengesetzt – *konträr, Kontrast*
inferior, ius (Kompar.)	der untere
impetus, us, m.	Angriff; v. Wasser: Strömung
statuere, -tui, -tutum	aufstellen, festsetzen, beschließen – *Statut*
6 insuper	oben (darauf)
bipedalis, e	zwei Fuß stark

gelassen (**immissa in flumen**), festgemacht (**defixerat**) und durch Rammen eingetrieben (**festucis adegerat**), und zwar nicht wie ein Brückenpfahl (**non sublicae modo**) senkrecht (**derecte ad perpendiculum**), sondern vornübergeneigt und schräg (**prone ac fastigate**) flussabwärts (**secundum naturam fluminis**). Paare von gleichen Pfählen wurden diesen ge-
5 genüber in einem Abstand von 40 Fuß (**intervallo pedum quadra-genum**) stromabwärts (**ab inferiore parte**) gegen die Strömung geneigt eingelassen (**contra vim atque impetum fluminis**).
6 Immer zwei solcher sich gegenüberstehender Pfahlpaare (**haec utraque**) wurden durch oben eingelassene Balken (**insuper trabibus immissis**) von zwei Fuß Stärke (**bipedalibus**),

trabs, trabis, f.	Balken
quantum	wieviel, wie weit – *Quantum, Quantität*
iunctura, ae, f.	Verbindung
distare, –, –	auseinander setzen – *Distanz*
utrimque	auf beiden Seiten
fibula, ae, f.	Klammer, Spange, Querlatte
extremus, a, um	der äußerste, letzte – *extrem*
destinare	festhalten, befestigen
7 discludere, -clusi, -clusum	trennen, voneinander abschließen
revincire, -vinxi, -vinctum	wieder festhalten, befestigen
firmitudo, inis, f.	Festigkeit, Stärke
artus, a, um	eng, fest
illigare	verbinden
8 materia, ae, f.	Bauholz, Balken – *Materie*
inicere, -icio, -ieci, -iectum	hineinwerfen, darauflegen, einflößen – *Injektion, injizieren*

die genau den Zwischenraum der zwei Pfähle ausfüllten, so auseinander gehalten, dass am Ende des Querbalkens (**ab extrema parte**) zwei Klammern/Spangen (**binis fibulis**) hindurchgetrieben waren, je eine außerhalb und innerhalb (**utrimque**) der beiden Pfähle.

7 So wurden diese Pfahlpaare auseinander gehalten (**quibus disclusis**) und nach entgegengesetzter Richtung verankert (**in contrariam revinctis**). Dadurch wurde das Werk so fest (**tanta erat operis firmitudo**) und die Beschaffenheit des Ganzen (**rerum natura**) derart (**ea**), dass die Pfähle um so fester zusammenhielten (**hoc artius illigata tenerentur**), je stärker die Strömung (**vis aquae**) war.

Diese jetzt fertiggestellten Brückenjoche (**haec**) wurden
8 durch aufgelegte Längsbalken (**derecta materia iniecta**) bedeckt, mit Latten (**longuriis**) und Flechtwerk (**cratibus**)

contexere, -texui, -textum	zusammenweben, verbinden – *Text*
longurius, i, m.	lange Stange, Latte
crates, is, f.	Flechtwerk
consternere, -stravi, -stratum	belegen, bedecken – *konsterniert*
9 nihilo setius	nichtsdestoweniger, trotzdem
obliquus, a, um	schräg, schief – *obliquer Konjunktiv*
aries, arietis, m.	Sturmbock, Widder
subicere, -icio- ieci, -iectum	unten anbringen, unterwerfen – *Subjekt*
excipere, -cipio, -cepi, -ceptum	aufnehmen, auffangen
10 mediocris, e	mittelmäßig, unbedeutend, gering

belegt (und so gangbar gemacht). (Obwohl das Werk so
9 schon genügend Sicherheit bot.) Trotzdem (**nihilo setius**)
wurden noch Pfähle eingerammt (**agebantur**), einmal stromabwärts (**ad inferiorem partem fluminis**) schräg (**oblique**)
vor jedem Pfahlpaar wie ein Sturmbock (**pro ariete**) unten
angebracht und mit dem ganzen Werk fest verbunden
(**subiectae et cum omni opere coniunctae**), um den Druck
der Wassermassen aufzufangen (**vim fluminis exciperent**).
Dann wurden ebenso andere Balken oberhalb der Brücke
10 (**supra pontem**) in geringem Abstand (**mediocri spatio**)
angebracht, um mit ihnen als Wellenbrechern (**his
defensoribus**) den Anprall von Baumstämmen oder Balken
zu mindern und Schaden von der Brücke abzuwehren, falls
die Germanen (**a barbaris**) solche Gegenstände zur Zerstörung der Brücke (**deiciendi operis causa**) im Strom treiben
lassen sollten.

spatium, i, n.	Raum, Zwischenraum, Entfernung
truncus, i, m.	Stamm
sive	oder (wenn)
deicere, -icio, -ieci, -iectum	auseinander werfen, zerstören, sprengen
defensor, oris, m.	Verteidiger – *Defensive*
neu (neve)	und (damit) nicht
minuere, minui, minutum	vermindern, verringern – *Minute, Minuend*
nocere, noceo, nocui, nocitum	schaden

18,1 incipere, incipio, coepi inceptum — anfangen, beginnen
efficere, -ficio, -feci, -fectum — bewirken – *Effekt, Effizienz*
  2 firmus, a, um — fest, stark – *Firmung*
praesidium, i, n. — Schutz, Besatzung, Posten – *Präsidium*
  3 complures, a — mehrere – *Plural*
liberaliter — freigebig, freundlich, gern
adducere, -duxi, -ductum — heranführen, herbeibringen
  4 at — aber
instituere, -tui, -tutum — aufstellen, einrichten – *Institut, Institution*
hortari — ermahnen, anfeuern
excedere, -cessi, – — herausgehen, verlassen – *Exzess*
solitudo, inis, f. — Einsamkeit, Einöde
abdere, -didi, -ditum — wegtun, verbergen, verstecken

18,1 **diebus decem** ziehe zu **omni opere effecto – quibus** seit . . .
  4 **in solitudinem ac silvas** Hendiadyoin H 2

19,1 morari — verweilen, sich aufhalten – *Moratorium*

incendere, -cendi, -censum — anzünden, anstecken

succidere, -cidi, -cisum — (unten) abschneiden, abmähen

premere, pressi, pressum — drücken, bedrängen, pressen – *Presse, Pression*

2 posteaquam = postquam — nachdem

explorator, oris, m. — Kundschafter, Späher

comperire, -peri, -pertum — erfahren

mos, moris, m. — Sitte, Brauch, Gewohnheit – *Moral*

dimittere, -misi, -missum — auseinander schicken, entlassen

demigrare — auswandern

deponere, -posui, -positum — niederlegen, ablegen – *Depot, deponieren*

3 deligere, -legi, -lectum — auswählen

medius, a, um — der mittlere, in der Mitte gelegen – *Medium*

regio, onis, f. — Gebiet, Gegend – *Region*

obtinere, -tineo, -tinui, -tentum — innehaben, behaupten

hic — hier

ibidem — ebendort

decertare — kämpfen

constituere, -tui, -tutum — festsetzen, beschließen – *Konstitution*

4 ubi — wo, sobald, wenn

19,1 premerentur coni. obl. H 12 – **aedificiis** Einzelgehöfte im Gegensatz zu **vicis**

2 nuntios . . . dimisisse, uti . . . = nuntios dimisisse, qui hortarentur, uti– **qui arma ferre possent** H 5

conficere, -ficio, -feci, -fectum	fertig machen, beenden – *Konfektion*
metus, us, m.	Furcht
inicere, -icio, -ieci, -iectum	hineinwerfen, einjagen, einflößen – *Injektion, injizieren*
ulcisci, ulciscor, ultus sum (acc.)	rächen, bestrafen, sich rächen an
obsidio, onis, f.	Belagerung, Bedrängnis
consumere, -sumpsi, -sumptum	verbrauchen, aufzehren – *Konsum, konsumieren*
omnino	überhaupt, im Ganzen, nur
utilitas, atis, f.	Nutzen, Vorteil
proficere, -ficio, -feci, -fectum	erreichen
rescindere, -scidi, -scissum	einreißen, abbrechen

II. Caesars erster Zug nach Britannien

20,1
exiguus, a, um	gering, klein
reliquus, a, um	übrig – *Relikt, Reliquie*
etsi	wenn auch
septentriones, um, m.	Siebengestirn, Norden
vergere, – , –	sich neigen, sich erstrecken

3 **medium** prädikativ; wird im Dt. Substantiv
4 **omnibus iis rebus confectis** wird erklärt durch die drei ut-Sätze – **satis . . . profectum** typische Politikerreaktion: je weniger erreicht, desto stolzer die Erfolgsmeldung!
20,1 **exigua parte . . . reliqua** ziehe in den etsi-Satz und ordne dem **maturae sunt hiemes** bei – **in his locis** in Gallien und Britannien – **proficisci contendit** er brach eilends auf

maturus, a, um	reif, früh, zeitig
tamen	dennoch
inde	von da, von dort
subministrare	herbeischaffen
2 deficere, -ficio, -feci, -fectum	abfallen (ab), fehlen, mangeln (acc.) – *Defekt, Defizit*
usui esse	nützlich sein, nötig sein
modo	nur, wenigstens
adire, -eo, -ii, –	herangehen, sich nähern, angreifen, besuchen, betreten
perspicere, -spicio, -spexi, -spectum	durchschauen, kennen lernen – *Perspektive*
aditus, us, m.	Zugang, Zutritt, Landeplatz
incognitus, a, um	unbekannt – *inkognito*
3 temere	leicht, von ungefähr
praeter (acc.)	außer, an ... vorbei – *Präteritum*
illo	dorthin
quisquam, quidquam	irgend einer, irgend etwas
ora, ae, f.	Küste
ora maritima	Meeresküste
4 undique	von allen Seiten
quantus, a, um	wie groß – *Quantität*
institutum, i, n.	Einrichtung – *Institut*
idoneus, a, um	passend, geeignet, ausreichend
reperire, repperi, repertum	finden, erfahren

2 **adisset/perspexisset/cognovisset** coni. obl. H 12; zum Tempus H 11

4 **evocatis ... mercatoribus** übersetze konzessiv – **ad ... multitudinem** zur Aufnahme einer größeren Menge

21,1 cognoscere, -gnovi, -gnitum — erkennen, erfahren, auskundschaften – *kognitiv*
priusquam — bevor, ehe
arbitrari — schätzen, meinen, glauben, halten für
navis longa — Kriegsschiff
2 mandare — übergeben, anvertrauen, auftragen, befehlen – *Mandat, Mandant*
explorare — erforschen, auskundschaften
quam primum — möglichst bald
3 inde — von da, von dort
traiectus, us, m. — Überfahrt
4 huc — hierher
undique — von allen Seiten
superior, ius (Kompar.) — der obere, vorige, vergangene
aestas, atis, f. — Sommer
5 interim — inzwischen
perferre, -fero, -tuli, -latum — überbringen, berichten
6 liberaliter — freigebig, freundlich, gern
sententia, ae, f. — Ansicht, Meinung – *Sentenz*
permanere, -maneo, -mansi, – — bleiben, ver(be)harren – *permanent*

21,1 periculum facere e. Versuch machen; zum Konj. H 15 b – **idoneum** (eum) **esse arbitratus** gibt die Begründung für **praemittit**; im Dt. Relativsatz zu Volusenus
3 in Morinos in die Gegend von Boulogne
4 et quam ... classem = et eam classem, quam – **ad Veneticum bellum** der Krieg gegen das Seevolk der Veneter war im dritten Buch beschrieben worden.
5 eius: Caesaris – **polliceantur** H 14 – **dare atque ... obtemperare** statt des inf. fut.

7 una	zusammen, zugleich – *Union*
constituere, -tui, -tutum	aufstellen, festsetzen, beschließen, einsetzen – *Konstitution*
probare	billigen, prüfen, beweisen, anerkennen, schätzen – *probieren, Approbation*
fidelis, e	treu
magni haberi	viel gelten
8 adire, -eo, -ii, –	herangehen, sich nähern, angreifen
9 perspicere, -spicio, -spexi, -spectum	durchschauen, durchblicken – *Perspektive*
eo	dahin, dorthin
quantum	wieviel – *Quantum*
facultas, atis, f.	Möglichkeit, Fähigkeit, Gelegenheit – *Fakultas, Fakultät, fakultativ*
committere, -misi, -missum	zustande kommen lassen, beginnen, überlassen, anvertrauen – *Kommission*
22,1 morari	verweilen, sich aufhalten – *Moratorium*

7 **consilium** hier: Umsicht

8 **quas possit ...** = eas civitates, quas ... – **adeat/hortetur/ nuntiet** Imperativ in indir. Rede H 13 – **populi Romani fidem sequi** sich dem röm. Volk anschließen – **seque** und er selbst (Caesar)

9 **qui ... non auderet** H 14 – **quaeque** – et quae – **perspexisset** coni. obl. H 12

22,1 **ex magna parte Morinorum** aus vielen Landesteilen der Moriner – **qui ... excusarent** H 14 – **de superioris temporis** im Jahr zuvor (III 28) hatten die Moriner das römische Lager überfallen – **imperasset = imperavisset;** zum Tempus

excusare	entschuldigen
imperitus, a, um (gen.)	unerfahren, unkundig
2 satis	es ereignet sich, geschieht, stößt jm. zu, widerfährt jm.
opportunus, a, um	günstig, gelegen – *opportun, Opportunist*
accidit, accidit (accidere)	genug, ausreichend – *satt*
tantulus, a, um	so klein, so geringfügig, unbedeutend
occupatio, onis, f.	Beschäftigung
anteponere, -posui, -positum	vorziehen, bevorzugen
iudicare	richten, urteilen, schätzen, meinen, halten für
in fidem recipere	in seinen Schutz nehmen
3 navis oneraria	Lastschiff
cogere, coegi, coactum	zusammenbringen, zwingen
navis longa	Kriegsschiff
quot	wie viele – *Quote*
distribuere, -bui, -butum	einteilen, zuteilen – *Distributivzahl*
4 huc	hierher
accedere, -cessi, -cessum	herangehen, sich nähern, hinzukommen

H 11 – **pollicerentur** vgl. excusarent – **homines barbari et . . . imperiti** prädikativ; Caesar spielt damit auf die nicht seltene Schonung derer an, die sich den Römern freiwillig unterwarfen.

2 **Britanniae** einem Zug nach Britannien – **satis opportune** recht günstig

3 **duas legiones** die 7. und 10. Legion; vgl. 32,1 und 25,3 – **quod . . . habebat** ist Objekt zu distribuit

4 **ex eo loco** vom Sammelplatz, d. h. wahrscheinlich von Boulogne – **tenebantur** = retinebantur, impediebantur; daher: quominus

ventus, i, m.	Wind
tenere, teneo, tenui, tentum	halten, festhalten
5 pagus, i, m.	Gau, Bezirk
praesidium, i, n.	Schutz, Besatzung, Posten – *Präsidium*
23,1 nancisci, nanciscor, nanctus (nactus) sum	(zufällig) bekommen, finden
idoneus, a, um	geeignet, passend, ausreichend
tempestas, atis, f.	Wetter, Unwetter, Sturm
vigilia, ae, f.	das Wachen, die Nachtwache – *Vigil*
ulterior, ius (Kompar.)	jenseits, entfernter – *Ultraschall, Ultrakurzwelle*
conscendere, -scendi, -scensum	besteigen
2 tardus, a, um	langsam, träge
administrare	helfen, verrichten, ausführen verwalten – *Administration*
circiter	ungefähr, um ... herum
attingere, -tigi, -tactum	berühren, erreichen, grenzen an
collis, is, m.	Hügel, Anhöhe
exponere, -posui, -positum	aufstellen, auseinander setzen, darlegen – *Exposé, exponieren, Exponent*
conspicere, -spicio, -spexi, -spectum	erblicken

5 **reliquum exercitum** wahrscheinlich fünf Legionen
23,1 **his constitutis rebus (!) – in ulteriorem portum** gemeint ist ein weiter nördlich gelegener Hafen, vielleicht Ambleteuse, 10 Kilometer nordöstlich von Boulogne
2 **in omnibus collibus** die Steilküste bei Dover

3 angustus, a, um — eng, beschränkt, klein
continere, -tineo, -tinui, – — zusammenhalten
– *Kontinent, Kontinuität*

litus, litoris, n. — Gestade, Küste
telum, i, n. — Geschoss
adigere, -egi, -actum — herantreiben, schleudern
4 egredi, egredior, egressus sum — herausgehen, verlassen, aussteigen
nequaquam — keineswegs
dum — während, solange (wie, bis)
5 interim — inzwischen
ratio, onis, f. — Berechnung, Überlegung, Vernunft – *Ration, rational, rationell*

res maritimae — Seewesen, Seekrieg
maxime — am meisten, besonders
– *maximal, Maximum*
instabilis, e — unbeständig, wechselnd
– *stabil*
nutus, us, m. — Wink, Wille
6 dimittere, -misi, -missum — auseinander schicken, entlassen
aestus, us, m. — Hitze, Brandung, Flut
secundus, a, um (sequi) — folgender, zweier; günstig
– *Sekunde, sekundär*
ancoras tollere — die Anker lichten

4 **dum ... convenirent** H 15 a
5 **ut rei militaris ratio** (die Regeln des Kriegswesens)**postularent** ist ein Vergleichssatz; zum coni. obl. H 12 – **maritimae res** der Seekrieg – **ut ad nutum et ad tempus** (im rechten Augenblick)... ist abhängig von **monuit** – **motum haberent**, ‚sich in Bewegung befinden'; Subjekt: maritimae res

planus, a, um	eben, flach
apertus, a, um	offen, ungeschützt, ungedeckt
24,1 at	aber
essedarius, i, m.	Wagenkämpfer
plerumque	meistens, gewöhnlich
genus, generis, n.	Geschlecht, Stamm, Art – *Genus*
consuescere, -suevi, –	sich gewöhnen; Perf.: gewohnt sein, pflegen
subsequi, -sequor, -secutus sum	folgen, nachfolgen
nisi . . . non	nur
2 difficultas, atis, f.	Schwierigkeit – *diffizil*
altum (mare)	die hohe See
constituere, -tui, -tutum	festsetzen, beschließen, aufstellen – *Konstitution*
ignotus, a, um	unbekannt
impeditus, a, um	behindert, beschäftigt
onus, oneris, n.	Last
premere, pressi, pressum	drücken, (be)drängen, pressen – *Presse, Pression*
desilire, silui, –	hinabspringen
fluctus, us, m.	Flut, Strömung
consistere, -stiti, –	sich aufstellen, Halt machen, festen Fuß fassen
3 aridus, a, um	trocken
aridum, i, n.	das Trockene = Land

24,1 consilio cognito cognoscere hier: durchschauen – **quo genere** (copiarum) diese Waffengattung; übersetze mit Parenthese

2 **militibus . . . pressis** ist Dativ zu den drei Gerundiva – **impeditis manibus** abl. abs.; übersetze modal

3 **equos insuefactos** scil. aqua

paulum	ein wenig
progredi, -gredior, -gressus sum	vorrücken – *progressiv, Progression*
membrum, i, n.	Glied
expeditus, a, um	unbehindert, bequem; kampfbereit
insuefactus, a, um (abl.)	daran gewöhnt
incitare	antreiben, anspornen
4 perterrere, -terreo, -terrui, -territum	(heftig) erschrecken – *Terror*
omnino	im Ganzen, überhaupt, nur
imperitus, a, um (gen.)	unerfahren, unkundig
alacritas, atis, f.	Mut, Lust
idem . . . qui	derselbe . . . wie
25,1 navis longa	Kriegsschiff
species, ei, f.	Aussehen, Erscheinung, Schein – *Spezies, speziell*
inusitatus, a, um	ungewohnt
motus, us, m.	Bewegung, Beweglichkeit – *Motor, Motiv*
usus, us, m.	Gebrauch, Übung, Vorteil – *Usus*
expeditus, a, um	unbehindert, bequem; kampfbereit
navis oneraria	Lastschiff
remus, i, m.	Ruder
latus, lateris, n.	Seite, Flanke

4 **quibus rebus nostri perterriti** H 8 – **alacritate ac studio uti** Mut und Kampfeseifer zeigen – **in pedestribus . . . proeliis** ist gemeint als Gegensatz zu maritima proelia – **quo . . . consuerant** im Dt. adv. Best. des Vergleichs

25,1 **inusitatior** ziemlich ungewohnt – **usus** hier: das Manövrieren – **remis incitare** vorwärts rudern

apertus, a, um	offen, unbedeckt, ungeschützt
inde	von da, von dort
funda, ae, f.	Schleuder
sagitta, ae, f.	Pfeil
tormentum, i, n.	Wurfmaschine, Geschütz (T 42)
2 usui esse	von Nutzen sein
propellere, -puli, -pulsum	vertreiben – *Propeller*
submovere, -movi, -motum	verdrängen
permotus, a, um	beunruhigt, bestürzt, beeindruckt
consistere, -stiti, –	sich aufstellen, Halt machen
modo	nur
pedem referre	sich langsam und geordnet zurückziehen
3 cunctari	zögern, zaudern
maxime	am meisten, besonders – *maximal, Maximum*
altitudo, inis, f.	Höhe, Tiefe
aquila, ae, f.	Adler (Feldzeichen: T 41)
obtestari	zu Zeugen anrufen, beschwören, beten zu
evenire, evenit, evenit	ausgehen, verlaufen
desilire, -silui, –	hinabspringen
commilito, onis, m.	Kamerad – *Kommilitone*
prodere, -didi, -ditum	überliefern, verraten

2 **quae res:** das Manöver
3 **qui decimae legionis aquilam ferebat** ist Subjekt! (H 5); zur Sache T 41 – **praestitero** statt des Futur I zum Ausdruck dafür, dass der Sprecher keine Ungewissheit kennt; für ihn gilt die Absicht schon als ausgeführt.

certe	sicher, gewiss, wenigstens
officium praestare (dat.)	s. Pflicht (gegen jm.) erfüllen
4 proicere, -icio, -ieci, -iectum	nach vorn werfen, wegwerfen – *projizieren, Projektor*
incipere, incipio, coepi, inceptum	anfangen, beginnen
5 cohortari	ermahnen, anfeuern
dedecus, -coris, n.	Schande
admittere, -misi, -missum	zulassen, zugeben, sich zuschulden kommen lassen
universus, a, um	gesamt, ganz – *Universum, universal*
6 item	ebenso
proximus, a, um	der nächste, letzte
conspicere, -spicio, -spexi, -spectum	erblicken, sehen
26,1 uterque, utraque, utrumque	jeder von zweien, beide
acer, acris, acre	spitz, scharf, heftig
ordo, ordinis, m.	Ordnung, Reihe, Stand
firmiter	fest
insistere, -stiti, –	sich hinstellen, stehen – *insistieren*
quicumque, quaecumque, quodcumquae	jeder, der; alle, die
occurrere, -curri, -cursum	begegnen, stoßen auf
se aggregare (grex)	sich anschließen – *Aggregat*
magnopere	sehr

6 **conspexissent** Subjekt: nostri
26,1 Hauptsatz: nostri tamen . . . magnopere perturbabantur – **ordines servare** in Reih und Glied bleiben – **firmiter insistere** in der Strömung fest auftreten

perturbare	in Unordnung bringen
vero	in Wahrheit, aber
2 ubi	wo, sobald, wenn
vadum, i, n.	seichte Stelle, Untiefe – *Watt*
aliqui, ae, a	einige
singularis, e	einzeln, vereinzelt, einzig(artig) – *Singular, singulär*
3 adoriri, -orior, -ortus sum	angreifen
circumsistere, -steti, –	umstellen, umzingeln
apertus, a, um	offen, unbedeckt, ungeschützt
latus, lateris, n.	Seite, Flanke
4 scapha, ae, f.	Boot, Kahn, Kutter
navis longa	Kriegsschiff
navigium speculatorium	Spähboot
complere, -pleo, -plevi, -pletum	anfüllen, füllen – *komplett*
subsidium, i, n.	Reserve, Unterstützung, Hilfe
submittere, -misi, -missum	zusenden
5 consistere, -stiti, –	sich aufstellen, Halt machen
in fugam dare, dedi, datum	in die Flucht schlagen
cursus, us, m.	Lauf – *Kurs*
pristinus, a, um	alt, früher, ehemalig
deesse, -sum, -fui, –	fehlen

2 **notis omnibus vadis** übersetze als Relativsatz zu hostes – **singulares** als Gegensatz zu **in universos**

5 **simul** = simulatque – **insulam capere** die Insel erreichen – **equites** gemeint sind die Schiffe, die die Reiter an Bord hatten

27,1 se recipere, -cipio, -cepi — sich erholen
2 una — zusammen, zugleich – *Union*
demonstrare — zeigen, erklären, mitteilen – *demonstrieren*
praemittere, -misi, -missum — vorausschicken
orator, oris, m. — Sprecher, Redner, Gesandter, Unterhändler
3 egredi, egredior, egressus sum — herausgehen, verlassen, aussteigen
mandatum, i, n. — Auftrag, Befehl – *Mandat, Mandant*
deferre, -fero, -tuli, -latum — wegtragen, überbringen, berichten
comprehendere, -ndi, -nsum — ergreifen, festnehmen
vinculum, i, n. — Fessel; Plural: Gefängnis
4 conferre, -fero, -tuli, collatum — zusammen bringen, (ver)schieben (auf) – *konferieren, Konferenz*
imprudentia, ae, f. — Unklugheit, Unverstand
ignoscere, -gnovi, – — verzeihen
queri, queror, questus sum — klagen, sich beklagen – *Querulant*
5 ultro — freiwillig, ohne Veranlassung
continens, entis (terra) — Festland – *Kontinent, kontinuierlich*
6 longinquus, a, um — entfernt, entlegen
arcessere, -cessivi, -cessitum — herbeiholen, -rufen

27,1 imperasset = imperavisset; zum Tempus H 11
2 quem . . . praemissum a. c. i. im Relativsatz H 16
3 oratoris modo als Unterhändler
4 tum hier: jetzt aber – **eius rei** nämlich: quod Commium in vincula coniecerant

7 undique	von allen Seiten
commendare	übergeben, empfehlen, anvertrauen
28,1 tollere, sustuli, sublatum	aufheben, beseitigen; aufnehmen
superior, ius (Kompar.)	der obere, frühere
lenis, e	sanft
solvere, solvi, solutum	lösen; die Anker lichten
2 tempestas, atis, f.	Wetter, Unwetter, Sturm
cooriri, -orior, -ortus sum	entstehen, sich erheben – *Orient*
eodem	ebendorthin
unde	woher
alii – alii	die einen – die anderen
referre, -fero, rettuli, -latum	zurücktragen, überbringen, berichten – *referieren, Referat*
inferior, ius (Kompar.)	der untere
occasus, us, m.	Untergang
deicere, -icio, -ieci, -iectum	verschlagen
3 fluctus, us, m.	Flut, Strömung
complere, -pleo, -plevi, -pletum	anfüllen, füllen – *komplett*
necessario	notgedrungen, natürlich
adversus, a, um	zugewandt, entgegen, feindlich, ungünstig – *adversativ*
provehi, -vehor, -vectus sum	fortfahren, hinausfahren
petere, petivi, petitum	zu erreichen suchen, bitten – *Petition*

28,1 **post diem quartum, quam ...** = die quarto, postquam – **ex superiore portu** vgl. 23,1 – **leni vento** abl. modi
2 **propius solis occasum** weiter nach Westen
3 **quae tamen ... cum** als sie jedoch ... – **adversa nocte** trotz der Nachtzeit

29,1 accidit, accidit (accidere)	es ereignet sich, geschieht, stößt jm. zu, widerfährt jm.
aestus, us, m.	Hitze, Brandung, Flut
aestus maritimus maximus	Springflut
efficere, -ficio, -feci, -fectum	bewirken – *Effekt*
consuescere, -suevi, –	sich gewöhnen; Perf.: gewohnt sein, pflegen
incognitus, a, um	unbekannt – *inkognito*
2 curare	sorgen, besorgen; mit Gerundivum: lassen – *Kuratorium*
aridus, a, um	trocken
deligare	anbinden
afflictare	beschädigen
facultas, atis, f.	Fähigkeit, Möglichkeit, Gelegenheit – *Fakultas, Fakultät, fakultativ*
administrare	verrichten, verwalten – *Administration*
auxiliari	helfen, Hilfe bringen
3 frangere, fregi, fractum	brechen, zerbrechen – *Fraktur, Fraktion*
funis, funis, m.	Seil, Tau
armamenta, orum, n.	Ausrüstung, Takelwerk – *Armaturen*
amittere, amisi, amissum	verlieren
inutilis, e	unnütz, unbrauchbar

29,1 **qui dies** ein Tag, der ... – **aut administrandi aut auxiliandi** den Dienst (auf den Schiffen) zu versehen oder (vom Lande aus) zu helfen

2 **in aridum subducere** aufs trockene Land ziehen

3 **compluribus navibus fractis** verbinde mit dem cum-Satz

necesse est	es ist notwendig
perturbatio, onis, f.	Verwirrung, Bestürzung
4 reficere, -ficio, -feci, -fectum	wiederherstellen, ausbessern
oportet, oportuit (oportere)	es gehört sich, ist nötig
hiemare	überwintern
providere, -video, -vidi, -visum	voraussehen, besorgen – *provisorisch, Provision*
30,1 paucitas, atis, f.	geringe Zahl
exiguitas, atis, f.	Kleinheit
cognoscere, -gnovi, -gnitum	kennen lernen, erkennen (an) – *kognitiv*
angustus, a, um	eng, beschränkt, klein
2 impedimentum, i, n.	Hindernis; Plural: Gepäck
ducere, duxi, ductum	führen; halten für
rebellio, onis, f.	Empörung, Aufstand – *Rebellion*
commeatus, us, m.	Zufuhr, Verpflegung
producere, -duxi, -ductum	vorführen; hinziehen – *produzieren, Produkt*
reditus, us, m.	Rückkehr
intercludere, -clusi, -clusum (abl.)	versperren, abschneiden
confidere, -fisus sum	vertrauen, sicher glauben
3 rursus	wiederum
paulatim	allmählich, nach und nach

4 **possent** das Subjekt ist aus exercitus zu entnehmen

30,1 **hoc ... etiam angustiora** deshalb ... noch kleiner

2 **optimum factu esse** factu ist Supinum II (finaler Dativ eines Verbalsubstantivs: ‚zum Tun'), im Dt. überflüssig – **rem** hier: Krieg – **his superatis aut ... interclusis** übersetze durch einen Konditionalsatz

3 **ex agris deducere** Gegensatz zu in agros remigrare: nach Hause gehen, an ihre tägliche Beschäftigung zurückkehren

deducere, -duxi, -ductum	wegführen, abziehen – *deduzieren*
discedere, -cessi, –	weggehen, verlassen
clam	heimlich
31,1 eventus, us, m.	Ausgang, Schicksal, Missgeschick – *eventuell*
intermittere, -misi, -missum	dazwischenlassen, frei lassen, unterbrechen
accidit, accidit (accidere)	es ereignet sich, geschieht, stößt jm. zu, widerfährt jm.
suspicari	befürchten, vermuten, ahnen – *suspekt*
subsidium, i, n.	Hilfe, Unterstützung
comparare	bereiten, beschaffen; vergleichen – *Komparativ*
subsidia comparare	Vorkehrungen treffen
2 affligere, -flixi, -flictum	beschädigen
materia, ae, f.	Bauholz, Balken – *Materie*
aes, aeris, n.	Erz, Metall
reficere, -ficio, -feci, -fectum	wiederherstellen, ausbessern
continens, entis (terra)	Festland – *Kontinent*
3 administrare	verrichten, verwalten – *Administration*
amittere, -misi, -missum	verlieren
satis	genug, ausreichend – *satt*
commode	bequem, gut
efficere, -ficio, -feci, -fectum	bewirken – *Effekt, Effizienz*
32,1 gerere, gessi, gestum	ausführen, tun; Passiv: geschehen – *Geste*
consuetudo, inis, f.	Gewohnheit

32,1 ex consuetudine erläutert **una – frumentatum** Supinum I **suspicione interposita** interponere hier: aufkommen – **hominum:** Britannorum

frumentari	Getreide holen, beschaffen
suspicio, onis, f.	Verdacht, Vermutung – *suspekt*
interponere, -posui, -positum	dazwischenlegen, einschieben
ventitare	kommen, aus- und eingehen
statio, onis, f.	Posten, Wache – *Station*
pulvis, -veris, m.	Staub, Staubwolke – *Pulver*
2 suspicari	vermuten, befürchten, ahnen
armare	bewaffnen, ausrüsten – *Armatur*
confestim	sogleich
subsequi, -sequor, -secutus sum	folgen, nachfolgen
3 procedere, -cessi, –	vorrücken – *Prozession, Prozess, Prozedur*
premere, pressi, pressum	bedrängen, drücken – *Presse, Pression*
aegre	kaum, mit Mühe
sustinere, -tineo, -tinui, –	aushalten, standhalten, sich halten
confertus, a, um	dicht gedrängt
4 demetere, -messui, -messum	abmähen, abernten
delitescere, -litui, –	sich verbergen
huc	hierher, hierhin
dispersus, a, um	zerstreut
5 deponere, -posui, -positum	niederlegen, ablegen – *deponieren, Depot*
occupatus, a, um	besetzt, beschäftigt
adoriri, -orior, -ortus sum	angreifen

2 **aliquid novi . . . initum** (esse) **consilii** erläutert den Ausdruck **id, quod erat** – **armari** übersetze reflexiv

3 **conferta legione** begründet **ex omnibus partibus**

incertus, a, um	unsicher, ungewiss
perturbare	verwirren, in Unordnung bringen
essedum, i, n.	(zweirädriger) Kampfwagen (T 40)
34,1 opportunus, a, um	günstig (gelegen), vorteilhaft – *opportun, Opportunist*
consistere, -stiti, –	sich aufstellen, Halt machen
lacessere, -cessivi, -cessitum	reizen, locken, herausfordern
2 alienus, a, um	fremd, ungeeignet, ungünstig
intermittere, -misi, -missum	dazwischenlassen, frei lassen, unterbrechen
3 occupatus, a, um	besetzt, beschäftigt
4 continuus, a, um	ununterbrochen, hintereinander – *Kontinuität*
tempestas, atis, f.	Wetter, Unwetter, Sturm
prohibere, -hibeo, -hibui, -hibitum	fern Halten, hindern, abhalten
5 interim	inzwischen
dimittere, -misi, -missum	auseinander schicken, entlassen
paucitas, atis, f.	geringe Anzahl
praedicare	bekannt machen, mitteilen, preisen – *Prädikat*

5 **incertis ordinibus** obl. abs.: infolge ihrer mangelhaften Aufstellung

34,1 **perturbatis nostris** ist Dativ

3 **nostris omnibus occupatis** vgl. dazu 31,2 – **qui erant in agris reliqui** die Britannier, die noch auf den Feldern arbeiteten; vgl. 32,1

4 **quae continerent . . . et . . . prohiberent** H 14

5 **si . . . expulissent** zum Tempus H 11

quantus, a, um	wie groß – *Quantum, Quantität*
perpetuus, a, um	fortwährend, dauernd – *Perpetuum mobile*
demonstrare	zeigen, erklären – *demonstrieren, Demonstration*
6 cogere, coegi, coactum	zusammenbringen, zwingen
35,1 etsi	wenn auch
superior, ius (Kompar.)	der obere, frühere
accidit, accidit (accidere)	es ereignet sich, geschieht, stößt jm. zu, widerfährt jm.
effugere, -fugio, -fugi, –	entfliehen, entgehen
nancisci, nanciscor, nanctus (nactus) sum	(zufällig) erreichen, bekommen
3 occidere, -cidi, -cisum	fällen, niederhauen, töten
longe lateque	weit und breit
36,2 duplicare	verdoppeln – *Duplikat*
continens, entis (terra)	Festland – *Kontinent*
adducere, -duxi, -ductum	heranführen, bringen, veranlassen
aequinoctium, i, n.	Tag- und Nachtgleiche
subicere,- icio, -ieci, -iectum	unterwerfen, aussetzen – *Subjekt, subjektiv*
3 incolumis, e	unversehrt, wohlbehalten
navis oneraria	Lastschiff
4 infra	unterhalb

6 **his rebus** res hier: Reden, Versprechungen
35,1 **fore videbat, ut**es werde dahin kommen, dass . . . ; die Folge werde sein, dass – **si essent hostes pulsi** zum Tempus H 11 – **legiones in acie . . . constituit** T 40
36,2 **propinquo die aequinoctii** bei der Nähe der Tag- und Nachtgleiche (21. Sept.) – **infirmis navibus** abl. abs.; löse kausal auf
4 **paulo** (abl. mens.) **infra** nach Süden

Buch V
Wortkunde und Kommentar

Caesars zweiter Zug nach Britannien

1,1 | | |
|---|---|
| discedere, -cessi, -cessum | auseinander gehen, weggehen, abreisen |
| hiberna (castra), orum, n. | Winterlager, -quartiere |
| quotannis | jährlich |
| consuescere, -suevi, -suetum | sich gewöhnen; Perf.: gewohnt sein, pflegen |
| praeficere, -ficio, -feci, -fectum (dat.) | vorsetzen, den Befehl - übertragen über – *Präfekt* |
| uti | als Nebensatzkonjunktion = ut |
| quam (b. Superl.) | so . . . wie möglich, möglichst |
| hiems, hiemis, f. | Sturm, Schnee, Winter – *Himalaja = Schneewohnung* |
| vetus, veteris | alt, bejahrt – *Veteran* |
| reficere, -ficio, -feci, -fectum | wiederherstellen, ausbessern – *Refektorium* |
| curare | sorgen, besorgen; mit Gerundivum: lassen – *Kuratorium* |
| modus, i, m. | Maß, Art und Weise – *Mode* |

1,1 **L. Domitio Ap. Claudio consulibus** abl. temp.: als D. und Cl. Konsuln waren, unter dem Konsulat des D. und Cl. (= 54 v. Chr.; die Römer bezeichneten die Jahre entweder nach den regierenden Konsuln oder nach ihrem Abstand von der Gründung Roms: ab urbe condita) – **ab hibernis** aus dem Gebiet der Belger – **in Italiam** d. h. nach Gallia citerior, vgl. § 5 – **possint** coni. obl. H 12

forma, ae, f.	Form, Gestalt – *formal*
demonstrare	zeigen, erklären, angeben – *demonstrieren, Demonstration*
2 celeritas, atis, f.	Schnelligkeit
onerare (onus)	belasten, beladen
subductio, onis, f.	Bergung, Anlandziehen (von Schiffen)
paulum	ein wenig
humilis, e	niedrig, unansehnlich
eo (vor Komparativ)	desto, um so
creber, bra, brum	dicht, zahlreich, häufig
commutatio, onis, f.	(Ver-)Änderung, Wechsel – *Mutation*
aestus, us, m.	Glut, Flut
fluctus, us, m.	Flut, Woge
cognoscere, -gnovi, -gnitum	erkennen, kennen lernen; Perf.: wissen
iumenta, orum, n.	Zugvieh
latus, a, um	weit, breit
3 actuarius, a, um	beweglich, schnell – *aktuell*
(navis) actuaria, ae, f.	Schnellruderer, -boot (T 40)
multum	viel, sehr
humilitas, atis, f.	Niedrigkeit, geringe Höhe
4 usui (dat.) esse	von Nutzen sein, nötig sein – *Usus*

2 Satzbau: Ad celeritatem . . . f a c i t humiliores, . . ., ad onera ac multitudinem . . . (facit) latiores – **ad celeritatem onerandi** um sie schneller beladen zu können – **paulo** abl. mensurae – **quam** (eae,) quibus . . . – **in nostro mari** das Mittelmeer

3 **actuarias** prädikativ – **quam ad rem** übersetze ‚res' immer durch ein Substantiv oder Pronomen, niemals mit ‚Sache'; den treffenden Ausdruck legt der Zusammenhang nahe.

armare	bewaffnen, ausrüsten – *Armaturen*
5 conventus, us, m.	Zusammenkunft, Versammlung, Gerichtstag
citerior, ius (Kompar.)	diesseitig
peragere, -egi, -actum	durchführen
incursio, onis, f.	Einfall
vastare	verwüsten, verheeren
6 eo	dorthin, dahin
civitas, atis, f.	Bürgerschaft, Gemeinde, Stamm, Staat
imperare	befehlen; (Soldaten, Geiseln) zu stellen befehlen – *Imperativ*
certus, a, um	festgesetzt, bestimmt, sicher – *Zertifikat*
7 docere, doceo, docui, doctum	lehren, erklären – *Doktor, Dozent*
publicus, a, um	öffentlich, allgemein – *publik, Publikum*
consilium, i, n.	Rat, Plan, Entschluss, Beschluss
ratio, onis, f.	Verhältnis; Art und Weise; Vernunft, Berechnung – *Ration, rational, rationell*

5 Galliae citerioris (= G. Cisalpinae) . . . **Illyricum** T 12; 19 – **finitimam partem provinciae** die Grenzgebiete dieser Provinz; die Pirusten lebten in der Gegend des heutigen Ochridsees, die damals noch nicht von den Römern unterworfen war.
7 **qua re nuntiata** auf die Nachricht von diesem Vorgang (res!) hin – **quid doceant / demonstrent** zum Konj.
H 14 – **nihil earum rerum** (!) nichts davon

iniuria, ae, f.	Ungerechtigkeit, Unrecht, Gewalttat, Beleidigung, Kränkung
satisfacere, -facio, -feci, factum (de)	genugtun, Genugtuung leisten, sich entschuldigen
8 accipere, -cipio, -cepi, -ceptum	annehmen, vernehmen, (an)hören – *akzeptieren*
obses, obsidis, m.	Geisel, Bürge
dies, diei, m./f.	m.: Tag; f.: Termin, Frist
persequi, -sequor, -secutus sum	verfolgen
9 arbiter, tri, m.	Schiedsrichter
lis, litis, f.	Streit; Gegenstand des Streites
aestimare	schätzen, einschätzen
poena, ae, f.	Buße, Entschädigung, Strafe
2,1 constituere, -tui, -tutum	festsetzen, beschließen – *Konstitution*
conficere, -ficio, -feci, -fectum	fertig machen, beenden – *Konfekt, Konfektion*
reverti, revertor, reverti	zurückkehren
inde	von da, von dort
proficisci, -ficiscor, -fectus sum	aufbrechen, reisen, marschieren
2 circumire, -eo, -ii, -itum	herumgehen, die Runde machen, umringen

8 **fecerint** zum Tempus H 11 – **sese bello ... persecuturum** (esse) verwende: angreifen

9 **ad diem** rechtzeitig, termingerecht – **ut imperaverat** H 5 – **inter civitates** die geschädigten Gemeinden der römischen Provinz und die Pirusten – **qui aestiment / constituant** H 14

singularis, e	einzig(artig), außerordentlich – *Singular, singulär*
inopia, ae, f.	Mangel, Armut, Not
circiter	etwa, ungefähr
genus, eris, n.	Art, Geschlecht – *Genus*
supra	oben, oberhalb
navis longa	Kriegsschiff (T 40)
instruere, -struxi, -structum	aufstellen, bauen, ausrüsten – *instruieren, Instruktion*
non multum abest, quin	es fehlt nicht viel, dass
deducere, -duxi, -ductum	herabführen, herabziehen – *deduzieren, Deduktion*
3 collaudare	= laudare
negotium, i, n.	Geschäft, Beschäftigung, Arbeit
praeesse, -sum, -fui (dat.)	vorstehen, leiten, regieren
ostendere, -tendi, -tentum	entgegenstrecken, zeigen, erklären – *ostentativ*
commodus, a, um	bequem, geeignet, zweckmäßig
traiectus, us, m.	Überfahrt
circiter	etwa, ungefähr
(terra) continens, -entis, f.	Festland – *Kontinent*
satis	genug, ausreichend – *satt*

2,2 **eius generis, cuius supra demonstravimus** H 5 – **et longas (naves) . . . instructas** (prädikativ!) – **deduci** deducere von Schiffen: in See gehen lassen

3 **quid fieri velit** seine Absicht (H 5) – **quo ex portu . . . cognoverat** a. c. i. im Relativsatz H 16 – **milium** (passuum) **triginta** gen. qual., Attribut zu traiectum – **huic rei** (!) dafür – (id,) **quod satis esse visum est militum** (gen. part.)

4 expeditus, a, um	unbehindert, ohne Gepäck, kampfbereit
concilium, i, n.	Versammlung – *Konzil*
sollicitare	aufreizen, aufwiegeln, empören
3,1 longe (b. Superl.)	bei weitem, weitaus
valere, valeo, valui, –	gesund sein, vermögen, gelten, stark sein – *Invalide*
multum valere (posse)	viel vermögen, große Macht (großen Einfluss) haben
copia, ae, f.	Vorrat, Menge; Plural: Truppen, Machtmittel
pedes, peditis, m.	Fußsoldat
tangere, tetigi, tactum	berühren, grenzen an – *tangieren, Tangente*
2 principatus, us, m.	erste Stelle, Führung, Vorrang
contendere, -tendi, -tentum	sich anstrengen, eilen, kämpfen
3 alter, altera, alterum	der eine/der andere (von zweien)
simulatque	sobald
cognoscere, -gnovi, -gnitum (de)	erkennen, kennen lernen, erfahren (von) – *kognitiv*
officium, i, n.	Pflicht, Gehorsam, Dienst – *offiziell, Offizier*

---

4 Germanosque . . . übersetze adversativ: vielmehr, sondern – **dicebantur** verwende: wie es hieß
3,1 **equitatu** abl. lim. – **supra** nämlich in Buch III
3 **alter** Cingetorix (vgl. § 4), also: der letztere – **quaeque** . . . = et (ea,) quae . . ., ostendit – **gererentur** coni. obl. H 12

deficere, -ficio, -feci, -fectum	verlassen, fehlen, mangeln (acc.); abfallen von (ab) – *Defekt, Defizit*
confirmare	befestigen, ermutigen, versichern, erklären – *Konfirmation*
gerere, gessi, gestum	tun; Passiv: geschehen – *Geste*
4 cogere, coegi, coactum	zusammenbringen, drängen, zwingen
aetas, atis, f.	Alter, Lebensalter
abdere, -didi, -ditum	wegschaffen, verbergen
ingens, entis	ungeheuer, außerordentlich
medius, a, um	der mittlere – *Medium*
initium, i, n.	Anfang – *Initiative*
pertinere, -tineo, -tinui, – (ad)	sich erstrecken (bis), sich beziehen (auf)
bellum parare	zum Kriege rüsten
instituere, -tui, -tutum	beginnen, anfangen, einrichten – *Institut, Institution*
5 posteaquam	= postquam
auctoritas, atis, f.	Ansehen, Einfluss – *Autorität*
adducere, -duxi, -ductum	heranführen, -bringen, veranlassen

---

4 Satzbau: At Indutiomarus ... cogere iisque, qui ... poterant, abditis ... bellum parare instituit – **silvam Arduennam** Eifel und Ardennen (vgl. die Karte) – **per medios fines** mitten durch ...

5 **adducti/perterriti** H 8 – **de suis privatis rebus ab eo petere** ihm private Bitten vortragen – **possent** coni. obl. H 12 **sese** ... oratio obliqua: Inhalt der Botschaft

perterrere, -terreo, -terrui, -territum	sehr erschrecken – *Terror*
privatus, a, um	persönlich – *privat*
petere, petivi, petitum	suchen, (nach etwas) streben, (um etwas) bitten; angreifen – *Petition*
incipere, incipere, coepi, inceptum	anfangen, beginnen
quoniam	weil, da ja
consulere, -sului, -sultum	um Rat fragen (acc.); sorgen für (dat.) – *Konsul, Konsulat, konsultieren*
vereri, vereor, veritus sum	sich scheuen, fürchten
deserere, -serui, -sertum	verlassen, im Stich lassen – *Deserteur*
6 idcirco	darum, deshalb
discedere, -cessi, -cessum	auseinander gehen, weggehen, verlassen
quo	= ut eo
continere, -tineo, -tinui, –	zusammenhalten, festhalten – *Kontinent*
in officio continere	im Gehorsam (gehorsam) halten, „bei der Stange halten"
nobilitas, atis, f.	Adel – *nobel*
discessus, us, m.	Weggang, Abzug
imprudentia, ae, f.	Unklugheit, Unverstand, Dummheit
labi, labor, lapsus sum	gleiten, ausrutschen, sich vergehen – *labil, Lapsus*
7 potestas, atis, f.	Macht, Gewalt
permittere, -misi, -missum	überlassen, zulassen, erlauben

7 **permitteret** zum Tempus H 11

fortuna, ae, f.	Geschick, Schicksal, Glück
fides, fidei, f.	Treue, Vertrauen; Schutz
4,1 etsi	wenn auch
instituere, -tui, -tutum	aufstellen, einrichten, beginnen – *Institut, Institution*
deterrere, -terreo, -terrui, -territum	abschrecken, abhalten – *Terror*
aestas, atis, f.	Sommer
consumere, -sumpsi, -sumptum	verbrauchen, verzehren; verbringen – *Konsum, konsumieren, Konsument*
comparare	vorbereiten, beschaffen; vergleichen – *Komparativ*
2 propinquus, a, um	nahe, verwandt
nominatim	namentlich, ausdrücklich – *nominell*
evocare	herausrufen, einladen
consolari	trösten, freundlich zureden
hortari	Mut machen, anfeuern, (er)mahnen
in officio manere, maneo, mansi, mansum	treu bleiben
3 nihilo tamen setius	nichtsdestoweniger, trotzdem

4,1 quaeque res (!) = et quae res – **eum:** Indutiomarum – **omnibus rebus** (!) . . . **comparatis** in einem Augenblick, da schon . . .

3 principibus . . . convocatis hos das Subj. des abl. abs. wird mit hos als Objekt zu conciliavit wieder aufgenommen – **quod** relat., im Dt.: denn . . . – **merito eius . . . fieri** er habe das verdient – **ab se** von seiner Seite – **eius auctoritatem . . . valere** a. c. i. als Subjekt zu **magni interesse – perspexisset** zum Konj. H 14

singillatim	einzeln – *Singular*
conciliare (dat.)	gewinnen (für) – *konziliant*
cum – tum	sowohl – als auch (besonders); nicht nur – sondern auch
meritum, i, n.	Verdienst – *Meriten*
intellegere, -lexi, -lectum	erkennen, einsehen – *Intellekt, intellektuell*
magni interest	es ist von großem Interesse, es ist sehr wichtig – *Interesse, interessant*
quam (b. Superl.)	so . . . wie möglich, möglichst
egregius, a, um	vorzüglich, außerordentlich
voluntas, atis, f.	Wille, Wunsch, Wohlwollen
perspicere, -spicio, -spexi, -spectum	durchschauen, erkennen – *Perspektive*
4 factum, i, n.	Tat, Vorfall, Ereignis – *Faktum, faktisch*
graviter ferre, fero, tuli, latum	schwer tragen (an), sich ärgern (über)
gratia, ae, f.	Gunst; Ansehen, Einfluss; Dank
minuere, -nui, -nutum	vermindern, verringern – *Minute*
inimicus, a, um	feindlich; subst.: Feind
dolor, oris, m.	Schmerz, Ärger
exardescere, -arsi, –	entbrennen
5,1 constituere, -tui, -tutum	festsetzen, bestimmen, beschließen – *Konstitution*
pervenire, -veni, -ventum	hinkommen, kommen

---

4 **id factum** Objekt zu **graviter tulit,** weiter ausgeführt durch den a. c. i. **suam gratiam** . . . **minui** (weil dadurch . . .) – **qui iam** . . . **fuisset** H 14

2	cognoscere, -gnovi, -gnitum	erkennen, kennen lernen; Perf.: wissen – *kognitiv*
	tempestas, atis, f.	Zeit; Wetter, Unwetter
	reicere, -icio, -ieci, -iectum	zurückwerfen, -treiben
	cursus, us, m.	Lauf, Fahrt, Richtung – *Kurs*
	eodem	ebendahin
	unde	woher, von wo
	proficisci, -ficiscor, -fectus sum	aufbrechen, abfahren; reisen, marschieren
	instruere, -struxi, -structum	aufstellen, bauen, ausrüsten – *instruieren, Instruktion*
	invenire, -veni, -ventum	auf etwas kommen, finden – *Invention*
3	princeps, cipis, m.	erster; Adliger, Fürst – *Prinz*
4	perpauci, ae, a	sehr wenige
	relinquere, -liqui, -lictum	zurücklassen, verlassen, übrig lassen – *Relikt, Reliquie*
	decernere, -crevi, -cretum	entscheiden, bestimmen, beschließen – *Dekret*
	motus, us, m.	Bewegung, Aufstand – *Motor, Motiv*
	vereri, vereor, veritus sum	sich scheuen, fürchten
6,1	una	zusammen, zugleich – *Union*
	imprimis (in primis)	besonders (unter den Ersten)
	cupidus, a, um (gen.)	begierig

5,2 **in Meldis** im Gebiet der M. – **unde erant profectae** H 5 – **paratas/instructas** prädikativ

3 **numero** abl. lim., fällt im Dt. weg

4 **obsidum loco** als ... – **cum ipse abesset** cum temporale; coni. obl. H 12

6,1 **ante** vgl. I 18–20 – **quod eum ... (esse) cognoverat** – **magni animi/magnae auctoritatis** gen. qual.: im Dt. Adjektive oder ‚besitzen' mit Substantiven

res novae, rerum novarum, f.	Neuerungen
magnus animus, magni animi, m.	Ehrgeiz
2 accedere, -cessi, -cessum	herangehen, hinzukommen
huc	hierher
deferre, -fero, -tuli, -latum	(über)bringen, übertragen
dictum, i, n.	Wort, Ausspruch, Äußerung – *Diktion*
graviter ferre, fero, tuli, latum (acc.)	schwer tragen (an), sich ärgern (über)
neque	und nicht, auch nicht, aber nicht, nicht einmal
recusare	zurückweisen, ablehnen
deprecari	durch Bitten abwehren, sich verbitten
audere, audeo, ausus sum	wagen
3 factum, i, n.	Tat, Vorfall, Ereignis – *Faktum, faktisch*
hospes, pitis, m.	Gastfreund, Fremder, Gast – *Hospiz, Hospital*
preces, um, f.	Bitten – *prekär*
petere, petivi, petitum (acc.)	(nach etwas) streben, (etwas) suchen, (um etwas) bitten; angreifen – *Petition*

2 **neque** aber trotzdem nicht
3 **omnibus . . . precibus petere** mit allen möglichen Bitten erreichen (Pleonasmus H 4) – **timeret/diceret** coni. obl. H 12 (bei diceret soll aber eigentlich nicht das Sagen, sondern der Inhalt der Aussage subjektiv Meinung sein; im Dt. eingeschobener Satz: wie er sagte) – **religionibus** ‚kultische Verpflichtungen'

contendere, -tendi, -tentum	sich anstrengen, eilen, kämpfen
partim	teils – *partiell*
insuetus, a, um	ungewohnt
religio, onis, f.	Gottesfurcht, Frömmigkeit, Aberglaube – *Religion*
impedire, -pedivi, -peditum	hindern, zurückhalten
4 posteaquam	= postquam
obstinatus, a, um	hartnäckig – *obstinat*
negare	verneinen, leugnen, abschlagen – *negieren, Negation*
impetrare	(durch Bitten) erreichen
adimere, -emi, -emptum	nehmen, wegnehmen
sollicitare	aufreizen, aufwiegeln, empören
sevocare	beiseite rufen, abrufen, abziehen
continens, entis, (terra)	Festland – *Kontinent*
5 spoliare	berauben
conspectus, us, m.	Anblick
vereri, vereor, veritus sum	sich scheuen, fürchten
6 interponere, -posui, -positum	dazwischenstellen, -setzen

5 **non sine causa** (Litotes H 3) **fieri** oratio obliqua: Inhalt des hortari – **id** wieder aufgenommen durch **ut** (hos,) **quos** . . . **vereretur,** . . . **necaret – vereretur** kann als coni. obl. (H 12), aber auch als kausaler oder konzessiver Konj. im Relativsatz (H 14) aufgefasst werden – **traductos** übersetze durch Beiordnung zu necaret

6 **reliquis** d. h. die er nicht mit nach Br. nimmt – **interponere/ poscere** inf. hist. H 9 – (id,) **quod . . . intellexissent** a. c. i. im Relativsatz H 16; zum Konj. Plqpf. H 11

fidem interponere	sein Wort geben
ius iurandum, iuris iurandi, n.	Schwur, Eid
poscere, poposci, –	(ab)fordern, verlangen
usus, us, m.	Gebrauch, Nutzen, Vorteil – *Usus*
ex usu esse (= usui esse)	von Nutzen sein, nützlich sein
administrare	verrichten, verwalten, ausführen – *Administration*
7 deferre, -fero, -tuli, -latum	hinwegtragen, (über)bringen, übertragen
7,1 tantum	so viel; nur
dignitas, atis, f.	Würde, Ansehen, Bedeutung
tribuere, -bui, -butum	zuteilen, gewähren, erweisen – *Tribut*
coercere, coerceo, coercui, coercitum	bändigen, zügeln, zur Vernunft bringen
quicumque, quaecumque, quodcumque	jeder, der; alle, die
statuere, -tui, -tutum	aufstellen, beschließen – *Statut*
2 amentia, ae, f.	Wahnsinn, Verblendung, Unverstand
progredi, -gredior, -gressus sum	vorwärts gehen, vorrücken – *progressiv, Progression*
prospicere, -spicio, -spexi, -spectum	ausschauen, vorausschauen – *Prospekt*
nocere, noceo, nocui, nocitum	schaden

7,1 qua re (!) – **tantum ... dignitatis** gen. part. – **coercendum atque deterrendum** (esse) ... **Dumnorigem – quibuscumque rebus posset** mit allen erdenklichen Mitteln

3 commorari (= morari) sich aufhalten, sein, bleiben
navigatio, onis, f. Schifffahrt – *Navigation, Navigator*
flare wehen, blasen
consuescere, -suevi, suetum sich gewöhnen; Perf.: gewohnt sein, pflegen
operam dare sich Mühe geben
continere, -tineo, -tinui, -tentum zusammenhalten, festhalten – *Kontinent*
nihilo tamen setius nichtsdestoweniger, trotzdem

4 idoneus, a, um geeignet, passend, brauchbar
nancisci, nanciscor, nanctus (nactus) sum (zufällig) bekommen, gewinnen
tempestas, atis, f. Zeit; Wetter, Unwetter
conscendere, -scendi, -scensum besteigen

5 at aber
impeditus, a, um behindert, beschäftigt, nicht kampfbereit
insciens, entis nicht wissend, ohne Wissen
discedere, -cessi, -cessum auseinander gehen, weggehen, abreisen, abziehen

6 intermittere, -misi, -missum dazwischenschicken, freilassen, unterbrechen, verstreichen lassen
profectio, onis, f. Aufbruch, Abreise
postponere, -posui, -positum zurückstellen

3 **omnis temporis** tempus hier: Jahreszeit – **commoratus** gleichzeitig zu **dabat operam** (während . . .)

insequi, -sequor, -secutus sum	verfolgen, nachsetzen
retrahere, -traxi, -tractum	zurückschleppen, -bringen
7 vim facere	Gewalt anwenden, sich widersetzen
absens, entis	abwesend
praesens, entis	anwesend, gegenwärtig – *Präsens, präsent*
neglegere, -lexi, -lectum	nicht beachten, vernachlässigen
8 revocare	zurückrufen
resistere, -stiti, –	stehen bleiben, sich widersetzen, Widerstand leisten
fides, fidei, f.	Treue, Vertrauen; Schutz
implorare	anflehen, anrufen
clamitare	rufen, beteuern
9 circumsistere, -steti, –	umstellen, umringen
8,1 gerere, gessi, gestum	tun; Passiv: geschehen – *Geste*
tueri, tueor, –	(be)schützen
res frumentaria, res frumentariae, f.	Verpflegung

7 **nihil hunc ... pro sano facturum** (esse) ..., **qui ... neglexisset** er, der ..., werde ... erst recht eine Unbesonnenheit begehen; zum Konj. neglexisset H 14
8 **manu** mit der Waffe in der Hand – **liberae civitatis** Angehöriger eines ...
9 **omnes** prädikativ
8,1 **his rebus gestis** (!) – **Labieno ... relicto** im Dt. Hauptsatz – Satzbau: ut ... tueretur (Labienus) et ... provideret, quaeque (= et ea, quae) ..., cognosceret ... que ... caperet

providere, -video, -vidi, -visum	voraussehen, besorgen, sorgen für – *Provision, provisorisch*
pro (abl.)	vor; für; im Verhältnis zu, entsprechend, nach – *Prozent*
2 par, paris	gleich – *paritätisch*
occasus, us, m.	Untergang
solvere, solvi, solutum	lösen, loslösen
naves solvere	in See stechen, die Anker lichten
lenis, e	linde, mild, schwach
provehi, -vehor, -vectus sum	vorwärts fahren, hinausfahren
intermittere, -misi, -missum	dazwischenschicken, freilassen, unterbrechen, verstreichen lassen
cursus, us, m.	Lauf, Richtung – *Kurs*
deferre, -fero, -tuli, -latum	hinwegtragen, (über)bringen, übertragen
aestus, us, m.	Glut, Flut
oriri, orior, ortus sum	entstehen, aufgehen – *Orient*
sinistra (manus), ae, f.	die Linke
sub sinistra	zur Linken
conspicere, -spicio, -spexi, -spectum	erblicken
3 rursus	wieder(um)
commutatio, onis, f.	Änderung, Wechsel, Umschwung – *Mutation*

2 **provectus media circiter nocte vento intermisso** ... ordne provectus dem naves solvit bei und beginne mit media circiter nocte einen neuen Satz (Als ...); intermitti: nachlassen – **aestu** zu longius delatus – **relictam** ‚hinter sich'; die Flut hatte Caesar weiter nach NO getrieben

3 **qua optimum esse** ... a. c . i. im Relativsatz H 16

remus, i, m.	Ruder
contendere, -tendi, -tentum	sich anstrengen, eilen, kämpfen
qua (via)	wo
egressus, us, m.	Aussteigen, Landung
superior, ius (Kompar.)	der obere, frühere, vergangene
aestas, atis, f.	Sommer
4 admodum	sehr
navigium, i, n.	Schiff
navigium vectorum	Lastschiff
remigare	zurückrudern
navislonga, navislongae, f.	Kriegsschiff (T 40)
adaequare	gleichmachen, erreichen – *adäquat*
5 accedere, -cessi, -cessum	herangehen, sich nähern
meridianus, a, um	mittäglich, südlich – *Meridian*
6 manus, us, f.	Hand; Schar – *manuell*
annotinus, a, um	einjährig, vorjährig

4 **vectoriis gravibusque navigiis** gravibus steht prädikativ: und zwar schwer beladenen; i. Dt.: mit ihren schwer beladenen Lastschiffen – **cursum adaequaverint** ‚gleichen Kurs halten'; zum Konj. H 14

6 Hauptsatz: sed ... multitudine navium perterritae (Subjekt: magnae manus) ... a litore discesserant ac ... abdiderant. Bilde im Dt. eine Satzreihe aus folgenden Abschnitten: a) ut postea ... convenissent; b) multitudine ... perterritae; c) quae cum ... uno erant visae tempore; d) a litore discesserant ac ... abdiderant – **cum annotinis** ... zusammen mit, einschließlich – **privatisque ... fecerat** diese Schiffe gehörten etwa reichen Offizieren oder Kaufleuten – **amplius octingentae** prädikativ: in einer Zahl von ... – **uno tempore** zur gleichen Zeit

quisque	jeder
commodum, i, n.	Vorteil, Nutzen, Bequemlichkeit
causa (gen.)	wegen, um ... willen
amplius, a, um	weiter, mehr
videre, video, vidi, visum	sehen; Passiv: erscheinen, sichtbar werden – *visuell, Vision*
litus, oris, n.	Gestade, Küste
discedere, -cessi -cessum	weggehen, verlassen
locus superior, loci superioris (Plural: loca superiora)	Anhöhe
abdere, -didi, -ditum	wegtun, verbergen, verstecken
9,1 exponere, -posui, -positum	herausstellen, ausladen; auseinander setzen – *exponieren, Exponent*
idoneus, a, um (dat.)	geeignet, passend, brauchbar (für)
ubi	wo; sobald
cognoscere, -gnovi, -gnitum (ex)	kennen lernen, erfahren (von); Perf.: kennen, wissen – *kognitiv*
considere, -sedi, –	sich setzen, sich niederlassen
cohors, cohortis, f.	Kohorte (T 32)
praesidium, i, n.	Schutz, Besatzung, Posten – *Präsidium*
praesidio esse (dat.)	(jm.) schützen
vigilia, ae, f.	Nachtwache, Wache – *Vigil*

9,1 **loco castris idoneo capto** T 39 – **qui praesidio navibus essent** H 14 – **veritus navibus** ‚fürchten für' – **deligatas ad ancoras** prädikativ

de tertia vigilia	noch während der dritten Nachtwache
vereri, vereor, veritus sum	sich scheuen, fürchten
mollis, e	sanft, weich (ansteigend) – *moll*
apertus, a, um	offen, frei
deligare	anbinden
2 praeficere, -ficio, -feci, -fectum	vorsetzen, an die Spitze stellen, den Befehl übertragen (über) – *Präfekt*
noctu	bei Nacht
progredi, -gredior, -gressus sum	vorrücken – *progressiv, Progression*
circiter	etwa, ungefähr
conspicari	erblicken
3 essedum, i, n.	Streitwagen
prohibere, -hibeo, -hibui, -hibitum	abhalten, abwehren, hindern
proelium committere, -misi, missum	einen Kampf zustande kommen lassen, beginnen, eröffnen
4 repellere, reppuli, repulsum	zurücktreiben, vertreiben
nancisci, nanciscor, nanctus (nactus) sum	(zufällig) bekommen, erreichen
egregius, a, um	ausgezeichnet, hervorragend
opus, operis, n.	Arbeit, Werk, Verschanzung – *Opus*
munire, munivi, munitum	befestigen, verschanzen – *Munition*
domesticus, a, um	häuslich, einheimisch

4 **locum ... munitum** ein keltischer Ringwall (T 44) – **domestici belli ... causa** für einen Krieg gegen Landsleute – **ut videbatur** H 5 (oder adverbiell)

5 creber, bra, brum	zahlreich, häufig
succidere, -cidi, -cisum	niederhauen, fällen
introitus, us, m.	Eingang, Zugang
praecludere, -clusi, -clusum	verschließen, versperren
6 rarus, a, um	selten, vereinzelt – *rar, Rarität*
propugnare	hervorstürmen
munitio, onis, f.	Befestigung, Verschanzung, Schanzarbeit – *Munition*
ingredi, -gredior, -gressus sum	hineingehen, eindringen
7 testudo, dinis, f.	Schilddach, Schutzdach (Schildkröte) (T 39)
agger, aggeris, m.	Schutt, Damm, Wall
adicere, -icio, -ieci, -iectum	heranwerfen, beigeben – *Adjektiv*
vulnus, eris, n.	Wunde, Verlust
8 fugere, fugio, fugi, –	fliehen, flüchten
prosequi, -sequor, -secutus sum	begleiten, verfolgen
vetare, vetui, vetitum	verbieten – *Veto*
consumere, -sumpsi, -sumptum	verbrauchen, verzehren, verbringen – *konsumieren, Konsum*
10,1 postridie	am folgenden Tage
mane	frühmorgens
tripertito	in drei Abteilungen
expeditio, onis, f.	Unternehmung, Zug, Streifzug – *Expedition*

6 **rari** prädikativ
7 **testudine facta** T 43 – **locum ceperunt** vgl. § 4
10,1 **postridie eius diei** Pleonasmus H 4 – **eos, qui fugerant** H 5

persequi, -sequor, -secutus sum	verfolgen
2 aliquantum, i, n.	ein ziemliches Stück – *Quantum*
extremus, a, um	der äußerste, letzte – *extrem*
prospectus, us, m.	Fernsicht, Aussicht – *Prospekt*
superior, ius (Kompar.)	der obere, frühere, vergangene
cooriri, -orior, -ortus sum	entstehen, sich erheben
tempestas, atis, f.	Zeit; Wetter, Unwetter
prope	fast, beinahe
affligere, -flixi, -flictum	anschlagen, beschädigen
eicere, eicio, eieci, eiectum	hinauswerfen, vertreiben
funis, is, m.	Tau, Seil
sustinere, -tineo, -tinui, –	aushalten, standhalten
gubernator, oris, m.	Steuermann – *Gouverneur*
pati, patior, passus sum	(er)dulden, leiden, (zu)lassen – *Patient*
3 concursus, us, m.	Zusammenlaufen, Zusammenstoß – *Konkurs*
incommodum, i, n.	Schaden, Nachteil, Niederlage
11,2 nuntius, i, m.	Bote, Botschaft – *Nuntius*

2 **cum iam extremi** (die Nachhut der Feinde) **essent in prospectu** im Dt. dem **his ... progressis** beizuordnen – **qui nuntiarent** H 14 – **sustinerent/possent** durative Imperfekte, im Dt. Plqpf.

11,2 **sic ut** ... der Eindruck war so, dass ... ; ordne im Dt. **amissis navibus** dem **viderentur** bei – **magno negotio** abl. modi; übersetze konzessiv: wenn auch nur mit ...

coram	öffentlich, vor aller Augen, persönlich; prp. (abl.): in Gegenwart von
perspicere, -spicio, -spexi, -spectum	genau erkennen, wahrnehmen – *Perspektive*
amittere, -misi, -missum	aufgeben, fahren lassen, verlieren
reficere, -ficio, -feci, -fectum	wiederherstellen, ausbessern – *Refektorium*
negotium, i, n.	Geschäft, Beschäftigung, Arbeit
3 faber, fabri, m.	Handwerker
deligere, -legi, -lectum	auswählen
continens, entis	zusammenhängend, ununterbrochen – *Kontinent*
arcessere, -cessivi, -cessitum	herbeirufen, herbeiholen
4 quam (b. Superl.)	so . . . wie möglich, möglichst
instituere, -tui, -tutum	aufstellen, einrichten, beginnen – *Institut, Institution*
5 opera, ae, f.	Mühe, Arbeit
commodus, a, um	bequem, geeignet, zweckmäßig
subducere, -duxi, -ductum	wegführen, (von Schiffen) ans Land ziehen
coniungere, -iunxi, -iunctum	verbinden, vereinigen – *Konjunktion*

4 **quam plurimas possit . . . naves instituat** instituere hier: bauen lassen – **iis legionibus** abl.
5 **res (!) erat multae operae ac laboris** gen. qual.; Hendiadyoin H 2 (war überaus schwierig; oder: kostete viel Arbeit und Mühe)

6 consumere, -sumpsi, -sumptum — verbrauchen, verzehren, verbringen – *konsumieren, Konsument, Konsum*
ne ... quidem — nicht einmal, auch nicht
nocturnus, a, um — nächtlich, Nacht-
intermittere, -misi, -missum — dazwischenschicken, freilassen, unterbrechen, verstreichen lassen, ungenutzt lassen

7 egregius, a, um — ausgezeichnet, hervorragend
idem ... qui — derselbe ... wie – *Identität*
praesidio relinquere, -liqui, -lictum — als Schutz (für jm./etw.) zurücklassen – *Präsidium; Relikt, Reliquie*
eodem — ebendorthin, auch dorthin
unde — von wo, woher

8 undique — von allen Seiten
summa, ae, f. — Summe, Gesamtheit
summa imperii — Oberbefehl
administrare — verrichten, verwalten, besorgen – *Administration*
communis, e — gemeinschaftlich, gemeinsam – *Kommune, Kommunismus*
permittere, -misi, -missum — überlassen, übertragen, zulassen, erlauben
maritimus, a, um — am Meer gelegen, Meer-, See- – *Marine*
dividere, -visi, -visum — teilen, trennen – *dividieren, Division*

---

7 **castrisque egregie munitis** T 39
8 **summa imperii bellique administrandi** Oberbefehl bei der Führung dieses Krieges

9	continens, entis	zusammenhängend, dauernd – *Kontinent, kontinuierlich*
	intercedere, -cessi, -cessum	dazwischentreten, -gehen, -sein, -liegen
	praeficere, -ficio, -feci, -fectum (dat.)	an die Spitze stellen, vorstellen, den Befehl übertragen über – *Präfekt*
12,1	interior, ius (Kompar.)	der innere
	incolere, -colui, -cultum	bewohnen, wohnen
	memoria, ae, f.	Erinnerung, Gedächtnis, Überlieferung
	prodere, -didi, -ditum	weitergeben, überliefern, verraten

9 **huic . . . bella intercesserant** er hatte im Kriege gelegen – **nostro adventu permoti** H 8 – **toti bello imperioque** vgl. § 8

12 Die Kapitel 12–14 beschäftigen sich mit Einzelheiten zur Geographie und Völkerkunde Britanniens. Da sie sprachliche Eigentümlichkeiten enthalten, die mit Caesars sonstiger Ausdrucksweise unvereinbar zu sein scheinen, glauben viele Gelehrte, diese Kapitel stammten nicht aus Caesars Feder, sondern seien – wie auch einige andere geographische Beschreibungen im Bellum Gallicum – entweder ein Einschub eines späteren Bearbeiters, der dem Bedürfnis nach größerer geographischer Genauigkeit nachkommen wollte, oder aber ein Textabschnitt, den Caesars Sekretäre in seinem Auftrag aus Werken griechischer Geographen zusammenstellten.

1 **quos natos** (esse) **in insula** dieser a. c. i. ist abhängig von dem a. c. i. **memoria proditum** (esse), dieser wiederum von **ipsi . . . dicunt** (H 16); im Dt.: die von sich sagen, sie seien der mündlichen Überlieferung zufolge . . .

memoria (abl.) prodere	(mit dem Gedächtnis =) mündlich überliefern
2 praeda, ae, f.	Beute
bellum inferre (dat.), -fero, -tuli, illatum	(mit jm.) Krieg anfangen, (jm.) angreifen
appellare	aufrufen, anrufen, nennen – *Appell*
oriri, orior, ortus sum	entstehen, aufgehen; abstammen – *Orient*
incipere, incipio, coepi, inceptum	anfangen, beginnen
3 infinitus, a, um	unbegrenzt, unendlich – *infinit*
creber, bra, brum	zahlreich, häufig
fere	ungefähr, fast, beinahe
consimilis, e	sehr ähnlich
pecus, oris, n.	Vieh
4 aes, aeris, n.	Erz, Bronze, Kupfer
nummus, i, m.	Münze, Geld – *Numismatik*
aureus, a, um	golden
talea, ae, f.	Zweig, Spross; Barren
ferreus, a, um	eisern, Eisen-
pondus, eris, n.	Gewicht – *Pfund*
examinare	abwägen, prüfen, untersuchen – *examinieren, Examen*

2 **qui omnes fere** ... im Dt. Hauptsatz in Parenthese – **iisdem nominibus civitatum ..., quibus orti ex civitatibus** nach den Namen der Stämme, aus denen sie ...

4 **utuntur** verbinde mit **pro nummo** – **examinatis** verbinde mit **taleis ferreis** – **nascitur ibi plumbum album** Britannien war eine wichtige Zinnfundstelle des Altertums

pro (abl.)	vor; für; als, anstatt; im Verhältnis zu – *Prozent*
5 plumbum, i, n.	Blei
albus, a, um	weiß – *Albino*
plumbum album, plumbi albi, n.	Zinn
mediterraneus, a, um	mitten im Lande
exiguus, a, um	gering, klein
copia, ae, f.	Vorrat, Menge; Plural: Truppen, Hab und Gut
materia, ae, f.	Bauholz, Holz – *Materie*
quisque	jeder
genus, eris, n.	Geschlecht, Art – *Genus*
praeter (acc.)	an ... vorbei, außer
fagus, i, f.	Buche
abies, abietis, f.	Tanne
6 lepus, oris, m.	Hase
gallina, ae, f.	Huhn
anser, eris, m.	Gans
gustare	kosten, essen
fas (indekl.)	(göttl.) Recht
alere, alui, altum	ernähren, aufziehen – *Alimente*
voluptas, atis, f.	Vergnügen, Freude, Lust
loca, orum, n.	Gegend; Klima
temperatus, a, um	gemäßigt, mild – *temperiert, Temperatur*
remissus, a, um	losgelassen, abgespannt, gemäßigt
frigus, oris, n.	Kälte

6 **haec** die drei Tierarten – **animi voluptatisque causa** Hendiadyoin H 2: sie halten sie zu ihrem Vergnügen (Freude des Herzens) – **remissioribus frigoribus** übersetze kausal

13,1

triquetrus, a, um	dreieckig
latus, eris, n.	Seite, Flanke
angulus, i, m.	Ecke, Winkel
appellere, -puli, -pulsum	herantreiben; Passiv: landen
oriri, orior, ortus sum	sich erheben, entstehen, aufgehen – *Orient*
inferior, ius (Kompar.)	der untere – *inferior*
2 vergere, –, –	sich neigen, sich erstrecken – *konvergieren, divergieren*
occidere, -cidi, –	fallen, untergehen – *Okzident*
dimidium, i, n.	Hälfte
existimare	schätzen, meinen, glauben
par ... atque	gleich ... wie
spatium, i, n.	Raum, Strecke, Zeit, Dauer
transmissus, us, m.	Überfahrt
3 medius, a, um	der mittlere, mitten – *Medium*
cursus, us, m.	Lauf, Fahrt, Richtung – *Kurs*
complures, a	mehrere – *Plural*
praeterea	außerdem
obicere, -icio, -ieci, -iectum	entgegenwerfen, vorhalten, preisgeben – *Objekt*
continuus, a, um	zusammenhängend, andauernd – *kontinuierlich, Kontinuität*

13,1 insula natura (abl.) **triquetra** (est) – **ad orientem solem / ad meridiem spectat** ‚nach Osten / nach Süden liegen' – **tenet** ‚einnehmen'

2 **dimidio** abl. mensurae – **pari spatio** abl. qual.

3 **in hoc medio cursu** in der Mitte dieser Fahrt (Strecke) – **sub brumam** um die Wintersonnenwende

	bruma, ae, f.	= brevissima (dies): der kürzeste Tag, die Wintersonnenwende
4	percontatio, onis, f.	Durchforschen, Erkundigung
	reperire, repperi, repertum	finden, erfahren
	mensura, ae, f.	Messung, Maß
5	longitudo, dinis, f.	Länge
	opinio, onis, f.	Meinung, Vermutung, Erwartung
	opinio (alicuius) fert	jm. meint
6	septentriones, um, m.	Siebengestirn, der Große Bär, Norden
	circuitus, us, m.	Umfang, Umkreis
	vicies	zwanzigmal
	longe (b. Superl.)	bei weitem, weitaus
14,1	humanus, a, um	menschlich, gesittet, gebildet – *human, Humanität, Humanismus*
	differre, -fero, –, –	verschieden sein, sich unterscheiden – *differieren, Differenz*
	consuetudo, dinis, f.	Gewohnheit, Lebensweise

4 **de eo** darüber – **nisi** außer dass – **certis ex aqua mensuris** zuverlässige Messungen mit der Wasseruhr
5 **illorum** die in § 3 genannten Schriftsteller – **septingentorum milium** gen. qual.
6 **tertium** (latus) – **vicies centum milium passuum** zwanzigmal hunderttausend Doppelschritte = 2000 Meilen (= 3000 Kilometer; T 46)
14,1 **ex his omnibus** schließt an 12,1/2 an – (ii,) **qui Cantium incolunt – quae regio est maritima** H 6 – **omnis** prädikativ

2 interior (Kompar.), oris, m. (der innere) Inlandbewohner
plerique, pleraeque, pleraque — die meisten
serere, sevi, satum — säen
lac, lactis, n. — Milch
caro, carnis, f. — Fleisch
pellis, is, f. — Fell – *Pelle*
vestire, vestivi, vestitum — kleiden, bekleiden – *Weste*
vero — in Wahrheit, aber
vitrum, i, n. — Färberwaid (eine blau färbende Pflanze) – *Vitriol*
inficere, -ficio, -feci, -fectum — färben, hineinbringen (z. B. Farbe, Gift), vergiften, anstecken – *infizieren, Infektion*
caeruleus, a, um — blau
efficere, -ficio, -feci, -fectum — bewirken, machen – *Effekt*
horribilis, e — schauerlich, fürchterlich
aspectus, us, m. — Anblick, Ansehen – *Aspekt*
3 capillus, i, m. — Haar – *Kapillare*
promissus, a, um — nach vorn geschickt, herabhängend
radere, rasi, rasum — kratzen, schaben, scheren – *radieren, rasieren, tabula rasa*
labrum, i, n. — Lippe, Rand eines Gefäßes
superior, ius (Kompar.) — der obere, frühere, vergangene

2 **hoc** dadurch – **aspectu** abl. lim.
3 **capillo promisso / omni parte corporis rasa** abl. qual., im Dt. verbal: sie tragen das Haar lang und sind am ganzen Körper rasiert

4	deni	je zehn
	duodeni	je zwölf
	virgo, ginis, f.	Jungfrau
	quisque, quaeque, quodque (adjekt.)	jeder (einzelne)
	deducere, -duxi, -ductum	herabführen, wegführen – *deduzieren, Deduktion*
15,1	essedarius, i, m.	Wagenkämpfer
	acer, acris, acre	scharf, heftig
	confligere, -flixi, -flictum	zusammenschlagen, -stoßen, kämpfen – *Konflikt*
	collis, is, m.	Hügel, Anhöhe
	compellere, -puli, -pulsum	= pellere – *Puls*
2	complures, a	mehrere – *Plural*
	cupidus, a, um	begierig, eifrig, hitzig
	insequi, -sequor, -secutus sum	nachsetzen, verfolgen
	amittere, -misi, -missum	loslassen, verlieren
3	spatium, i, n.	Zeit, Raum, Strecke, Zwischenraum
	intermittere, -misi, -missum	dazwischenschicken, unterbrechen
	imprudens, entis	ahnungslos, ohne Wissen, unkundig

5 **qui sunt ex iis nati** ihre Nachkommen (H 5) – **habentur** ‚gelten als' – **quo** = ad quos

15,1 **in silvas collesque** auf bewaldete Anhöhen (Hendiadyoin H 2)

2 **cupidius** allzu hitzig

3/4 Bilde mehrere Sätze aus folgenden Abschnitten: a) at illi intermisso spatio (nach einiger Zeit) ... se ex silvis eiecerunt; b) impetuque in eos facto (aktivisch beiordnen!) ... acriter pugnaverunt; c) duabusque missis subsidio cohortibus

occupatus, a, um	beschäftigt
eicere, eicio, eieci, eiectum	hinauswerfen
impetus, us, m.	Ansturm, Angriff
statio, onis, f.	Posten, Wache – *Station*
collocare	aufstellen, hinstellen
4 subsidium, i, n.	Beistand, Hilfe; Plural: Reserve
subsidio mittere, misi, missum	zu Hilfe schicken
perexiguus, a, um	ganz gering
consistere, -stiti, –	sich aufstellen, Halt machen, stehen bleiben; Perfekt: stehen
genus, eris, n.	Geschlecht, Art – *Genus*
perrumpere, -rupi, -ruptum	durchbrechen, sich einen Weg bahnen
inde	von da, von dort; dann
incolumis, e	unversehrt, gesund
se recipere, -cipio, -cepi, –	sich zurückziehen
5 tribunus militum	Militärtribun (T 34)
plures, plura	(noch) mehr – *Plural*
submittere, -misi, -missum	heranschicken, zu Hilfe schicken
repellere, reppuli, repulsum	zurückschlagen, -treiben

(konzessiv!) . . . atque his primis (und zwar die ersten) legionum duarum, cum eae . . . constitissent (im Dt. am besten als Relativsatz: die in einem sehr geringen Abstand voneinander standen), novo genere pugnae perterritis nostris (wird Hauptsatz!); d) per medios (mitten durch die Reihen der Römer) . . . perruperunt seque . . . receperunt (leite diesen Hauptsatz ein mit ‚so, infolgedessen')

16,1 dimicare — kämpfen
gravitas, atis, f. — Schwere, Gewicht
insequi, -sequor, -secutus sum — nachsetzen, verfolgen
cedere, cessi, cessum — gehen, (zurück)weichen
signum, i, n. — Zeichen, Feldzeichen, Fahne – *Signal*
discedere, -cessi, -cessum — auseinander gehen, weggehen, abreisen
audere, audeo, ausus sum — wagen, den Mut haben (zu)
aptus, a, um — passend, brauchbar, geeignet

2 propterea — deshalb, deswegen
consulto — absichtlich
plerumque — meistens
paulum — ein wenig, etwas
removere, -moveo, -movi, -motum — entfernen, weglocken
essedum, i, n. — Streitwagen
desilire, -silui, – — herabspringen, hinabspringen

16,1 cum sub oculis ... dimicaretur im Dt. kausal hinter **intellectum est** ... – **nostros:** pedites nostros (vgl. § 2) – **ab signis discedere** Reih und Glied verlassen – **quod neque insequi ...** gibt die Begründung für **minus aptos esse ad** (kaum gewachsen); im Dt. mit ‚denn' dem a. c. i. nachzustellen; die coni. obl. (H 12) **possent** und **auderent** können im Dt. nicht nachgeahmt werden

2 equites autem ... der a. c. i. geht weiter; im Dt. neuer Hauptsatz – **proelio dimicare** ‚kämpfen' – **illi** die britannischen Reiter – **cederent/contenderent** coni. obl. (vgl. § 1!), ebenso **cum ... removissent** (cum iterativum!)

dispar, -paris	ungleich
contendere, -tendi, -tentum	sich anstrengen, eilen, kämpfen
3 equester, stris, stre	zu Pferde, Reiter-
par atque	gleich wie – *paritätisch*
periculum inferre, infero, intuli, illatum	Gefahr (mit sich) bringen
4 huc	hierher, hierzu
confertus, a, um	dicht gedrängt, geschlossen
rarus, a, um	selten, vereinzelt, einzeln – *rar, Rarität*
intervallum, i, n.	Zwischenraum – *Intervall*
proeliari	kämpfen
statio, onis, f.	Posten, Wache; Stellung, Stelle – *Station*
disponere, -posui, -positum	auseinander setzen, -stellen, verteilen – *disponieren, Disposition*
deinceps	der Reihe nach, nacheinander
excipere, -cipio, -cepi, -ceptum	herausnehmen, aufnehmen
integer, gra, grum	unversehrt, frisch – *integrierend*
recens, entis	frisch, neu, jüngste(r)
defatigare	ermüden

3 **equestris ... proelii ratio** die übliche Kampfesweise in einer Reiterschlacht – **par atque idem** das Hendiadyoin (H 2) unterstreicht die Gleichheit der Gefahr bei beiden Bewegungen (**cedentibus et insequentibus** scil. Romanis: für die Römer, ob sie nun ...)

4 **conferti / rari / dispositas** prädikativ – **exciperent** ‚sich ablösen'

succedere, -cessi, -cessum	heranrücken, nachrücken, folgen – *sukzessive*
17,1 procul	in der Ferne, fern, von fern
consistere, -stiti, –	sich aufstellen, stehen bleiben, Halt machen
ostendere, -tendi, -tentum	entgegenstrecken, zeigen – *ostentativ*
lenis, e	mild, schwach
pridie	am Vortage
lacessere, -cessivi, -cessitum	locken, reizen
proelio (abl.) lacessere	zum Kampf herausfordern
2 meridies, ei, m.	Mittag – *Meridian*
pabulari	Futter holen
repente	plötzlich
advolare	anstürmen, angreifen
pabulator, oris, m.	Futterholer
absistere, -stiti, –	wegtreten, sich entfernen
3 quoad	(solange) bis
confidere, -fisus sum	vertrauen
praeceps, cipitis	kopfüber
4 colligere, -legi, -lectum	zusammenlesen, sammeln – *Kollekte*
facultas, atis, f.	Fähigkeit, Möglichkeit, Gelegenheit – *Fakultas, Fakultät*

17,1 lenius weniger heftig

2 **sic uti ab signis** . . . die Angreifer scheuten nicht davor zurück (**non absisterent**), die zum Schutz der pabulatores mit ausgerückten drei Legionen anzugreifen

3 **subsidio confisi** wird durch den folgenden cum-Satz erläutert – **praecipites** (prädikativ) **hostes egerunt** sie trieben die Feinde Hals über Kopf vor sich her

4 im Dt. neuer Hauptsatz!

5 protinus	sofort
undique	von allen Seiten
umquam	jemals
18,1 omnino	im Ganzen, überhaupt nur
aegre	mit Mühe, kaum
2 animadvertere, -verti, -versum	bemerken
ripa, ae, f.	Ufer
instruere, -struxi, -structum	aufstellen, ausrüsten, bauen – *instruieren, Instruktion*
3 acutus, a, um	scharf, spitz – *akut*
sudis, is, f.	Pfahl
praefigere, -fixi, -fixum	vorn anheften, vorn ein schlagen – *Präfix*
defigere, -fixi, -fixum	anheften, einschlagen
tegere, texi, tectum	decken, bedecken, schützen
4 perfuga, ae, m.	Überläufer, Flüchtling
confestim	sogleich
subsequi, -sequor, -secutus sum	auf dem Fuße folgen, nachfolgen
5 impetus, us, m.	Angriff, Ansturm, Ungestüm, Wucht
exstare, –, –	heraustreten, hervorragen
dimittere, -misi, -missum	auseinander schicken, entlassen

5 **ex hac fuga protinus** unmittelbar im Verlauf dieser Flucht – **quae** Beziehungswort ist **auxilia**; zur Sache vgl. 11,8 – **summis ... copiis** mit ihrer gesamten Streitmacht

18,5 **ea celeritate / eo impetu** mit solcher ... – **ripasque** der Plural bezeichnet die Ausdehnung (rechts und links der Furt); vgl. I 37,3

mandare	übergeben, anvertrauen – *Mandat, Mandant*
fugae se mandare	fliehen
19,1 demonstrare	zeigen, erwähnen, erzählen – *demonstrieren, Demonstration*
deponere, -posui, -positum	ablegen, niederlegen, aufgeben – *deponieren, Depot*
contentio, onis, f.	Streit, Kampf
amplus, a, um	weit, groß, bedeutend
essedarius, i, m.	Wagenkämpfer
excedere, -cessi, -cessum	weggehen, verlassen, sich entfernen – *Exzess*
impeditus, a, um	behindert, unzugänglich, unwegsam
silvester, tris, tre	bewaldet, waldig
occultare	verbergen, verstecken – *okkult*
compellere, -puli, -pulsum	zusammentreiben, vertreiben
2 libere	frei, ungehindert, kühn
praedari	Beute machen, plündern
effundere, -fudi, -fusum	herausgießen, zerstreuen

19,1 Bilde aus den drei abl. abs. einen anreihenden Hauptsatz (Tempus im Dt.: Plqpf.) und beginne mit **itinera nostra servabat**... einen neuen Hauptsatz (etwa bis **compellebat**) – **ut supra demonstravimus** bezieht sich etwas unscharf auf die in 17,5 erwähnten Vorgänge – **contentionis** ein größeres Gefecht – **itinera nostra** die Bewegungen unserer Truppen – **servabat** = observabat – **quibus nos iter facturos cognoverat** a. c. i. im Relativsatz H 16

2 **cum equitatus**... cum iterativum – **liberius** allzu kühn, sorglos – **hoc metu** aus Furcht davor

semita, ae, f.	Pfad, Steg
confligere, -flixi, -flictum	zusammengeraten, -stoßen, kämpfen – *Konflikt*
metus, us, m.	Furcht, Befürchtung, Angst
late	weit, breit
vagari	umherstreifen – *Vagabund, Vagant*
prohibere, -hibeo, -hibui, -hibitum	abhalten, abwehren, hindern
3 discedere, -cessi, -cessum	auseinander gehen, weggehen, abreisen
pati, patior, passus sum	leiden, (er)dulden, zulassen – *Passiv, Patient*
agmen, inis, n.	Heer(eszug), Marschordnung
tantum – quantum	soviel – wie – *Quantum*
incendium, i, n.	Brand, Feuer
nocere, noceo, nocui, nocitum	schaden
legionarius, a, um	Legions-
efficere, -ficio, -feci, -fectum	bewirken, erreichen – *Effekt*
20,1 interim	inzwischen
adulescens, entis, m.	junger Mann
(terra) continens, entis	zusammenhängend; subst.: Festland – *Kontinent, kontinuierlich*

3 **relinquebatur** es blieb nichts anderes übrig, als ... – **ut neque ... pateretur** verwende ‚verbieten' – **tantum** nur so viel – **labore atque itinere** Hendiadyoin H 2 (auf dem beschwerlichen Marsch)

20,1 Stelle im Dt. die Parenthese hinter ... **imperata facturos – Caesaris fidem secutus** ‚sich jm. anschließen' – **ipse fuga ...** adversatives Asyndeton H 1 (während er selbst ...)

obtinere, -tineo, -tinui, -tentum	innehaben, behaupten
vitare	(ver)meiden, entgehen
polliceri, -liceor, -licitus sum	versprechen
dedere, -didi, -ditum	ergeben, ausliefern
se dedere	kapitulieren
2 petere, petivi, petitum	streben (nach), bitten (um) – *Petition*
defendere, -fendi, -fensum (a)	abwehren, verteidigen (gegen), schützen (vor) – *Defensive*
praeesse, -sum, -fui (dat.)	voranstehen, führen, leiten
21,1 iniuria, ae, f.	Unrecht, Gewalttat, Übergriff
prohibere, -hibeo, -hibui, -hibitum (ab)	abhalten, abwehren, sichern (gegen)
2 palus, udis, f.	Sumpf, Moor
quo	wohin
3 impeditus, a, um	behindert, unzugänglich, unwegsam
incursio, onis, f.	Einfall, Angriff
consuescere, -suevi, –	sich gewöhnen; Perf.: gewohnt sein, pflegen

2 **praesit/obtineret** H 14
3 **frumentum exercitui** Proviant für das Heer
4 **ad numerum** vollzählig
21,1 **defensis** geht auf Cassivellaunus (20,2), **prohibitis** auf **militum** (Romanorum)
2 **ex eo loco** sein gegenwärtiger Standort – **satis magnus ... numerus** ziemlich (recht) viel – **convenerit** coni. obl. H 12
3 **oppidum ... vocant, cum ...** von einer Stadt sprechen die Br., wenn ...

4 reperire, repperi, repertum — finden, erfahren
opus, eris, n. — Arbeit, Werk, Verschanzung – *Opus*
oppugnare — bestürmen
contendere, -tendi, -tentum — sich anstrengen, eilen, kämpfen
5 paulisper — eine Weile, eine kurze Zeit
morari — sich aufhalten, verweilen
eicere, eicio, eieci, eiectum — hinauswerfen
6 comprehendere, -hendi, -hensum — ergreifen, fassen
22,1 cogere, coegi, coactum — zusammenbringen, drängen, zwingen
navalis, e — Schiffs-
de improviso — unversehens, unvermutet – *improvisieren*
adoriri, -orior, -ortus sum — angreifen
2 eruptio, onis, f. — Ausfall – *Eruption*
nobilis, e — adlig, vornehm, berühmt – *nobel*
incolumis, e — unversehrt, gesund
3 tot — so viele
detrimentum, i, n. — Schaden, Verlust, Niederlage
defectio, onis, f. — Abfall, Mangel, Empörung – *Defekt, Defizit*
deditio, onis, f. — Übergabe, Unterwerfung, Kapitulation

---

5 **morati** ‚Widerstand leisten'
22,1 quod esse ... H 16 – **castra navalia** zur Sache vgl. 11,5
3 **permotus defectione** H 8 (unter dem Eindruck ...) **per Atrebatem Commium** durch Vermittlung des ...

4	constituere, -tui, -tutum	festsetzen, beschließen – *Konstitution*
	hiemare	überwintern, den Winter zubringen
	repentinus, a, um	plötzlich
	motus, us, m.	Bewegung, Aufruhr, Aufstand – *Motor, Motiv*
	superesse, -sum, -fui	übrig sein
	extrahere, -traxi, -tractum	herausziehen, hinziehen – *Extrakt*
	vectigal, alis, n.	Abgabe, Steuer
	pendere, pependi, pensum	abwägen, zahlen – *Pensum*
5	interdicere, -dixi, -dictum	untersagen
23,1	reficere, -ficio, -feci, -fectum	wiederherstellen, ausbessern – *Refektorium*
2	deducere, -duci, -ductum	herabführen, herabziehen – *deduzieren, Deduktion*
	deperire, -pereo, -perii, –	zugrunde gehen, verloren gehen
	commeatus, us, m.	Zufuhr, Sendung, Transport
3	accidere, accidit, accidit	sich ereignen, geschehen
	navigatio, onis, f.	Fahrt, Seereise, Schiffahrt – *Navigation*
	superior, ius (Kompar.)	der obere, frühere, vergangene

---

4 **extrahi** ‚nutzlos vertun' – **quid . . . vectigalis** gen. part.: wieviel Steuern
5 **interdicit atque imperat** Hendiadyoin H 2
23,1 **refectas** prädikativ; zur Sache vgl. 10,2f. und 11,2f.
2 **deductis** deducere von Schiffen: ins Wasser lassen
3 **tot navigationibus** konzessiv – **quae milites portaret** H 14

omnino	im Ganzen, überhaupt, nur
ullus, a, um	einer
desiderare	verlangen, ersehnen, vermissen
4 inanis, e	leer, nichtig
exponere, -posui, -positum	herausstellen, auseinandersetzen – *exponieren, Exponent*
curare	sorgen, besorgen; m. Gerundivum: lassen – *Kurator, Kuratel*
reicere, -icio, -ieci, -iectum	zurückwerfen, -treiben
5 aliquamdiu	eine Zeitlang
frustra	vergebens, umsonst – *frustriert*
excludere, -clusi, -clusum	ausschließen, hindern – *exklusiv*
aequinoctium, i, n.	Tag- und Nachtgleiche
subesse, -sum, -fui	nahe sein
necessario	notgedrungen
angustus, a, um	eng, beschränkt, spärlich
collocare	hinstellen, aufstellen – *Lokal, lokalisieren*
6 tranquillitas, atis, f.	Stille, Meeresstille, Windstille

4 **at ex iis . . . caperent, . . . reicerentur** Fortsetzung des uti-Satzes (at = jedoch, wohl aber) – **remitterentur** H 14 – **et quas postea . . .** = et ex iis, quas postea . . . ; Labienus hatte also in Gallien (vgl. 8,1) weitere sechzig Schiffe bauen lassen – **numero** abl. mens., fällt im Dt. weg – **locum caperent** ‚das Ziel erreichen'

5 **milites collocavit** ‚(auf den Schiffen) unterbringen'

6 **tranquillitate consecuta** das Deponens hier passivisch gebraucht – **incolumes** prädikativ

secundus, a, um	zweiter, folgender; günstig – *Sekunde*
solvere, solvi, solutum	lösen, loslösen, die Anker lichten
attingere, tigi, -tactum	berühren, erreichen
perducere, -duxi, -ductum	hinführen, hinbringen

Buch VI
Wortkunde und Kommentar

I. Caesars zweiter Rheinübergang

9,2 receptus, us, m. — Rückzug, Zuflucht
3 instituere, -tui, -tutum — aufstellen, einrichten, beginnen – *Institut, Institution*
4 ratio, onis, f. — Berechnung, Überlegung, Vernunft, Art, Weise – *Ration, rationell, rational*
5 firmus, a, um — stark, fest – *firm, Firmung*
oriri, orior, ortus sum — sich erheben, aufgehen, entstehen – *Orient*
6 deditio, onis, f. — Übergabe, Kapitulation
purgare — reinigen, rechtfertigen
laedere, laesi, laesum — stoßen, verletzen, beschädigen – *lädieren*
parcere, peperci, – (dat.) — sparen, schonen
communis, e — gemeinsam, allgemein – *kommunal, Kommune, Kommunismus*

9,2 **quod Germani** . . . faktisches quod – **contra se:** Caesar
3 **his constitutis rebus** (!) – **paulo** abl. lim. – **ante** = antea
4 **nota atque instituta ratione** zur Sache vgl. IV 17,3ff.
6 **Ubii, qui ante** . . . vgl. IV 16,5f. – **qui doceant** zum Konj. H 14
7 **petunt atque orant** Hendiadyoin H 2 – **communi odio poenas pendant** pendere wird zunächst von pecunia gesagt. Ehe man geprägtes Geld kannte, wurde das Metall zu Zahlungszwecken abgewogen. Strafen wurden oft durch

innocens, entis	unschuldig
nocens, entis	schuldig
poena, ae, f.	Wergeld (vir), Buße, Strafe
pendere, pependi, pensum	wägen, zahlen – *Pensum*
8 causam cognoscere	eine Sache untersuchen
reperire, repperi, repertum	wiederfinden, finden; feststellen
satisfactio, onis, f.	Genugtuung, Entschuldigung, Abbitte – *Satisfaktion*
aditus, us, m.	Zugang
perquirere, -quisivi, -quisitum	(genau) durchsuchen, durchforschen, sich erkundigen nach
interim	inzwischen
10,1 certiorem facere	benachrichtigen, in Kenntnis setzen
cogere, coegi, coactum	zusammenziehen, -führen, zwingen
denuntiare	melden, auffordern – *denunzieren, Denunziant*
res frumentaria, 2 rei frumentariae, f.	Getreide, Verpflegung
providere, -video, -vidi, -visum	vorhersehen, besorgen, sorgen für – *Provision, provisorisch*
idoneus, a, um	geeignet, passend
deligere, -legi, -lectum	auswählen, aussuchen

Geldzahlungen abgebüßt. abl. causae – **Germanorum** gen. obi. – **amplius obsidum** gen. part.
8 **aditus viasque** H 2
10,2 **castris** dat. commodi

deducere, -duxi, -ductum	herabführen, wegführen, verleiten – *Deduktion*
imperitus, a, um	unerfahren, unkundig
inopia, ae, f.	Mangel, Not
cibaria, orum, n.	Lebensmittel
adducere, -duxi, -ductum	heranführen, veranlassen, verleiten
condicio, onis, f.	Bedingung, Lage – *Kondition*
3 mandare	übergeben, anvertrauen, auftragen – *Mandat, Mandant*
creber, bra, brum	dicht, zahlreich, häufig
4 intermittere, -misi, -missum	dazwischenschicken, -lassen, unterbrechen
referre, -fero, -rettuli, -latum	zurückbringen, berichten, melden – *referieren, Referent, Referat*
posteaquam	= postquam
certus, a, um	sicher, gewiss
nuntius, i, n.	Bote, Botschaft – *Nuntius*
penitus	tief eindringend, eindringlich, ganz und gar
se recipere, -cipio, -cepi, –	sich zurückziehen
5 infinitus, a, um	unbegrenzt, unendlich – *Infinitiv, ad infinitum*
introrsus	einwärts, nach innen hinein
pertinere, -tineo, -tinui, – (ad)	sich erstrecken (bis), sich beziehen (auf)
pro (abl.)	vor, für, anstatt, als, im Verhältnis zu – *Prozent*
nativus, a, um	natürlich, angeboren – *naiv*
obiectus, a, um	entgegengeworfen, vorgelagert – *objektiv, Objekt*

3 **quaeque** = et (ea,) quae

iniuria, ae, f.	Unrecht, Übergriff, Beleidigung, Kränkung
incursio, onis, f.	Einfall, Einbruch, Angriff
prohibere, -hibeo, -hibui, -hibitum	fern Halten, hindern; schützen – *Prohibition*
initium, i, n.	Eingang, Anfang, Beginn – *Initiative*

II. Die Gallier

11,1	quoniam	da ja, weil
	alienus, a, um	fremd, unpassend
	mos, moris, m.	Sitte, Brauch – *Moral*
	differre, -fero, –, –	verschieden sein, sich unterscheiden – *differieren; Differenz*
	proponere, -posui, -positum	vorstellen, darlegen, schildern
2	civitas, atis, f.	Stamm, Stadt, Staat – *zivil*
	pagus, i, m.	Bezirk, Gau
	paene	fast, beinahe
	singuli, ae, a	(jeder) einzelne, die einzelnen – *Singular*
	factio, onis, f.	Partei
3	auctoritas, atis, f.	Ansehen, Einfluss – *Autorität*
	arbitrium, i, n.	Schiedsspruch, Ermessen, Gutdünken

11,3 eorum iudicio nach dem Urteil ihrer Anhänger (vgl. earum factionum) – **quorum ... redeat** dieser Relativsatz erläutert den vorhergehenden Relativsatz; zum Konj. H 14 (‚so dass') – **arbitrium iudiciumque** ihr persönliches Ermessen und ihr auf das Recht gestütztes Urteil – **redeat** ‚abhängen von'

iudicium, i, n.	Urteil, Schiedsspruch, Gericht
summa, ae, f.	Summe, Gesamtheit; Entscheidung
redire, -eo, -ii, -itum	zurückgehen, zurückkehren
4 antiquitus	von alters her – *Antiquitäten*
instituere, -tui, -tutum	aufstellen, einrichten, beginnen – *Institut, Institution*
potens, entis	mächtig
egere, egeo, egui, – (gen., abl.)	nötig haben, bedürfen, entbehren
quisque	jeder
opprimere, -pressi, -pressum	überfallen, überwältigen
circumvenire, -veni, -ventum	umringen, umzingeln, überlisten
aliter	anders, sonst
ullus, a, um	irgendeiner, -eine, etwas
5 ratio, onis, f.	Berechnung, Überlegung, Vernunft, Art, Weise – *Ration, rationell, rational*
dividere, -visi, -visum	trennen, teilen – *dividieren, Division*
12,1 alter ... alter	der eine ... der andere (von zweien) – *Altruismus, altruistisch*
2 valere, valeo, valui, –	stark sein, gesund sein, vermögen, gelten – *Invalide*

---

4 **quisque ... non** niemand – **faciat** potentialer Konjunktiv
12,1 **cum** temporale

clientela, ae, f.	Klientel, Gefolgschaft
adiungere, -iunxi, -iunctum	hinzufügen, anschließen, verbinden
iactura, ae, f.	Verlust, Opfer
pollicitatio, onis, f.	Versprechen
perducere, -duxi, -ductum	hinführen, hindurchführen
3 vero	in Wahrheit, aber
secundus, a, um	der folgende, zweite; günstig – *Sekunde, Sekundaner*
nobilitas, atis, f.	Adel – *nobel*
tantum	soviel, nur
potentia, ae, f.	Macht, Einfluss – *Potenz*
antecessere, -cessi, -cessum	vorangehen, übertreffen
4 cliens, clientis, m.	Höriger, Klient, Verbündeter
publice	öffentlich, von Staats wegen – *publik, Publikum, publizieren*
ager, agri, m.	Acker, Gebiet
occupare	besetzen – *Okkupation*
possidere, -sideo, -sedi, –	besitzen, behalten
principatus, us, m.	erste Stelle, Leitung; Vorrang, Vormachtstellung – *Prinzipat*
obtinere, -tineo, -tinui, -tentum	innehaben, behaupten
5 necessitas, atis, f.	Zwang, Not, Notwendigkeit
infectus, a, um	ungetan, nicht verrichtet

2 **clientela** Caesar benutzt den röm. Begriff für gall. Verhältnisse
3 **potentia** abl. lim.
4 **obsidesque** prädikativ – **nihil ... consilii** gen. part.
5 **qua necessitate adductus** H 8 – **Roman ad senatum** zur Sache vgl. I 31,9 und T 20 – **infecta re** übersetze adversativ

6 commutatio, onis, f.   Änderung, Wechsel, Umschwung – *Mutation, Kommutativgesetz*
reddere, -didi, -ditum   zurückgeben; in einen Zustand versetzen, machen zu
vetus, veteris   alt, ehemalig – *Veteran*
restituere, -tui, -tutum   wiederherstellen
aggregare   zugesellen, anschließen – *Aggregat*
aequus, a, um   gleich, gerecht, billig – *Äquator, adäquat*
gratia, ae, f.   Gunst, Dank, Einfluss
dignitas, atis, f.   Würde, Ansehen
amplificare   erweitern, vergrößern
dimittere, -misi, -missum   entlassen, wegschicken, verlieren
7 succedere, -cessi, -cessum   nachrücken, an die Stelle treten, folgen – *sukzessive*
adaequare   gleichkommen, erreichen – *adäquat, Äquator*

6 **commutatione rerum** Der Umschwung der Lage erfolgte durch den Krieg mit Ariovist und seine Folgen für die Gallier (I 30ff.); löse die abl. abs. in Hauptsätze auf und schließe den letzten (Sequani ...) mit ‚So ... ‘ an – **reliquis rebus** abl. instr.

7 **quos quod** ... a. c. i. im Relativsatz H 16 – **adaequare** (Haeduos) ... **gratia** (abl. lim.) verwende im Dt. ‚in gleicher Gunst stehen wie‘ – **coniungi** übersetze reflexiv – **se Remis in clientelam dicabant** ‚sich unter jm. Schutz stellen‘; dicare bedeutet urspr. ‚einer Gottheit weihen‘. Vielleicht vollzog sich der Akt in religiöser Form.

intellegere, -lexi, -lectum	einsehen, erkennen – *Intellekt, Intelligenz*
propter (acc.)	wegen
inimicitia, ae, f.	Feindschaft
coniungere, -iunxi, -iunctum	verbinden – *Konjunktion, Konjunktiv*
dicare	zusprechen, widmen, hingeben
8 tueri, tueor, –	schützen, beschirmen
repente	plötzlich
colligere, -legi, -lectum	zusammenlesen, sammeln – *Kollekte, Kollektiv*
9 status, us, m.	Zustand, Lage – *Status, Status quo*
13,1 genus, eris, n.	Geschlecht, Art – *Genus*
plebes	= plebs
adhibere, -hibeo, -hibui, -hibitum	anwenden, hinzuziehen
2 plerique, pleraeque, pleraque	die meisten
aes alienum, aeris alieni, n.	fremdes Geld = Schulden
tributum, i. n.	Abgabe, Steuer – *Tribut*
premere, pressi, pressum	drücken, bedrücken, bedrängen – *Presse, Pression*
in (acc.)	bei Personen: gegenüber
idem qui	derselbe wie
3 druides, um, m.	Druiden

13,1 **qui aliquo sunt numero atque honore** H 2 (abl. qual.; numerus = Geltung, Bedeutung) – **servorum habetur loco** ‚wie Sklaven behandelt werden' – **quae** . . . beginne im Dt. einen neuen Hauptsatz

2 **cum . . . premuntur** cum iterativum

3 **sed** schließt an den ersten Satz des Kapitels an: ‚Doch . . .'

4 divinus, a, um — göttlich
interesse, -sum, -fuit (dat.) — dabei sein, teilnehmen
– *Interesse*
sacrificium, i, n. — Opfer
procurare — besorgen
religio, onis, f. — Rücksicht, fromme Scheu, Gottesfurcht, Frömmigkeit
– *Religion*
interpretari — erklären, auslegen, deuten
– *interpretieren, Interpret*
disciplina, ae, f. — Unterricht, Erziehung, Zucht – *Disziplin*

5 controversia, ae, f. — Streit, Meinungsverschiedenheit – *Kontroverse*
publicus, a, um — öffentlich, staatlich, Staats-
– *publik, publizieren, Publikum*
privatus, a, um — persönlich, privat – *privat*
constituere, -tui, -tutum — aufstellen, festsetzen, beschließen, eine Entscheidung treffen – *Konstitution*
facinus, oris, n. — Tat, Untat, Verbrechen
admittere, -misi, -missum — zulassen

---

4 **rebus divinis intersunt** ‚Gottesdienste abhalten' – **religiones interpretantur** ‚Erklärungen in religiösen Fragen geben' – **magnoque ... honore** abl. qual. – **apud eos:** Galli
5 **idem** (= iidem) verwende im Dt. ein Adverb (auch, ebenfalls) – **praemia poenasque** praemia ist vom Standpunkt dessen gesehen, der eine ‚Wiedergutmachung' erhält, poenae vom Standpunkt dessen, der eine ‚Strafe' zahlen muss

facinus admittere	ein Verbrechen begehen
caedes, is, f.	Mord
hereditas, atis, f.	Erbschaft
finis, is, m.	Ende, Grenze, Zweck; Plural: Gebiet – *final, Finale*
decernere, -crevi, -cretum	entscheiden, bestimmen, beschließen
6 decretum, i, n.	Entscheidung, Beschluss – *Dekret*
interdicere, -dixi, -dictum (abl.)	untersagen, verbieten, ausschließen (von)
gravis, e	schwer, drückend, heftig – *gravierend, Gravitation*
numero habere	rechnen zu, behandeln wie
7 impius, a, um	gottlos
sceleratus, a, um	verbrecherisch, verflucht
decedere, -cessi, -cessum	ausweichen, weggehen, aus dem Weg gehen
aditus, us, m.	Zugang, Zutritt, Annäherung
sermo, onis, m.	Rede, Gespräch – *Sermon*
defugere, -fugio, -fugi, –	fliehen, flüchten
contagio, onis, f.	Berührung, Ansteckung – *Kontakt*
incommodum, i, n.	Nachteil, Schaden
reddere, reddidi, redditum	zurückgeben; in einen Zustand versetzen, machen zu
honos, oris, m.	= honor
communicare	teilen (mit), mitteilen, besprechen – *Kommunikation*

6 **decreto** (abl.) **non stetit** ‚sich der Entscheidung fügen'
7 (ali)**quid . . . incommodi** gen. part.

8 praeesse, -sum, -fui (dat.)	führen, leiten
9 excellere, –, –	hervorragen – *exzellent, Exzellenz*
succedere, -cessi, -cessum	folgen, nachfolgen
par, paris	gleich, ebenbürtig – *Parität*
suffragium, i, n.	Abstimmung, Stimme, Urteil
deligere, -legi, -lectum	auswählen
nonnumquam	manchmal, bisweilen
10 considere, -sedi, –	sich setzen, sich niederlassen, eine Sitzung halten
consecrare	weihen, heiligen – *Konsekration*
huc	hierher, hierhin
undique	von allen Seiten
11 reperire, repperi, repertum	finden
inde	von da, von dort
diligens, entis	sorgfältig, gewissenhaft
plerumque	meistens
illo	dahin, dorthin
14,1 consuescere, -suevi, -suetum	sich gewöhnen; Perf.: gewohnt sein, pflegen
pendere, pependi, pensum	aufhängen, wägen, zählen – *Pensum*
una	zusammen, zugleich – *Union*
excitare	erregen, anspornen, aufreizen
sua sponte	freiwillig, ohne fremde Veranlassung – *spontan, Spontaneität*

10 **quae regio . . . H 6 – decretis iudiciisque** vgl. zu 11,3
14,1 **consuerunt** = consueverunt – **una cum** hier: wie
  2 **tantis excitati praemiis** H 8

3 versus, us, m.	Zeile, Vers
ediscere, -didici, –	auswendig lernen
viceni, ae, a	je zwanzig
permanere, -maneo-, -mansi, -mansum	bleiben, beharren, verharren – *permanent*
fas (indeklin.)	(göttl.) Recht
littera, ae, f.	Buchstabe; Plural: Brief, Wissenschaft(en), Literatur – *Literatur*
mandare	übergeben, anvertrauen – *Mandat, Mandant*
ratio, onis, f.	Berechnung, Überlegung, Vernunft, Art, Weise – *Ration, rationell, rational*
4 vulgus, i, n.	Volk, Volksmenge – *vulgär*
efferre, -fero, extuli, elatum	hinaustragen
confisus, a, um (abl.)	im Vertrauen (auf)
studere, -deo, -dui, – (dat.)	sich bemühen (um), bedacht sein (auf), sich widmen – *studieren, Student*
accidit, accidit (accidere)	es ereignet sich, geschieht, widerfährt jm.
perdiscere, -didici, –	genau lernen
remittere, -misi, -missum	zurückschicken, zurückgehen lassen, vernachlässigen – *Remittenden*

3 **ea** der Lernstoff (die Lehrgedichte) – **cum** concessivum – **rebus** erläutert durch **rationibus** (Verzeichnisse) – Graecis
4 litteris in keltischer Sprache mit grch. Buchstaben
Satzbau: ... quod neque ... disciplinam efferri velint neque eos, qui discant, ... studere – **velint** coni. obl. H 12 – **eos, qui discant** H 5 – **quod fere** ... relat. Anschluss – **praesidio litterarum** im Schutz der Schrift = im Vertrauen auf die Schrift

5 imprimis	(unter den Ersten) besonders – *primär*
persuadere, -suadeo, -suasi, -suasum (dat.)	überreden (ut), überzeugen (a. c. i.)
interire, -eo, -ii, -itum	untergehen, zugrunde gehen, sterben
anima, ae, f.	Seele
metus, us, m.	Furcht
neglegere, -lexi, -lectum	gering schätzen, vernachlässigen
6 praeterea	außerdem
sidus, eris, n.	Gestirn
motus, us, m.	Bewegung, Unruhe, Aufstand – *Motor, Motiv*
mundus, i, m.	Welt
immortalis, e	unsterblich
disputare	erörtern, vortragen – *disputieren*
tradere, -didi, -ditum	übergeben, mitteilen, lehren – *Tradition*
15,1 usus, us, m.	Gebrauch, Übung, Nutzen, Bedürfnis – *Usus*
incidere, -cidi, –	vorfallen, eintreten

5 **hoc** weist auf den a. c. i. **non interire animas** ... hin – transire ad alios Der Glaube an die Seelenwanderung war in Gallien offenbar allgemein verbreitet. Vielleicht war die Lehre des Pythagoras von der Seelenwanderung über Massilia dorthin gelangt – **metu mortis neglecto** übersetze kausal
6 **rerum natura** Natur, Wesen der Dinge – **vi ac potestate** H 2
15,1 **cum est usus** ... cum iterativum – **uti aut** ... erläutert den quod-Satz: ‚dass sie nämlich = indem sie nämlich'

quotannis	jährlich
solere, soleo, solitus sum	gewohnt sein, pflegen
iniuriam inferre, -fero, -tuli, illatum (dat.)	(jm.) Unrecht zufügen
propulsare	zurücktreiben, abwehren
versari	sich aufhalten, verweilen
2 genus, eris, n.	Geschlecht, Art – *Genus*
copia, ae, f.	Vorrat, Menge; Plural: Truppen, Machtmittel, Vermögen
amplus, a, um	weit, bedeutend, reich
ambactus, i, m.	Gefolgsmann, Dienstmann – *Amt*
gratia, ae, f.	Gunst, Dank, Einfluss
noscere, novi, –	kennen lernen; Perf.: kennen, wissen
16,1 admodum	sehr, ziemlich
deditus, a, um	ergeben, anhänglich
religio, onis, f.	Rücksicht, fromme Scheu, Gottesfurcht, Frömmigkeit – *Religion*

2 **ut..., ita...** beim Superlativ = quo..., eo... – **hanc unam** ... übersetze mit Hilfe eines Relativsatzes: dies ist die einzige... – **hanc... noverunt** So auch Tacitus Germania 13: „Die Gefolgsherren wetteifern nicht weniger, wer die meisten und schneidigsten Gefolgsleute hat. Das bildet ihre Würde, das ihre Kraft: immer von einem großen Kreis auserlesener Jungmannen umgeben zu sein." (Ü.: Mauersberger)

16,1 **natio est omnis** die auffallende Trennung des (prädikativ gebrauchten) Adjektivs vom Substantiv betont dieses: das Volk in seiner Gesamtheit, als Ganzes (vgl. I 1,1: Gallia est omnis) – **dedita religionibus** ‚religiösen Bräuchen ergeben, fromm'

2 ob (acc.) wegen
afficere, -ficio, -feci, -fectum versehen mit, erfüllen mit – *Affekt*
morbus, i, m. Krankheit – *morbid*
victima, ae, f. Opfertier
immolare opfern
vovere, voveo, vovi, votum weihen, geloben, versprechen – *Votum*
administer, tri, m. Gehilfe, Helfer – *Minister, Administrative*
3 reddere, -didi, -ditum zurückgeben
numen, numinis, n. göttliches Walten, Gottheit
placare versöhnen, beruhigen
publice von Staats wegen, öffentlich – *publik, Publikum*
genus, eris, n. Geschlecht, Art, Herkunft – *Genus*
4 immanis, e ungeheuer, riesig
simulacrum, i, n. Bild, Abbild
contexere, -texui, -textum zusammenweben, flechten – *Text*
vimen, viminis, n. Weidenrute
membrum, i, n. Glied, Körperteil
vivus, a, um lebend, lebendig
complere, -pleo, -plevi, -pletum anfüllen, ergänzen – *komplett*

2/3 (ii,) **qui sunt affecti ... versantur** ist Subjekt zu **aut ... immolant aut ... vovent ... que utuntur ... que ... habent instituta sacrificia – administrisque** – prädikativ – **quod ... arbitrantur** beginne im Dt. einen kausalen Hauptsatz – **reddatur** coni. obl. H 12 – **habent instituta** H 10
4 **quibus succensis** gemeint sind die simulacra

succendere, -cendi, -censum	von unten anzünden, in Brand stecken
circumvenire, -veni, -ventum	umringen, einschließen
exanimare	den Atem nehmen, entseelen, töten
5 supplicium, i, n.	Todesstrafe, Hinrichtung
furtum, i, n.	Diebstahl
latrocinium, i, n	Raub, Raubzug
noxia, ae, f.	Schaden, Schuld, Vergehen
comprehendere, -hendi, -hensum	fassen, ertappen, aufgreifen
gratus, a, um	angenehm, dankbar
copia, ae, f.	Vorrat, Menge; Plural: Vermögen, Machtmittel, Truppen
deficere, -ficio, -feci, -fectum	mangeln, fehlen (acc.); abfallen (ab) – *Defekt, Defizit*
innocens, entis	unschuldig
descendere, -scendi, -scensum	herabsteigen, sich entschließen zu
17,1 colere, colui, cultum	bebauen, pflegen, verehren – *Kult, Kultur*
inventor, oris, m.	Erfinder

5 **sint comprehensi** H 14 – **cum** iterativum
17,1 Mercurium/Apollinem/Martem/Iovem/Minervam
Caesar bezeichnet die einzelnen keltischen Gottheiten mit dem Namen derjenigen römischen Gottheit, die ihrem Wesen und ihrer Funktion ähnlich ist (interpretatio Romana). Die gallischen Hauptgötter waren Teutates (Mercurius), Esus (Mars), Taranis (Jupiter), Belenus oder Belon (Apollo) und eine Mondgöttin, die man vielleicht Minerva gleichsetzte – **huius sunt** . . . esse mit gen. = gehören – **viarum atque itinerum ducem** (ferunt) ‚Führer auf

ferre, tuli, latum (m. dopp. acc.)	halten für
quaestus, us, m.	Erwerb, Gewinn
mercatura, ae, f.	Handel
vis, vim, vi, f.	Kraft, Macht, Einfluss
2 opinio, onis, f.	Meinung, Ansicht, Vorstellung
depellere, -puli, -pulsum	vertreiben, abwenden – *Puls*
artificium, i, n.	Kunstwerk
tradere, -didi, -ditum	übergeben, mitteilen, lehren – *Tradition*
caelestis, e	himmlisch
3 dimicare	kämpfen
plerumque	meist, meistens
devovere, -voveo, -vovi, -votum	geloben, weihen, opfern – *devot, Devotionalien*
animal, animalis, n.	Lebewesen, Tier – *animalisch*
4 exstruere, -struxi, -structum	aufschichten, errichten
cumulus, i, m.	Haufen – *Kumuluswolken*
consecrare	heiligen, weihen – *Konsekration*
conspicari	erblicken, sehen
licet, licuit (licere)	es ist erlaubt, man darf – *Lizenz*
5 neglegere, -lexi, -lectum	vernachlässigen, gering schätzen
quispiam, quidpiam	irgend einer, irgend etwas

Wegen und Reisen', darum hatte man ihm an Wegkreuzungen steinerne Denkmäler errichtet. – **post hunc** (colunt)

2 **operum atque artificiorum initia** Anfangsgründe des Handwerks und der Kunst

3 **ceperint** zum Tempus H 11

5 **neque saepe** Litotes H 3 – **ei rei** für dieses Verbrechen

religio, onis, f.	Rücksicht, fromme Scheu, Gottesfurcht, Frömmigkeit – *Religion*
occultare	verbergen – *Okkultismus*
tollere, sustuli, sublatum	aufheben, wegnehmen, beseitigen
cruciatus, us, m.	Marter, Qual
18,1 prognatus, a, um (ab)	abstammend (von)
praedicare	verkünden, rühmen – *Prädikat*
prodere, -didi, -ditum	mitteilen, preisgeben, verraten
2 spatium, i, n.	Raum, Zwischenraum, Entfernung, Zeitabschnitt
finire, finivi, finitum	begrenzen, bestimmen, beenden – *definieren, Finale*
dies natalis, diei natalis, m.	Geburtstag
mensis, is, m.	Monat
observare	beachten, beobachten – *Observatorium*
subsequi, -sequor, -secutus sum	folgen, nachfolgen

18,1 Dite patre Dis pater = Dives pater = der reiche Vater: der oberste Gott der Unterwelt (griech.: Pluton)

2 **spatia omnis temporis** alle Zeitabschnitte; die Begründung wird kaum zutreffen; die Sitte findet sich bei den meisten Völkern des Altertums und ergab sich wohl aus der Zeitberechnung nach den Mondumläufen. (Tacitus Germania 11: Sie berechnen nicht, wie wir, die Zahl der Tage, sondern die der Nächte ... die Nacht führt sozusagen den Tag herauf.) Vgl. auch den Schöpfungsbericht des AT und unser: Sonnabend, Heiligabend, Weihnacht, Fastnacht. – **observant** ‚berechnen'

3 institutum, i, n.	Einrichtung, Gewohnheit – *Institut, Institution*
differre, -fero, –, –	sich unterscheiden – *Differenz*
nisi . . ., non	(wenn nicht . . ., nicht) = nur
adolescere, adolevi,	heranwachsen
munus, eris, n.	Pflicht, Amt, Aufgabe, Geschenk
militia, ae, f.	Kriegsdienst – *Militär*
palam	offen, öffentlich
aetas puerilis, aetatis puerilis, f.	Kindesalter
conspectus, us, m.	Anblick
assistere, astiti (adstiti)	sich hinstellen, dabeistehen – *assistieren, Assistent*
turpis, e	schimpflich, scheußlich
ducere, duxi, ductum (m. dopp. acc.)	halten für
19,1 quantus – tantus	wie groß – so (groß) – *Quantum, Quantität*
dos, dotis, f.	Gabe, Mitgift
bonum, i, n.	Hab und Gut, Besitz
aestimatio, onis, f.	Schätzung

3 **hoc** (abl.) weist auf das fakt. **quod** hin – **nisi cum** . . . erst wenn sie erwachsen genug sind, um . . . ; auch bei den Germanen begann die ‚Vollwertigkeit' im politischen Sinn erst mit der Wehrhaftigkeit. (Tacitus Germania 13: Es gibt überhaupt nichts im staatlichen oder persönlichen Bereich, was sie ohne Bewaffnung vollzögen. Aber die Sitte verbietet, dass jemand Waffen anlegt, ehe die Gemeinde ihn für waffenfähig erklärt.)

19,1 dotis nomine als Mitgift

communicare (cum)	teilen (mit), mitteilen, vereinigen – *Kommunikation*
2 coniunctim	vereint, gemeinschaftlich – *Konjunktion, Konjunktiv*
rationem habere, habeo, habui, habitum	eine Berechnung anstellen, Rechnung führen – *Ration, rationell, rational*
fructus, us, m.	Frucht, Ertrag, Gewinn
uter, utra, utrum	wer von beiden
uterque, utraque, utrumque	jeder (von beiden), beide
3 sicuti = sic ut	ebenso wie
nex, necis, f.	(gewaltsamer) Tod, Mord
illustris, e	glänzend, vornehm – *Illustrierte*
decedere (vita), -cessi, -cessum	sterben
suspicio, onis, f.	Verdacht, Argwohn – *suspekt*
servilis, e	Sklaven – *servil*
quaestio, onis, f.	Untersuchung, Verhör
comperire, -peri, -pertum	erfahren
ignis, is, m.	Feuer
tormentum, i, n.	Winde, Folter, Wurfmaschine
excruciare	foltern, martern, peinigen
4 funus, eris, n.	Begräbnis, Bestattung
cultus, us, m.	Pflege, Anbau, Lebensweise – *Kult, Kultur*

2 **huius omnis pecuniae** außer Geld auch Ländereien, Vieh und Sachwerte – **vita** abl. lim. – **pars utriusque** das gemeinsame Vermögen

3 **in servilem modum** wie bei Sklaven – **excruciatas** ordne dem **interficiunt** bei; Objekt: uxores

4 **quae ... arbitrantur** H 16, ebenso **quos ... constabat**

magnificus, a, um	großartig, prächtig
sumptuosus, a, um	kostspielig, aufwendig
cor, cordis, n.	Herz
cordi esse	am Herzen liegen, lieb sein
memoria, ae, f.	Gedächtnis, Erinnerung, Zeit
diligere, -lexi, -lectum	hoch achten, lieben, gernhaben
constat	es steht fest, ist bekannt – *Konstante, konstant*
funebria, ium, n.	Begräbnisriten
una	zusammen, zugleich – *Union*
cremare	verbrennen – *Krematorium*
20,1 commode	angemessen, zweckmäßig, ordentlich
sancire, sanxi, sanctum	festsetzen
rumor, oris, m.	Geräusch, Gerede, Gerücht
accipere, -cipio, -cepi, -ceptum	annehmen, empfangen, vernehmen, hören – *akzeptieren*
deferre, -fero, -tuli, -latum	übertragen, überbringen, berichten
neve (im Finalsatz)	und nicht
temerarius, a, um	unbesonnen
2 imperitus, a, um	unkundig, unerfahren
impellere, -puli, -pulsum	antreiben – *Impuls*
summus, a, um	die oberste, wichtigste
3 videri, videor, visus sum	scheinen, gut (zu sein) scheinen – *Vision, visuell*

20,1 quae civitates (= eae civitates, quae ...) ... **administrare existimantur** n. c. i. im Relativsaz – **habent ... sanctum** H 10 – **rumore ac fama** H 2 – **acceperit** H 11 – **deferat** Objekt: quid ... acceperit – **cum** (ali)**quo**

ex usu esse	nützlich sein
concedere, -cessi, -cessum	einräumen, zugestehen, erlauben – *Konzession, Konzessivsatz*

III. Die Germanen

21,1 consuetudo, inis, f.	Brauch, Gewohnheit, Sitte, Lebensweise
sacrificium, i, n.	Opfer
studere, studeo, studui (dat.)	sich bemühen (um), sich kümmern (um) – *Studium, Student*
2 deorum numero ducere	zu den Göttern zählen
cernere, crevi, cretum	scheiden, unterscheiden, wahrnehmen, sehen
aperte	offen, offensichtlich
ops, opis, f.	Hilfe
ne ... quidem	nicht einmal

21,1 **neque druides habent** Caesars Nachrichten über die Religion der Germanen sind ungenau! Sie kannten Opfer, hatten Priester und verehrten nicht nur Sonne, Mond und Feuer. Allerdings hatten sie keinen Priesterstand wie die Druiden in Gallien. (Tacitus, Germania 9: Unter den Göttern verehren sie am meisten Merkur, dem sie an bestimmten Tagen auch Menschenopfer darbringen zu müssen glauben. Den Herkules und Mars suchen sie durch erlaubte, d. h. Tieropfer zu gewinnen. Ein Teil der Sueben opfert auch der Isis ...) – **qui ... praesint** H 14 – **student** ‚großen Wert legen auf'

2 **Solem/Vulcanum/Lunam** vgl. zu 17,1

accipere, -cipio, -cepi, -ceptum	annehmen, empfangen; vernehmen, hören – *akzeptieren*
3 venatio, onis, f.	Jagd
res militaris, rei militaris, f.	Kriegswesen – *Militär*
consistere, -stiti, – (in)	sich stellen (auf etwas), sich zusammenstellen, Halt machen; bestehen (in)
duritia, ae, f.	Härte, Abhärtung
4 impubes, eris	unerwachsen, unreif – *Pubertät*
alere, alui, altum	(er)nähren, fördern – *Alimente*
statura, ae, f.	Größe, Wuchs – *Statur*
vis, vim, vi, f.; pl.: vires, virium	Kraft, Stärke; Bedeutung
nervus, i, m.	Sehne, Muskel – *Nerv*
5 intra (acc.)	innerhalb
vero	in der Tat, wahrlich; aber
notitia, ae, f.	Bekanntschaft, Kenntnis – *Notiz*
turpis, e	schimpflich, unschicklich, scheußlich
occultatio, onis, f.	Verheimlichung, das Verbergen – *Okkultismus*
promiscue	gemischt, gemeinschaftlich
perluere, -lui, -lutum	waschen, baden
pellis, is, f.	Fell – *Pelle*
reno, renonis, m.	Pelz
tegimentum, i, n.	Decke, Bedeckung
nudus, a, um	nackt

5 **notitiam** Verkehr – **cuius rei** (!); gemeint ist: notitiam feminae habuisse

22,1

agricultura, ae, f.	Ackerbau – *Agrikultur*
victus, us, m.	Lebensweise, -unterhalt, Nahrung
lac, lactis, n.	Milch
caseus, i, m.	Käse
caro, carnis, f.	Fleisch
consistere, -stiti, –	sich stellen (auf etwas), sich zusammenstellen, Halt machen; bestehen (in, aus)
2 ager, agri, m.	Acker, Feld, Gebiet
modus, i, m.	Art, Form, Maß – *Mode*
finis, is, m.	Ende, Grenze; Plural: Gebiet – *Finale, Finalsatz*
proprius, a, um	eigen, eigentümlich
magistratus, us, m.	Beamter, Amt, Behörde – *Magistrat*
singuli, ae, a	je ein, jeder – *Singular*
gens, gentis, f.	Geschlecht, Volksstamm
cognatio, onis, f.	Verwandtschaft, Sippe
coire, -eo, -ii, -itum	zusammengehen, sich vereinigen
videri, videor, visus sum	scheinen, gut (zu sein) scheinen – *Vision, visuell*
alio	anderswohin
3 assiduus, a, um	anhaltend, beständig

22,1 **student** vgl. zu 21,1
  2 **quique** (= et iis, qui) **una coierunt** Gruppen, die sich ohne familiäre Bindungen zusammengetan haben – **quantum ... agri, attribuunt** = tantum agri attribuunt, quantum ...
  3 **assidua consuetudine capti** H 8 **latos fines** ‚Latifundien' – **accuratius** zu sorgfältig – **nascantur** coni. obl. H 12

commutare (abl.)	verändern, vertauschen (mit) – *Mutation, Kommutativgesetz*
potens, entis	mächtig – *Potenz*
humilis, e	niedrig, schwach
possessio, onis, f.	Besitz, Besitzung – *Possessivpronomen*
expellere, -puli, -pulsum	vertreiben, heraustreiben
accuratus, a, um	sorgfältig – *akkurat*
frigus, oris, n.	Kälte
aestus, us, m.	Hitze, Glut, Flut
vitare	meiden, vermeiden
oriri, orior, ortus sum	sich erheben, aufgehen, entstehen – *Orient*
factio, onis, f.	Partei
dissensio, onis, f.	Meinungsverschiedenheit, Streit, Uneinigkeit
nasci, nascor, natus sum	geboren werden, entstehen
4 aequitas, atis, f.	Gleichheit, Gleichmäßigkeit, Gerechtigkeit
continere, -tineo, -tinui, -tentum	zusammenhalten, umfassen – *Kontinent*
aequare	gleichmachen – *adäquat, Äquator*
23,1 quam (b. Superl.)	so ... wie möglich, möglichst
circum (acc.)	um ... herum
solitudo, inis, f.	Einsamkeit, Einöde; unbewohntes Land
2 proprius, a, um	eigen, eigentümlich

4 **animi aequitate** ‚Zufriedenheit' – **videat** coni. obl. H 12
23,2 **hoc** wird erläutert durch die beiden a. c. i. expulsos ... finitimos cedere neque quemquam ... audere consistere; was Caesar hier von den Germanen behauptet, hatte er

proprium, i, n.	Eigentümlichkeit, Merkmal, Beweis
cedere, cessi, cessum	gehen, weichen
3 simul	zugleich, gleichzeitig – *simultan*
repentinus, a, um	plötzlich
incursio, onis, f.	Einfall, Angriff, Überfall
tollere, sustuli, sublatum	aufheben, beseitigen
4 bellum inferre, -fero, -tuli, illatum	angreifen
defendere, -fendi, -fensum	verteidigen, abwehren – *defensiv*
nex, necis, f.	(gewaltsamer) Tod, Mord
5 pagus, i, m.	Gau
minuere, minui, minutum	vermindern, verkleinern – *Minuend, Minute*
6 latrocinium, i, n.	Raub, Raubzug
infamia, ae, f.	übler Ruf, Schande – *infam*
quisque	jeder
desidia, ae, f.	Untätigkeit, Müßiggang
praedicare	preisen, rühmen – *Prädikat*
7 ubi	wo, sobald, wenn
profiteri, -fiteor, -fessus sum	offen bekennen, erklären – *Professor*

IV 3,1–2 von den Sueben gesagt und nun wohl von diesen auf alle Germanen übertragen.

3 **hoc** der abl. bezieht sich auf den Inhalt des vorhergehenden Satzes

4 **cum** iterativum – **qui . . . praesint et . . . habeant** H 14

6 **atque ea** atque nach negativen Ausdrücken: vielmehr, sondern

7 **profiteantur** Imperativ in indir. Rede H 13 – **causam** ‚Anlass'

consurgere, -surrexi, -surrectum	sich erheben, aufstehen
polliceri, -liceor, -licitus sum	versprechen
probare	prüfen; billigen, beweisen – *probieren, Probe*
8 desertor, oris, m.	Ausreißer, Flüchtling – *Deserteur*
proditor, oris, m.	Verräter
in numero ducere (gen.)	zählen zu
derogare	absprechen, entziehen
9 hospes, pitis, m.	Gast, Fremder – *Hospiz, Hospital*
violare	verletzen
fas (indeklin.)	(göttl.) Recht
quicumque, quaecumque, quodcumque	jeder, der; alle, die
prohibere, -hibeo, -hibui, -hibitum	fern halten, hindern; schützen
sanctus, a, um	heilig, unverletzlich
patere, patet, patuit, –	offen stehen, sich erstrecken
communicare (cum)	vereinigen, teilen (mit) – *Kommunikation*
24,1 ac	= atque
ultro	hinüber; sogar; von selbst
inopia, ae, f.	Mangel, Not
colonia, ae, f.	Ansiedlung, Niederlassung – *Kolonie*

8 **omnium ... rerum ... fides** gen. obi.; res hier: Angelegenheit

9 (eos,) **qui ... venerunt**

24,1 **ac fuit ... tempus, cum ... superarent/inferrent/mitterent** cum temporale mit konsekutivem Nebensinn – **virtute** abl. lim.

2 fertilis, e — fruchtbar
locus, i, m. — Ort, Platz, Stelle – *Lokal*
pl.: loci, orum, m. — Stellen (in Büchern)
loca, orum, n. — Stellen, Plätze (im Gelände)
fama, ae, f. — Ruf, Gerücht – *famos*
considere, -sedi, – — sich niederlassen, sich setzen
3 sedes, is, f. — Sitz, Wohnsitz
continere, -tineo, -tinui, -tentum — zusammenhalten, festhalten, halten – *Kontinent*
opinio, onis, f. — Meinung, Ansicht, Ruf
bellicus, a, um — kriegerisch
4 egestas, atis, f. — Dürftigkeit, Armut
patientia, ae, f. — Geduld, Ausdauer
victus, us, m. — Lebensweise, -unterhalt, Nahrung
cultus, us, m. — Pflege; Lebensweise – *Kultur, Kult*
5 propinquitas, atis, f. — Nähe, Verwandtschaft
transmarinus, a, um — überseeisch – *Marine*
notitia, ae, f. — Bekanntschaft, Kenntnis – *Notiz*
copia, ae, f. — Vorrat, Menge, Fülle; Plural: Vermögen, Machtmittel, Truppen
largiri, largior, largitus sum — schenken, spenden
6 paulatim — allmählich
assuefacere, -facio, -feci, -factum — gewöhnen

2 **quam ... video** a. c. i. im Relativsatz H 16 – **quibusdam Graecis** ‚einige andere Griechen'
4 **qua ante** wie vorher
5 **provinciarum propinquitas** zur Sache vgl. I 1,3 – **ad copiam atque usus** zum Wohlstand und täglichen Bedarf

ne ... quidem	nicht einmal
comparare	beschaffen, bereiten; vergleichen – *Komparativ*
25,1 demonstrare	zeigen, nennen, hinweisen – *demonstrieren*
latitudo, inis, f.	Breite, Weite, Ausdehnung
expeditus, a, um	unbehindert
patere, patet, patuit, –	offen stehen, sich erstrecken
aliter	anders, sonst
finire, finivi, finitum	begrenzen, bestimmen, beenden – *definieren, Finale*
mensura, ae, f.	Maß – *Mensur*
noscere, novi, –	kennen lernen; Perf.: kennen, wissen
2 oriri, orior, ortus sum	sich erheben, aufgehen, entstehen – *Orient*
regio, onis, f.	Richtung, Gegend, Gebiet – *regional*
pertinere, -tineo, -tinui – (ad)	sich erstrecken (bis), sich beziehen (auf)
3 hinc	von hier
flectere, flexi, flexum	biegen, drehen, wenden – *flektieren*
sinistrorsus	nach links
diversus, a, um	verschieden – *divers*
attingere, -tigi, -tactum	berühren – *Tangente*

25,1 Zur Frage der Echtheit der Kapitel 25–28 vgl. zu V 12 – **novem dierum iter** iter ist acc. der Ausdehnung – **expedito** dat.: für einen nicht (durch Gepäck) behinderten (Wanderer)

2 **rectaque fluminis Danuvii regione** abl. modi: in der geraden Richtung der Donau = parallel zur Donau, Gegensatz dazu:

3 **diversis a flumine regionibus** vom Fluss weg

4 accipere, -cipio, -cepi, -ceptum	annehmen, empfangen, vernehmen, hören – *akzeptieren*
5 genus, eris, n.	Geschlecht, Art – *Genus*
fera, ae, f.	wildes Tier, Wild
nasci, nascor, natus sum	geboren werden, wachsen, vorkommen
memoria, ae, f.	Erinnerung, Gedächtnis, Zeit
prodere, -didi, -ditum	mitteilen, preisgeben, verraten
26,1 bos, bovis, m./f.	Rind, Kuh, Ochse
cervus, i, m.	Hirsch
figura, ae, f.	Gestalt, Aussehen – *Figur*
frons, frontis, f.	Stirn – *Front, frontal*
auris, is, f.	Ohr
cornu, us, n.	Horn; Flügel (des Heeres)
exsistere, -stiti, –	hervortreten, sich erheben, entstehen – *Existenz*
excelsus, a, um	emporragend, hoch
derectus, a, um	gerade
2 summum, i, n.	Spitze – *Summe*
sicut	gleichwie, wie; gleichsam
palma, ae, f.	(ausgebreitete) Hand – *Palme*
ramus, i, m.	Zweig, Ast
diffundere, -fudi, -fusum	ausgießen, ausbreiten – *diffus*

4 **huius Germaniae** gesprochen vom Standpunkt des Schreibers aus – **qui ... dicat ... aut ... acceperit** H 14 – **cum ... processerit** cum concessivum

5 **quae ... visa non sint** H 14; ebenso **differant** und **videantur**

26,1 **figura** abl. qual. – **his ... cornibus** abl. comp.

3 mas, maris, m.	Mann, Männchen – *maskulinum*
27,1 item	ebenso, gleichfalls
alces, is, f.	Elch
consimilis, e	(sehr) ähnlich
capra, ae, f.	Ziege
varietas, atis, f.	Buntheit, Mannigfaltigkeit, Verschiedenheit – *Variation, variabel, Varieté*
pellis, is, f.	Fell, Haut – *Pelle*
antecedere, -cessi, -cessum	vorangehen, übertreffen
mutilus, a, um	verstümmelt, abgestumpft
crus, cruris, n.	Unterschenkel, Bein
nodus, i, m.	Knoten, Gelenk
articulus, i, m.	Glied – *Artikel*
2 quies, quietis, f.	Ruhe, Schlaf
procumbere, -cubui, -cubitum	sich vorwärts neigen, sich niederlegen
affligere, -flixi, -flictum	niederwerfen, beschädigen
concidere, -cidi, –	fallen, stürzen
erigere, erexi, erectum	aufrichten
sublevare	unterstützen, erleichtern, erheben
3 pro (abl.)	vor, für, anstatt, als, im Verhältnis zu – *Prozent*
cubile, is, n.	Lager, Lagerstätte
applicare	anfügen, anlegen, anlehnen – *Applikation*
paulum	ein wenig
modo	nur; eben (erst)

3 **natura** Aussehen
27,1 **quae appellantur** die sogenannten – **mutilaeque sunt cornibus** abl. lim.; im Dt.: sie haben . . .
  2 **si** (ali)**quo . . . casu**

reclinare	zurücklehnen, zur Seite lehnen
4 vestigium, i, n.	Fußstapfen, Spur, Stelle
animadvertere, -verti, -versum	wahrnehmen, bemerken, seine Aufmerksamkeit richten auf
venator, oris, m.	Jäger
quo	wohin
consuescere, -suevi, –	sich gewöhnen; Perf.: gewohnt sein, pflegen
radix, radicis, f.	Wurzel; Fuß (eines Berges) – *radikal, radieren*
subruere, -rui, -rutum	unterwühlen, untergraben
accidere, -cidi, -cisum	anhauen, anschneiden
tantum	so viel, nur – *plurale tantum*
species, ei, f.	Aussehen, Gestalt, Schein – *Spezies, speziell, Spezialität*
5 huc	hierher, hierhin
infirmus, a, um	unsicher, schwach
pondus, ponderis, n.	Gewicht – *Pfund, Pond*
una	zusammen, zugleich – *Union*
concidere, -cidi, –	fallen, stürzen
28,1 urus, i, m.	Ur, Auerochse
infra (acc.)	unterhalb, unter – *Infrarot*
taurus, i, m.	Stier
2 velocitas, atis, f.	Schnelligkeit
fera, ae, f.	wildes Tier, Wild
parcere, peperci, – (dat.)	schonen, verschonen, sparen
3 studiosus, a, um	eifrig – *Studium, Student*

4 **consuerint** = consueverint – **summa species** . . . summa im Dt. adverbiell: ganz und gar

28,3 **relatis . . . cornibus . . . testimonio** im Dt. am besten als Temporalsatz an **magnam ferunt laudem** anzuschließen – **quae sint** H 14

fovea, ae, f.	Grube
durare	abhärten
referre, -fero, rettuli, -latum	zurückbringen, überbringen, berichten – *Referent, Referat*
testimonium, i, n.	Zeugnis, Beweis
4 assuescere, -suevi, –	sich gewöhnen
mansuefacere, -facio, -feci, -factum	zähmen
parvulus, a, um	ganz klein
excipere, -cipio, -cepi, -ceptum	herausnehmen, aufnehmen, einfangen – *exzeptionell*
5 amplitudo, dinis, f.	Umfang, Größe – *Amplitude*
6 conquirere, -quisivi, -quisitum	zusammensuchen, sammeln
labrum, i, n.	Lippe, Rand
argentum, i, n.	Silber
circumcludere, -clusi, -clusum	rings umschließen, einfassen
amplus, a, um	weit, bedeutend, prächtig
epulae, arum, f.	Festmahl
poculum, i, n.	Trinkgefäß, Becher – *Pokal*

IV. Rückkehr Caesars nach Gallien

29,1 explorator, oris, m.	Kundschafter, Späher
comperire, comperi, compertum	erfahren
vereri, vereor, veritus sum	fürchten, sich scheuen

4 **possunt** Subjekt: uri; löse das part. coni. **excepti** in Verbindung mit dem prädikativen **parvuli** konditional auf
29,1 Caesar, postquam . . . hier wird der mit Ende des Kap. 10 unterbrochene Bericht fortgesetzt – **ut supra demonstravimus** 22,1

2 omnino — überhaupt, im Ganzen
metus, us, m. — Angst, Furcht
reditus, us, m. — Rückkehr
tardare — verlangsamen, verzögern, aufhalten
contingere, -tigi, -tactum — berühren, gelingen, glücken
– *Kontakt*
3 rescindere, -scidi, -scissum — einreißen, abbrechen
tabulatum, i, n. — Stockwerk
tueri, tueor, – — schützen
praesidium, i, n. — Wache, Posten, Schutz
– *Präsidium*
praeficere, -ficio, -feci, -fectum (dat.) — an die Spitze stellen, das Kommando übertragen
– *Präfekt*

2 **metum reditus sui** gen. obi. – **ripas** der Plural bezeichnet die Ausdehnung (die gesamte Uferstrecke im Gebiet der Ubier)

Buch VII
Wortkunde und Kommentar

Der Freiheitskampf der Gallier unter Vercingetorix

1,1
quietus, a, um	ruhig
constituere, -tui, -tutum	aufstellen, festsetzen, beschließen – *Konstitution*
conventus, us, m.	Zusammenkunft, Versammlung, Gerichtstag – *Konvent, Konvention*
proficisci, -ficiscor, -fectus sum	aufbrechen, (ab)reisen, marschieren
cognoscere, -gnovi, -gnitum	kennen lernen, erkennen, erfahren – *kognitiv*
caedes, is, f.	Mord, Ermordung, Blutbad
consultum, i, n.	Beschluss
certiorem facere (acc.)	(jm.) benachrichtigen, unterrichten
iuniores, um, m.	die jüngeren Leute
coniurare	(den Fahneneid) schwören, sich verschwören
dilectum habere, habeo, habui, habitum	Aushebung halten, Truppen ausheben
totus, a, um	ganz, all – *total*

1,1 cognoscit de P. Clodii caede de senatusque consulto certior factus ... instituit T 22; Clodius war einer der Bandenführer – **omnes iuniores** alle Wehrpflichtigen zwischen dem 17. und 46. Lebensjahr – **dilectum tota provincia habere instituit** der Auftrag galt an sich nur dem Pompeius (T 22); tota provincia = ganz Gallia Cisalpina

instituere, -tui, -tutum	aufstellen, einrichten, anfangen, beginnen – *Institut, Institution*
2 perferre, -fero, -tuli, -latum	überbringen, berichten; ertragen
addere, addidi, additum	hinzufügen – *addieren, additiv*
affingere, -finxi, -fictum	hinzudichten, erfinden – *fiktiv, Fiktion*
rumor, oris, m.	Gerede, Gerücht
poscere, poposci, –	fordern
urbanus, a, um	städtisch – *urban*
motus, us, m.	Bewegung, Aufstand – *Motor, Motiv*
dissensio, onis, f.	Meinungsverschiedenheit, Auseinandersetzung
3 impellere, -puli, -pulsum	antreiben, bewegen – *Impuls, impulsiv*
occasio, onis, f.	Gelegenheit
subicere, -icio, -ieci, -iectum	unterwerfen – *Subjekt, subjektiv*
dolere, doleo, dolui, –	schmerzlich empfinden, beklagen – *kondolieren*
libere	freimütig, offen – *liberal*

2 **eae res** übersetze res immer durch ein Substantiv oder Pronomen, niemals mit ‚Sache'; den treffenden Ausdruck legt der Zusammenhang nahe; hier: Vorgänge – Galliam Transalpinam T 19; hier bezeichnet der Name natürlich auch die von Caesar inzwischen eroberten Gebiete des keltischen Galliens – **quod** relativisch – **res** hier: Lage – **urbano motu** ‚die Unruhen in der Hauptstadt'

3 **hac impulsi** (Galli) **occasione** H 8 – **qui ... dolerent** zum Konj. H 14

audax, acis, m.	wagemutig, kühn
consilium inire, -eo, -ii, -itum	einen Plan fassen (schmieden)
incipere, incipio, coepi, inceptum	anfangen, beginnen
4 concilium, i, n.	Versammlung – *Konzil*
concilium indicere, -dixi, -dictum	eine Versammlung einberufen
princeps, cipis, m.	erster; Adliger, Fürst, Führer – *Prinz*
silvester, stris, stre	waldig, bewaldet
remotus, a, um	entfernt, abgelegen
queri, queror, questus sum	sich beklagen – *Querulant*
5 casus, us, m.	Fall, Zufall, Schicksal – *Kasus*
recidere, -cidi, – (ad)	zurückfallen (auf), treffen
demonstrare	zeigen, darlegen – *demonstrieren*
miserari	bejammern, beklagen – *miserabel*
communis, e	gemeinsam, allgemein – *kommunal, Kommune, Kommunismus*
fortuna, ae, f.	Schicksal, Los, Glück, Unglück Plural: Vermögen, Besitz
pollicitatio, onis, f.	Versprechen
deposcere, -poposci, –	(dringend) fordern
initium, i, n.	Anfang, Beginn – *Initiative, Initialzündung*

5 **omnibus pollicitationibus ac praemiis** Hendiadyoin H 2 („mit allen möglichen . . .') – **qui . . . faciant et . . . vindicent** der Relativsatz ist Objekt zu **deposcunt;** zum Konj. H 14 – **sui capitis periculo** abl. modi: selbst auf die Gefahr hin, das Leben zu verlieren

vindicare (in libertatem)	befreien
6 imprimis (in primis)	unter den Ersten, besonders – *primär*
ratio, onis, f.	Berechnung, Überlegung, Vernunft, Art und Weise – *Ration, rationell, rational*
rationem habere	Rücksicht nehmen auf, dafür sorgen (dass), daran denken (dass)
clandestinus, a, um	heimlich
efferre, -fero, extuli, elatum	heraustragen, verraten
intercludere, -clusi, -clusum	abschließen, abschneiden (von)
7 audere, audeo, ausus sum	wagen, den Mut haben (zu etwas)
praesidium, i, n.	Schutz, Besatzung, Wache – *Präsidium*
pervenire, -veni, -ventum	hinkommen
8 postremo	zuletzt, schließlich
praestat	es ist besser
vetus, veteris	alt – *Veteran*
maiores, um, m.	Vorfahren, Ahnen
accipere, -cipio, -cepi, -ceptum	annehmen, empfangen; vernehmen, hören – *akzeptieren*
recuperare	wiedergewinnen
2,1 agitare	betreiben, verhandeln – *Agitation*
profiteri, -fiteor, -fessus sum	offen bekennen, erklären – *Professor*

6 **priusquam ... efferantur** übersetze diesen Satz hinter dem ut-Satz; zum Konj. H 15 b (der Konj. stände also auch außerhalb der indir. Rede)

causa (gen.)	wegen, um ... willen – *kausal*
recusare	zurückweisen, verweigern, sich weigern
polliceri, -liceor, -licitus sum	versprechen
2 quoniam	da ja
praesentia, ae, f.	Gegenwart – *Präsens, Präsenz*
obses, idis, m.	Geisel, Bürge
cavere, caveo, cavi, cautum	sich hüten, sich in acht nehmen
efferre, -fero, extuli, elatum	heraustragen, verraten
ius iurandum, iuris iurandi, n.	Eid, Schwur
fides, fidei, f.	Treue, Versprechen, Vertrauen, Schutz

2,1/2 Löse die Periode in etwa folgende Abschnitte auf: 1. his rebus agitatis ... recusare; 2. principesque (se) ... pollicentur; 3. et, quoniam ..., ... petunt, ..., ne facto ... deserantur; 4. collatis militaribus signis ... continetur – **his rebus agitatis** res hier: Pläne – **principes(que)** prädikativ – **quoniam ... possint** coni. obl. H 12 – **cavere inter se** sich sichern – **ne res efferatur** der Satz erklärt, weshalb man in diesem Fall auf die übliche Stellung von Geiseln verzichten müsse – **at** (doch wenigstens) ... **sanciatur petunt** der Begehrssatz ist ohne ut von petunt abhängig – **iure iurando ac fide** Hendiadyoin H 2 – **collatis militaribus signis** der abl. abs. gibt die Form an, in der die Carnuten die Eidesleistung vorgenommen wissen wollen; im Dt. etwa: ‚dabei sollten ...'; die Zeremonie fand sofort statt (§ 3), wahrscheinlich im heiligen Hain der Carnuten, der ein allen Galliern besonders ehrwürdiger Platz war (vgl. VI 13,10) – **quo more ... continetur** ‚ein Brauch, in dem sich ausdrückt' – **eorum** zu gravissima caerimonia

sancire, sanxi, sanctum	heilig machen, festsetzen – *sanktionieren, Sanktion*
petere, petivi, petitum	streben (nach), bitten (um), angreifen – *Petition*
signum militare, signi militaris, n.	Feldzeichen, Fahne (T 37)
signa militaria conferre, -fero, -tuli, collatum	die Fahnen aufpflanzen
mos, moris, m.	Sitte, Brauch – *Moral*
gravis, e	schwer, bedeutend, heftig – *gravierend, Gravitation*
caerimonia, ae, f.	(religiöse) Weihe, Feier, heilige Handlung – *Zeremonie*
continere, -tineo, -tinui, -tentum	zusammenhalten, zurückhalten, aufhalten – *Kontinent*
deserere, -serui, -sertum	verlassen, im Stich lassen – *desertieren, Deserteur*
3 collaudare	(nachdrücklich) loben
ius iurandum dare, dedi, datum	einen Eid leisten
discedere, -cessi, -cessum	auseinander gehen, weichen, abziehen
3,1 ubi	wo, sobald, wenn
dies, diei, m./f.	m.: Tag; f.: Termin, Frist
desperatus, a, um	verzweifelt, aussichtslos – *desperat*

3 **collaudatis Carnutibus/dato iure iurando/tempore . . . constituto** übersetze die abl. abs. als Hauptsätze – **ab omnibus, qui aderant** H 5 – **tempore eius rei** ‚der Zeitpunkt für den Beginn des Aufstandes'

3,1 equitem Romanum T 34 – **rei frumentariae . . . praeerat** T 37

concurrere, -curri, -cursum	zusammenlaufen, -strömen – *Konkurs, Konkurrenz*
negotiari	Handel treiben, Geschäfte abwickeln
consistere, -stiti, –	sich aufstellen, Halt machen, sich niederlassen
honestus, a, um	ehrenwert, angesehen
iussu	auf Befehl
interficere, -ficio, -feci -fectum	töten
bona, orum, n.	Hab und Gut, Vermögen, Besitz
diripere, -ripio, -ripui, -reptum	auseinander reißen, plündern
2 celer, celeris, celere	schnell
fama, ae, f.	Ruf, Gerücht
perferre, -fero, -tuli, -latum	überbringen, berichten; ertragen
illustris, e	hell, bekannt, bedeutend, berühmt – *Illustrierte*
incidere, -cidi,	hineinfallen, vorfallen, sich ereignen
clamor, oris, m.	Geschrei
significare	ein Zeichen geben, anzeigen – *signifikant*
deinceps	der Reihe nach
excipere, -cipio, -cepi, -ceptum	herausnehmen, abfangen, aufnehmen – *exzeptionell*
proximus, a, um	der nächste, letzte
tradere, -didi, -ditum	übergeben, weitergeben, überliefern – *Tradition*

2 **nam ubi** (ali)**quae** . . . **res** res hier: Ereignis – **regionesque** steigernd: und ganze Landstriche – **hunc:** clamorem

accidit, accidit (accidere)	es ereignet sich, geschieht, stößt jm. zu, widerfährt jm.
3 oriri, orior, ortus sum	sich erheben, abstammen, entstehen – *Orient*
gerere, gessi, gestum	tragen; tun – *Geste*
conficere, -ficio, -feci, -fectum	fertig machen, beenden – *Konfektion*
vigilia, ae, f.	Nachtwache – *Vigil*
spatium, i, n.	Raum, Zeitraum, Zwischenraum
circiter	etwa, ungefähr
4,1 similis, e	ähnlich
ratio, onis, f.	Berechnung, Überlegung, Vernunft, Art und Weise – *Ration, rationell, rational*
summus, a, um	der oberste, höchste – *Summe*
potentia, ae, f.	Macht, Gewalt – *Potenz*
principatus, us, m.	erste Stelle, Vorrang, Herrschaft – *Prinzipat*
obtinere, -tineo, -tinui, -tentum	innehaben, behaupten, besitzen
ob eam causam	deshalb, deswegen, aus diesem Grund
appetere, -petivi, -petitum	begehren, streben (nach), trachten (nach) – *Appetit*

3 **nam (ea,) quae ... gesta essent** H 14 (konzessiv) – **ante primam confectam vigiliam** also vor 9 Uhr abends – **quod spatium est** das ist eine Entfernung von ...

4,1 **summae potentiae** gen. qual., im Dt. adjektivisch – **incendit** das Objekt ist aus **convocatis clientibus** zu entnehmen

cliens, clientis, m.	Höriger, Untertan, Klient
incendere, -cendi, -censum	anzünden, entzünden, entflammen
2 prohibere, -hibeo, -hibui, -hibitum	fern halten, hindern, abwehren
patruus, i, m.	Onkel (Bruder des Vaters)
temptare	versuchen
expellere, -puli, -pulsum	heraustreiben, vertreiben
3 desistere, -stiti, –	ablassen von, Abstand nehmen von, aufhören
egens, entis	bedürftig; subst.: Bettler
perditus, a, um	verdorben, verkommen; Plural: Gesindel
cogere, coegi, coactum	zusammentreiben, zusammenführen, versammeln; zwingen
quicumque, quaecumque, quodcumque	jeder, der; alle, die
adire, -eo, -ii, -itum	herangehen, aufsuchen, besuchen, angreifen
4 hortari	mahnen, ermahnen, auffordern
adversarius, i, m.	Gegner, Feind
eicere, eicio, eieci, eiectum	hinaustreiben, vertreiben
5 dimittere, -misi, -missum	auseinander schicken, entlassen – *Mission*
quoqueversus	überallhin
legatio, onis, f.	Gesandtschaft – *Delegation*

3 **atque** nach negativen Ausdrücken: sondern – **quoscumque** ... der Relativsatz ist Objekt zu **ad suam sententiam perducit** (‚für seine Pläne gewinnen')
4 **paulo ante** § 2

obtestari	zum Zeugen anrufen, beschwören, bitten
6 attingere, -tigi, -tactum	berühren, grenzen an
sibi adiungere, -iunxi, -iunctum	zum Verbündeten machen
consensus, us, m.	Übereinstimmung – *Konsens*
deferre, -fero, -tuli, -latum	hintragen, übertragen, berichten
7 offerre, -fero, obtuli, oblatum	entgegenbringen, anbieten, opfern – *Offerte, offerieren*
potestas, atis, f.	Macht, Gewalt, Amtsgewalt, Herrschaft
obsides imperare	die Stellung von Geiseln befehlen
8 quantum	wieviel – *Quantum, Quantität*
quisque, quaeque, quidque (quodque)	jeder
efficere, -ficio, -feci, -fectum	erreichen, bewirken, aufbringen – *Effekt, Effizienz*
studere, studeo, studui, – (dat.)	sich bemühen (um), etw. eifrig betreiben, trachten (nach) – *studieren, Student*
9 diligentia, ae, f.	Sorgfalt, Gewissenhaftigkeit
severitas, atis, f.	Ernst, Strenge
supplicium, i, n.	(Todes-)Strafe, Hinrichtung
dubitare	zögern, zaudern, Bedenken tragen; zweifeln

8 **armorum** gen. part., abhängig von **quantum** – **quodque ante tempus** = et ante quod tempus – **efficiat** der Konj. steht nicht nur wegen des indir. Fragesatzes, er enthält auch ein Begehren: Vercingetorix bestimmt, wieviel jeder aufbringen soll

10 delictum, i, n.	Verbrechen, Vergehen – *Delikt*
committere, -misi, -missum	zustande kommen lassen, überlassen, anvertrauen – *Kommission*
delictum (scelus) committere	ein Verbrechen begehen
ignis, is, m.	Feuer
tormentum, i, n.	Winde; Folter; Wurfmaschine, Geschütz
levis, e	leicht
auris, is, f.	Ohr
desecare, -secui, -sectum	abschneiden – *Sekte, Sekt*
singuli, ae, a	je ein; einzeln – *Singular*
effodere, -fodio, -fodi, -fossum	ausgraben, ausstechen
documentum, i, n.	Lehre, Beweis – *Dokument*
documento esse	eine Lehre sein
5,2 fides, fidei, f.	Treue, Vertrauen; Schutz
subsidium, i, n.	Beistand, Hilfe
rogare	fragen, bitten
sustinere, -tineo, -tinui, -tentum	aushalten, ertragen, standhalten
4 morari	sich aufhalten, verweilen, sein – *Moratorium*

10 **necat/remittit** das Obj. ist dem abl. abs. **commisso delicto** zu entnehmen: die Schuldigen

5,1 **summae ... audaciae** gen. qual.

2 **rogatum** Supinum I – **quo** = ut eo

3 **de consilio legatorum** dem Rat der Legaten entsprechend – **quos Caesar ad exercitum reliquerat** bei seiner Abreise nach Oberitalien

4 **qui:** die equites und pedites

audere, audeo, ausus sum	wagen, den Mut haben zu etwas
reverti, revertor, reverti	zurückkehren
5 renuntiare	berichten
perfidia, ae, f.	Treulosigkeit – *perfid*
vereri, vereor, veritus sum	sich scheuen, fürchten, verehren
circumsistere, -steti, –	sich herumstellen, umringen, einschließen
6 -ne – an	ob – oder
pronuntiare	mitteilen, angeben
constat	es steht fest, ist bekannt – *Konstante, konstant*
7 discessus, us, m.	Abzug, Weggang
6,1 urbanus, a, um	städtisch
virtus, utis, f.	Tüchtigkeit, Tatkraft; Tapferkeit; Tugend

5 **quibus id consilii** (gen. part.) **fuisse cognoverint** a. c. i. im Relativsatz H 16; der Konj. ist entweder ein coni. obl. (H 12: wie sie erkannt hätten), oder er drückt einen kausalen Nebensinn im Relativsatz aus (H 14: weil sie erkannt hätten) – **si flumen transissent** Subjekt: Haedui; zum Tempus H 11 – **ipsi:** Bituriges – **se:** die copiae equitatus peditatusque
6 **pronuntiaverint** Konj. durch attractio modi innerhalb der indir. Frage – **perfidia adducti** H 8 – **quod nihil nobis constat** übersetze diesen Satz hinter **non videtur pro certo esse ponendum** (‚mit Sicherheit entscheiden'; verneintes Gerundivum hier in der Bedeutung ‚nicht können')
6,1 cum iam ille cum causale; übersetze den Satz hinter dem Hauptsatz ... **profectus est** (Subjekt trotz der Stellung im cum-Satz: ille) – **urbanas res** (!) – **virtute Cn. Pompei** T 22

commodus, a, um	bequem, passend, gut
status, us, m.	Zustand, Lage – *Status*
intellegere, -lexi, -lectum	einsehen, verstehen, erkennen – *Intellekt, Intellektueller*
2 eo	dorthin, dahin
difficultas, atis, f.	Schwierigkeit, Not – *diffizil*
afficere, -ficio, -feci, -fectum (abl.)	erfüllen (mit), versehen (mit) – *Affekt*
3 arcessere, -cessivi, -cessitum	herbeiholen, kommen lassen
dimicare	kämpfen
contendere, -tendi, -tentum	sich anstrengen, eilen, kämpfen
ne ... quidem	nicht einmal
salus, utis, f.	Rettung, Heil, Leben – *Salut*
committere, -misi, -missum	zustande kommen lassen, überlassen, anvertrauen – *Kommission*
7,1 conciliare (dat.)	gewinnen (für) – *konziliant*
2 progredi, -gredior, -gressus sum	vorrücken, weiterziehen, vordringen – *progressiv, Progression*
uterque, utraque, utrumque	jeder von zweien, beide
versus (acc., in)	auf ... zu
irruptio, onis, f.	Einfall, Überfall

3 **nam ... intellegebat; ... videbat** adversatives Asyndeton H 1: denn er sah ein, ...; andererseits sah er, ... – **arcesseret/ contenderet** zum Tempus H 11 – **in provinciam** d. h. aus den einzelnen Winterlagern in die Provinz Gallia Transalpina – **dimicaturas** (esse) ‚sie würden kämpfen müssen' – **qui quieti** (noch ruhig) **viderentur** H 14 – **recte** ohne Gefahr

7,2 **Narbonem versus** und zwar ...

3	antevertere, -verti, -versum (dat.)	vorziehen
4	confirmare	befestigen, ermutigen, versichern, erklären – *Konfirmation*
	praesidium, i, n.	Schutz, Besatzung – *Präsidium*
	provincialis, e	zur Provinz gehörig – *provinziell*
5	supplementum, i, n.	Ergänzung, Ersatz – *Supplement*
	contingere, -tigi, -tactum	berühren, grenzen (an) – *Kontakt*
8,1	reprimere, -pressi, -pressum	zurückdrängen, aufhalten – *repressiv*
	removere, -moveo, -movi, -motum	zurücktreiben, entfernen – *Motor, Motiv*
2	discludere, -clusi, -clusum	trennen
	durus, a, um	hart, beschwerlich
	altus, a, um	hoch, tief
	nix, nivis, f.	Schnee

3 **ut Narbonem proficisceretur** ist Objekt zu **antevertendum** (esse)

4 **in Rutenis provincialibus** ein Teil der Rutener wohnte offenbar in der römischen Provinz

8,1 **his rebus comparatis** res hier: Maßnahmen – **intrare intra praesidia** ‚sich in ein Gebiet zu wagen, in dem römische Truppen lagen' – **putabat:** Lucterius

2 **discussa nive** discutere hier: wegräumen (die Wahl dieses Wortes deutet an, dass die Arbeit des Schneeräumens sehr schwierig war) – **in altitudinem pedum sex** pedum sex ist gen. qual. zu nive; in altitudinem ist Akk. der Ausdehnung: ‚sechs Fuß hoch'

discutere, -cutio, -cussi, -cussum	zerschlagen, zertrümmern – *diskutieren, Diskussion*
patefacere, -facio, -feci, -factum	öffnen
3 opprimere, -pressi, -pressum	unterdrücken, überfallen
inopinans, antis	ahnungslos, unvermutet
singularis, e	einzeln, einzig – *Singular*
umquam	jemals
semita, ae, f.	Fußweg, Pfad
patere, patet, patuit	offen stehen, sich erstrecken
quam (b. Superl.)	möglichst, so ... wie möglich
vagari	umherstreifen – *Vagant, Vagabund*
4 circumsistere, -steti, –	sich herumstellen, umzingeln
obsecrare	beschwören, anflehen
fortuna, ae, f.	Schicksal, Los, Glück, Unglück; Plural: Vermögen, Besitz, Hab und Gut
consulere, -sului, -sultum	beraten, um Rat fragen (acc.): sorgen für (dat.) – *Konsultation*
neu (neve)	und damit (dass) nicht
diripere, -ripio, -ripui, -reptum	auseinander reißen, plündern
pati, patior, passus sum	lassen, zulassen, dulden, leiden – *Patient, passiv*
praesertim	zumal
transferre, -fero, -tuli, -latum	hinübertragen, übertragen – *Transfer*

4 **omne ad se bellum translatum** der ganze Krieg habe sich in ihr Land verlagert

5	preces, um, f.	Bitten – *prekär*
	castra movere, moveo, movi, motum	aufbrechen, weiterziehen
9,1	biduum, i, n.	Zeitraum von zwei Tagen, zwei Tage
	praecipere, -cipio, -cepi, -ceptum	vorwegnehmen, befehlen
	usus, us, m.	Gebrauch, Übung, Nutzen – *Usus*
2	pervagari	umherstreifen – *Vagant, Vagabund*
	operam dare, dedi, datum	sich Mühe geben
	triduum, i, n.	drei Tage
3	quam (b. Superl.)	möglichst, so ... wie möglich
4	nancisci, nanciscor, nanctus, (nactus) sum	(zufällig) erreichen, bekommen
	recens, entis	frisch, neu
	diurnus, a, um	bei Tage, Tages-
	nocturnus, a, um	bei Nacht, Nacht-
	intermittere, -misi, -missum	frei lassen, unterbrechen, verstreichen lassen

---

5 **quorum ... precibus permotus** H 8
9,1 **biduum** füge im Dt. ‚nur' hinzu – **haec de Vercingetorige usu ventura** (esse) usu venire = tatsächlich geschehen: ‚es werde mit V. tatsächlich so kommen' – **opinione praeceperat** ‚ahnen' – **per causam** unter dem Vorwand
2 **longius triduo** abl. comp.
3 **his constitutis rebus** (!) – **suis inopinantibus** abl. abs., löse modal auf – **quam maximis potest itineribus** T 39
4 **si** (ali)**quid ... consilii** gen. part. – **iniretur** H 11

	praecurrere, -curri, -cursum	vorauseilen, zuvorkommen
6	inde	von da, von dort
	collocare	aufstellen, ansiedeln – *lokal*
	attribuere, -bui, -butum	zuteilen, zuweisen – *Attribut*
	instituere, -tui, -tutum	aufstellen, einrichten, anfangen, beginnen – *Institut, Institution*
10,1	difficultas, atis, f.	Schwierigkeit – *diffizil*
	stipendiarius, a, um	steuerpflichtig; untergeben; subst.: Untertan – *Stipendium*
	cunctus, a, um	gesamt, ganz
	deficere, -ficio, -feci, -fectum	mangeln, schwinden, abfallen – *Defekt, Defizit*
	maturus, a, um	reif, zeitig
	durus, a, um	hart, beschwerlich
	subvectio, onis, f.	Zufuhr
	laborare (ab)	sich abmühen, leiden (unter) – *laborieren, Labor*
2	praestat	es ist besser
	perpeti, -petior, -pessus sum	erdulden, ertragen
	contumelia, ae, f.	Schmach, Schande

5 **ad reliquas legiones** sechs Legionen in Agedincum und zwei bei den Treverern – **prius(que) . . ., quam** H15b
6 **Haeduisque attribuerat** vgl. I 28,5
10,1 **magnam haec res (!) . . . difficultatem . . . afferebat** ‚sehr erschweren' – **si . . . contineret/si . . . educeret** zum Tempus H 11 – **ne . . . deficeret / ne . . . laboraret** beide ne-Sätze hängen ab von dem Gedanken der Furcht, der sich aus der magna difficultas ergibt; füge im Dt. ‚denn er musste befürchten' ein – **stipendiariis Haeduorum expugnatis** gemeint sind die Boier – **videret** Subj.: cuncta Gallia – **duris subductionibus** abl. causae
2 **voluntates** im Dt. Singular – **alienare** ‚sich verscherzen'

voluntas, atis, f.	Wille, Wunsch, Zuneigung
alienare	entfremden
3 supportare	zuführen, beschaffen
commeatus, us, m.	Zufuhr, Verpflegung
4 impedimentum, i, n.	Hindernis, Gepäck; Plural: Tross (T 35)
relinquere, -liqui, -lictum	zurücklassen, hinterlassen, verlassen – *Relikt, Reliquie*
11,1 expeditus, a, um	unbehindert, bequem; kampfbereit
uti, utor, usus sum	gebrauchen, benutzen
circumvallare	mit einem Wall umgeben
2 deditio, onis, f.	Übergabe, Kapitulation
iumenta, orum, n.	Zugvieh, Pferde
producere, -duxi, -ductum	vorführen, ausliefern – *Produkt, Produzent*
4 afferre, -fero, attuli, allatum	(herbei)bringen
ducere, duxi, ductum	führen; hinziehen, in die Länge ziehen
tueri, tueor, –	schützen

3 **de supportando commeatu** zu **cohortatus** – **praemittit ...** (eos), **qui ... doceant hortenturque** H 14 – **magno animo** abl. modi, im Dt. adjektivisch

11,1 **ne** (ali)**quem ... et quo** (= ut eo) **... uteretur** übersetze den Finalsatz hinter **oppugnare instituit** – **eoque biduo** innerhalb von zwei Tagen

3 **qui conficeret** H 14 – **iter faceret** ‚den Marsch fortsetzen'; gemeint ist der Marsch nach Gorgobina (9,6) – **Cenabum Carnutum** nach C., einer Stadt der Carnuten

4 **tum primum allato nuntio de oppugnatione Vellaunoduni** bilde aus dem abl. abs. einen Relativsatz zu **qui** (Carnutes) **... comparabant**; übersetze comparabant durativ –

5 huc — hierher, hierhin
excludere, -clusi, -clusum — ausschließen, abschneiden, hindern – *exklusiv*
posterus, a, um — der folgende, spätere
differre, -fero, distuli, dilatum — sich unterscheiden, verschieden sein; verschieben – *Differenz, differieren*
6 usui esse — nötig sein, von Nutzen sein
contingere, -tigi, -tactum — berühren, grenzen (an) – *Kontakt*
excubare, -cubui, – — draußen liegen, wachen

eam rem **die Belagerung von Vellaunodunum** – **quod ... mitterent** H 14 – **eo** d. h. nach Cenabum
[Manche Herausgeber halten ‚quod eo mitterent' für eine störende Wiederholung des Gedankens ‚Cenabi tuendi causa', athetieren deshalb die beiden Worte ‚tuendi causa' und verstehen den gesamten Satz so: Während Caesar schon heranrückt, glauben die Carnuten noch Zeit genug zu haben, um in ihrer Stadt Cenabum (Cenabi als Lokativ) eine Truppe zusammenzustellen, die sie als Entsatz nach Vellaunodunum (eo) schicken könnten. Bei diesem Verständnis des Satzes ergeben sich allerdings Schwierigkeiten: a) das ‚huc' des folgenden Satzes muss über ‚eo' hinweg auf ‚Cenabi' bezogen werden; b) das in § 7 geschilderte Verhalten der Einwohner von Cenabum ließe sich kaum verstehen, wenn sich für Vellaunodunum bestimmte Truppen der Carnuten in Cenabum befänden; denn diese hätten ebenso gut für die Verteidigung der eigenen Stadt dienen können; c) auch im § 8 tritt keine nennenswerte Streitmacht in Erscheinung.]
5 **diei tempore exclusus** wegen der vorgerückten Tageszeit
6 **quaeque** (et ea, quae) **ad eam rem (!) usui sint** H 14

7	silentium, i, n.	Stille, Schweigen – *Silentium*
	incipere, incipio, coepi, inceptum	anfangen, beginnen
8	explorator, oris, m.	Kundschafter, Späher
	incendere, -cendi, -censum	anzünden, entzünden
	intromittere, -misi, -missum	hineinschicken, einrücken lassen
	potiri, potior, potitus sum	sich bemächtigen, erobern
	perpauci, ae, a	sehr wenige
	desiderare	ersehnen, vermissen
	angustiae, arum, f.	Enge, Engpass
	intercludere, -clusi, -clusum	abschließen, abschneiden von
12,1	desistere, -stiti, –	ablassen von, Abstand nehmen von, aufhören
	obviam	entgegen
2	positus, a, um	gelegen – *Position*
3	ignoscere, -gnovi, -gnotum	verzeihen
	consulere, -sului, -sultum	um Rat fragen, beraten (acc.); sorgen für (dat.) – *Konsultation*

7 **silentio** abl. modi

8 **perpaucis ... desideratis, quin cuncti caperentur** nur ganz wenige wurden vermisst, die nicht (alle) gefangen wurden = bis auf ganz wenige wurden alle gefangen

12,2 **Noviodunum** T 45

3 **oratum** Supinum I – **ut** (ea) **celeritate reliquas res** (!) **conficeret, qua ...** Finalsatz zu **arma conferri ... iubet – reliquas res** Entsatz Gorgobinas, Niederwerfung des Aufstandes – **pleraque** in diesem Kriegsjahr hatte Caesar schon einiges durch seine Schnelligkeit erreicht: Sicherung der Provinz Gallia Transalpina, Bedrohung der Arverner, Eroberung von Vellaunodunum, Cenabum und (fast auch schon) Noviodunum

consequi, -sequor, -secutus sum	(ver)folgen, erreichen – *Konsekutivsatz, Konsequenz*
4 administrare	verrichten, verwalten, besorgen, tun – *Administration*
conquirere, -quisivi, -quisitum	zusammensuchen
procul	in der Ferne, fern, von fern
agmen, -minis, n.	Heereszug, Heer
antecedere, -cessi, -cessum	vorausgehen; übertreffen
5 simulatque	sobald
oppidanus, a, um	städtisch; subst.: Städter, Bewohner einer Stadt
conspicere, -spicio, -spexi, -spectum	erblicken
in spem venire, veni, ventum	Hoffnung schöpfen
tollere, sustuli, sublatum	aufheben, beseitigen
clamorem tollere	ein Geschrei erheben, zu schreien beginnen
complere, -pleo, -plevi, -pletum	anfüllen, besetzen – *komplett*
6 significatio, onis, f.	Zeichen, Kundgebung – *signifikant*
destringere, -strinxi, -strictum	abstreifen, abziehen

4 **parte ... tradita/cum ... administrarentur/centurionibus ... intromissis** bilde im Dt. drei Hauptsätze einer Satzreihe
6 **centuriones in oppido** das Adverb in oppido steht als Attribut; dieser Sprachgebrauch ist selten – **ex significatione** ‚Benehmen' – **novi aliquid ... consilii** gen. part.

incolumis, e	unversehrt
recipere, -cipio, -cepi, -ceptum	zurücknehmen, aufnehmen – *Rezept*
13,1 proelium equestre	Reiterkampf
proelium committere, -misi, -missum	ein Gefecht beginnen
laborare	arbeiten; Not leiden, in Bedrängnis sein – *laborieren; Labor*
submittere, -misi, -missum	zu Hilfe schicken
instituere, -tui, -tutum	aufstellen, einrichten, beginnen – *Institut, Institution*
2 amittere, amisi, amissum	verlieren
se recipere	sich zurückziehen
profligare	niederschlagen, besiegen
comprehendere, -hendi, -hensum	ergreifen, fassen
opera, ae, f.	Mühe, Arbeit, Tätigkeit
concitare	reizen, aufwiegeln, empören
dedere, dedidi, deditum	übergeben, ausliefern
se dedere	sich ergeben
3 munitus, a, um	befestigt
fertilis, e	fruchtbar
redigere, -egi, -actum	zurücktreiben; in einen Zustand versetzen, machen (zu) – *Redaktion*

13,1 Germanos equites T 36
   2 **comprehensos** prädikativ zu **eos**; übersetze es beiordnend zum Relativsatz – **quorum ... existimabant** H 16
   3 **quod erat** ist zunächst Kopula zu **maximum munitissimumque,** dann aber Vollverb zu **atque** (in) **agri fertilissima regione**

	in potestatem redigere	unterwerfen
	confidere, -fisus sum	vertrauen
14,1	continuus, a, um	zusammenhängend, ununterbrochen – *kontinuierlich, Kontinuität*
	incommodum, i, n.	Schaden, Nachteil, Niederlage
2	alius ... atque	ein anderer ... als
	pabulatio, onis, f.	das Futterholen
3	abundare (abl.)	überfließen von, Überfluss haben an
	sublevare	emporheben, unterstützen
4	pabulum, i, n.	Futter
	secare, secui, sectum	schneiden, mähen – *Sekte*
	necessario	notgedrungen
	dispergere, -spersi, -spersum	zerstreuen
	petere, petivi, petitum	zu erreichen suchen, streben nach; bitten um, angreifen – *Petition*
5	praeterea	außerdem
	res familiaris, rei familiaris, f.	privater Besitz – *familiär*
	commodum, i, n.	Vorteil

14,5 [**a Boia**] Der Text ist an dieser Stelle unheilbar gestört. Die überlieferten Worte ‚a Boia' dürften auf das Gebiet der Boier bezogen worden sein, in dem Vercingetorix sich zuletzt aufhielt (Belagerung von Gorgobina). Jedoch ist kaum einzusehen, welchen Sinn es hätte, wenn V. gerade das Gebiet der Boier, aus dem er eben abzieht (12,1), zum Mittelpunkt seiner Taktik der verbrannten Erde machte. Statt dessen könnte es „hoc spatio a via" (in der Entfernung vom Weg) geheißen haben. – **videantur** übersetze adverbiell: vermutlich, voraussichtlich

neglegere, -lexi, -lectum	nicht beachten, vernachlässigen
vicus, i, m.	Dorf
aedificium, i, n.	Hof, Gehöft
incendere, -cendi, -censum	anzünden, in Brand stecken
oportet, oportuit (oportere)	es gehört sich, ist nötig
quoqueversus	überallhin
pabulari	Futter holen
adire, -eo, -ii, -itum	herangehen, besuchen, angreifen
6 copia, ae, f.	Fülle, Menge, Vorrat; Plural: Besitz, Hab und Gut, Truppen
suppetere, -petivi, -petitum	ausreichend vorhanden sein, ausreichen
ops, opis, f.	Macht, Hilfsmittel, Hilfe; Plural: Vorräte
7 inopia, ae, f.	Mangel, Armut
procedere, -cessi, -cessum	vorrücken – *Prozess, Prozedur*
8 interest	es ist ein Unterschied, es ist von Wichtigkeit, von Interesse – *Interesse*
-ne – -ne	ob – oder
exuere, -ui, -utum	ausziehen, berauben
9 tutus, a, um	sicher
detractare	abweisen, verweigern
militia, ae, f.	Kriegsdienst – *Miliz, Militär*

6 **quorum . . . , eorum opibus subleventur** übersetze den Relativsatz hinter subleventur
9 **oppida . . . , quae non munitione et loci natura . . .** T 44 – **Romanis proposita** (sint) **ad** ,die Römer einladen, zu . . .' **multo** abl. mensurae – **illa** wird erläutert durch die folgenden a. c. i. – **quae sit necesse . . .** H 16

receptaculum, i, n.	Schlupfwinkel, Zufluchtsort
neu (neve)	und damit (dass) nicht
proponere, -posui, -positum	hinstellen, bereitstellen, vor Augen stellen, darlegen
tollere, sustuli, sublatum	beseitigen, wegnehmen
10 acerbus, a, um	herb, bitter, hart
aestimare	schätzen, einschätzen, ansehen als
servitus, tutis, f.	Sklaverei
abstrahere, -traxi, -tractum	wegziehen, verschleppen – *abstrakt*
necesse est	es ist notwendig
accidit, accidit (accidere)	es ereignet sich, geschieht, stößt jm. zu, widerfährt jm.
15,1 consensus, us, m.	Übereinstimmung, Zustimmung – *Konsens*
sententia, ae, f.	Meinung, Ansicht – *Sentenz*
probare	prüfen, billigen – *probieren*
amplius, a, um	weiter, mehr
2 incendium, i, n.	Feuer, Brand
etsi	wenn auch, obwohl
solacium, i, n.	Trost
proponere, -posui, -positum	hinstellen, bereitstellen, vor Augen stellen, darlegen
prope	beinahe, fast
explorare	erforschen, sichern
recuperare	wiedergewinnen
confidere, -fisus sum	vertrauen
3 deliberare	überlegen, beratschlagen

15,2 **hoc ... solacii** gen. part. – **prope explorata victoria** kausaler abl. abs.: da ihnen der Sieg so gut wie sicher sei

3 **Avarico** T 45 – **in communi concilio** bei der 14,1 erwähnten Versammlung – **incendi placeat an defendi** indir. Doppelfrage

placet, placuit (placere)	es gefällt, man befindet für gut
4 procumbere, -cubui, -cubitum	sich nach vorn legen, sich niederwerfen
ornamentum, i, n.	Schmuck, Zierde – *Ornament*
manus, us, f.	Hand; Schar, Abteilung – *Manual, manuell*
succendere, -cendi, -censum	(unten) anzünden
cogere, coegi, coactum	zusammentreiben, zwingen
5 palus, paludis, f.	Sumpf, sumpfiges Gelände
perangustus, a, um	sehr eng, sehr schmal
aditus, us, m.	Zugang
6 venia, ae, f.	Verzeihung, Nachsicht, Erlaubnis
dissuadere, -suadeo, -suasi, -suasum	abraten, widerraten
primo	zunächst, zuerst – *primär*
concedere, -cessi, -cessum	einräumen, zugestehen, erlauben – *konzedieren, Konzession, Konzessivsatz*
preces, um, f.	Bitten – *prekär*
misericordia, ae, f.	Mitleid, Erbarmen
vulgus, i, n.	Volk, Masse – *vulgär*
idoneus, a, um	geeignet, passend, ausreichend
deligere, -legi, -lectum	auswählen

4 **ne ... cogantur** abhängig von einem Begriff des Bittens, der in procumbunt ad pedes enthalten ist – **et praesidio et ornamento** dat. fin.

5 **natura** abl. causae: infolge ... – **se ... defensuros** (esse) Obj.: orbem – **unum ... et perangustum** nur einen und noch dazu sehr engen

6 **post** = postea – **et precibus ... et misericordia** abl. causae – **vulgi** gen. subi. – **oppido** dat. commodi

29,1 consolari — trösten
admodum — bis zum (vollen) Maß, sehr; mit Negation: durchaus (nicht)
se animo demittere, -misi, – — den Mut sinken lassen
incommodum, i, n. — Nachteil, Schaden
2 artificium, i, n. — Kunstwerk, -stück
scientia, ae, f. — Wissen, Kenntnis
3 secundus, a, um — folgender, zweiter, günstig – *Sekunde, sekundär, Sekundar-*
proventus, us, m. — Entwicklung, Ausgang, Erfolg
4 placet, placuit (placere) — es gefällt
testis, is, m. — Zeuge, Bürge – *Testat*
nimius, a, um — allzu groß
obsequentia, ae, f. — Nachgiebigkeit, Gehorsam
5 commodum, i, n. — Vorteil, Nutzen
6 dissentire, -sensi, -sensum (ab) — anderer Meinung sein, nicht übereinstimmen – *Dissens*
diligentia, ae, f. — Sorgfalt
consensus, us, m. — Übereinstimmung, Einmütigkeit – *Konsens*

29,3 **errare, si qui ... exspectent** H 14; im Dt.: es irre sich, wer ... – **omnes** lauter, nur
4 **sibi numquam placuisse** vgl. 15,3ff. – **testes** prädikativ
6 **quae ... civitates ..., has** = eas civitates, quae ... – **dissentirent** ‚abseits stehen' – **cuius consensui ... possit obsistere** diese Worte ließ Napoleon III. auf den Sockel des Denkmals schreiben, das dem Vercingetorix an der Stelle des alten Alesia (VII 86ff.) errichtet wurde – **se ... effectum habere** H 10 (das habe er fast schon als Erreichtes = das habe er so gut wie erreicht)

ne ... quidem	nicht einmal
obsistere, -stiti, –	sich entgegenstellen, sich widersetzen
7 interea	inzwischen
impetrare	(durch Bitten) erreichen
instituere, -tui, -tutum	einrichten; beginnen
	– *Institut, Institution*
repentinus, a, um	plötzlich
30,1 ingratus, a, um	unangenehm, undankbar
animo deficere, -ficio, -feci, -fectum	den Mut sinken lassen
	– *Defekt, Defizit*
abdere, -didi, -ditum	wegtun, verstecken
2 praesentire, -sensi, -sensum	vorausfühlen, ahnen
integer, gra, grum	unberührt, unversehrt
	– *integer, Integration*
3 res adversae, rerum adversarum, f.	widrige Ereignisse, Unglück
contrarius, a, um	gegenüber, entgegengesetzt
	– *konträr, Kontrast*
dignitas, atis, f.	Würde, Ansehen, Stellung
in dies	von Tag zu Tag
augere, augeo, auxi, auctum	vermehren, vergrößern
	– *Auktion*
4 affirmatio, onis, f.	Versicherung, Beteuerung

30,1 non ingrata Litotes H 3

2 **plus** (quam reliqui) – **animo providere** animo fällt im Dt. weg – **re integra** abl. abs.: als noch alles gut stand – **post** = postea

3 **ut ... minuunt, sic ... augebatur** Vergleich mit adversativem Sinn (vgl. **ex contrario** im Gegenteil); ut kann im Dt. durch ‚während' wiedergegeben werden

4 **eius affirmatione de ...** aufgrund seiner Behauptung, er werde ... – **omnia, quae imperarentur** H 5

consternatus, a, um	niedergestreckt, verblüfft – *konsterniert*
insuetus, a, um	ungewohnt
perferre, -fero, -tuli, -latum	ertragen, auf sich nehmen
polliceri, -liceor, -licitus sum	versprechen
31,1 laborare	arbeiten, sich abmühen – *Labor, laborieren*
allicere, -licio, -lexi, -lectum	anlocken, an sich ziehen, gewinnen
2 idoneus, a, um	geeignet, passend
deligere, -legi, -lectum	auswählen
subdolus, a, um	hinterlistig, trügerisch
3 vestire, vestivi, vestitum	bekleiden – *Weste*
4 deminuere, -minui, -minutum	vermindern; Passiv: zusammenschmelzen – *Deminutivum*
redintegrare	wiederherstellen, erneuern
sagittarius, i, m.	Bogenschütze
conquirere, -quisivi, -quisitum	zusammensuchen
deperire, -eo, -ii, -itum	untergehen, zugrunde gehen
explere, -pleo, -plevi, -pletum	ausfüllen, vervollständigen

31,1 nec minus, quam und wie – **est pollicitus** im Dt. Plqpf. – **alliciebat** imperf. de conatu

2 **huic rei** (!) dat. fin. – **quorum quisque ... posset** H 14

4 **imperat** hat zwei Akk.-Objekte: 1. **certum numerum militum**; 2. den indir. Fragesatz **quam ante diem ... velit**; der indir. Fragesatz ist in einen Relativsatz **quem ... adduci velit** einbezogen; im Dt.: ‚die sie bis zu einem bestimmten Tage ... führen sollten' (zum Konj. vgl. auch H 14) – **id, quod Avarici deperierat** H 5

5 conducere, -duxi, -ductum	zusammenführen, anwerben, mieten
36,1 proelium equestre, proelii equestris, n.	Reitergefecht
levis, e	leicht, unbedeutend
perspicere, -spicio, -spexi, -spectum	besichtigen, genau besehen; durchschauen, erkennen – *Perspektive*
situs, us, m.	Lage – *Situation*
altus, a, um	hoch, tief
aditus, us, m.	Zugang
difficilis, e	schwierig – *diffizil*
oppugnatio, onis, f.	Angriff, Sturmangriff
desperare (de)	verzweifeln (an), die Hoffnung aufgeben (auf) – *desperat*
obsessio, onis, f.	Belagerung, Blockade
constituere,- tui, -tutum	hinstellen, festsetzen, beschließen – *Konstitution*

5 **ab senatu nostro amicus erat appellatus** T 20 – **et** (eorum,) **quos**

36,1 **quintis castris** abl. temporis: als zum fünften Mal ein Lager aufgeschlagen wurde = am fünften Tag; zur normalen Marschleistung T 39 – **equestrique ... proelio ... facto** übersetze den abl. abs. beiordnend zu **pervenit;** beginne dann mit **perspecto urbis situ** einen neuen Hauptsatz – **in altissimo monte** Gergovia lag etwa 300 Meter über der Ebene; T 45 – **omnes aditus difficiles habebat** difficiles steht prädikativ zu aditus; omnes = lauter, nur – **de oppugnatione ..., de obsessione** adversatives Asyndeton H 1; zur Sache T 42 – **non prius ..., quam ... expedisset** H 15 b; zum Tempus expedisset H 11

expedire, -pedivi, -peditum	befreien; besorgen, ermöglichen, regeln – *Expedition*
2 prope (acc.)	in der Nähe von, nahe bei
mediocris, e	mittelmäßig, gering
circum (acc.)	rings um, ... herum
intervallum, i, n.	Zwischenraum, Abstand – *Intervall*
separatim	getrennt, gesondert – *separat*
singuli, ae, a	einzelne, jeder (einzelne) – *Singular, singulär*
collocare	aufstellen, hinstellen – *lokal*
iugum, i, n.	Joch, Kamm, Höhenzug
collis, is, m.	Hügel
occupare	besetzen – *Okkupation*
qua (= qua via)	wo
dispicere, -spicio, -spexi, -spectum	erblicken, wahrnehmen, deutlich sehen
horribilis, e	schauerlich, furchtbar
praebere, -beo, -bui, -bitum	darreichen, gewähren, bieten
3 consilium capere, capio, cepi, captum	einen Plan (Entschluss) fassen

2/3/4 Gliedere die lange Periode in mehrere Hauptsätze aus folgenden Abschnitten: 1. at Vercingetorix castris ... positis (beiordnen) ... collocaverat; 2. atque ... occupatis (kausal) ... praedebat; 3. principesque ... videretur; 4. neque ullum ... periclitaretur

3 **principesque earum civitatum, quos ... delegerat** = eos principes civitatum, quos ...; der Relativsatz sagt aus, dass V. nicht alle principes zur Beratung hinzuzieht – **seu quid communicandum seu quid administrandum** (sibi) **videretur** mochte es ihm nun richtig (gut) erscheinen, ... (H 12)

deligere, -legi, -lectum	auswählen
prima luce	bei Tagesanbruch
cotidie	täglich
seu – seu (= sive – sive)	sei es, dass – sei es, dass; ob – oder
communicare (cum)	teilen (mit), mitteilen, vereinbaren – *Kommunikation*
administrare	verrichten, verwalten; anordnen, regeln – *Administration, Administrative*
4 ullus, a, um	irgend einer
intermittere, -misi, -missum	dazwischenschicken, unterbrechen, auslassen
intericere, -icio, -ieci, -iectum	dazwischenwerfen, einschieben – *Interjektion*
sagittarius, i, m.	Bogenschütze
quisque, quaeque, quidque (quodque)	jeder
animus, i, m.	Herz, Geist, Mut – *animieren*
virtus, tutis, f.	Fähigkeit, Tüchtigkeit; Tugend; Tapferkeit
periclitari	versuchen, erproben
5 radix, radicis, f.	Wurzel; Fuß (eines Berges) – *radikal, Radieschen*
egregius, a, um	ausgezeichnet, vorzüglich
munire	befestigen – *Munition*
circumcisus, a, um	rings umschnitten, ringsum steil abfallend
tenere, teneo, tenui, tentum	halten, besetzt halten

4 **interiectis sagittariis** ‚an dem er Bogenschützen teilnehmen ließ'; zur Sache vgl. 31,4 – **animi ac virtutis** gen. part. zu **quid**; Hendiadyoin H 2

5 **e regione** gegenüber – **sub ipsis radicibus** unmittelbar am Fuß – **si tenerent** H 11

pabulatio, onis, f.	Beschaffung von Futter
liber, libera, liberum	frei – *liberal, Liberalismus*
prohibere, -hibeo, -hibui,	fern Halten, abwehren, hindern
6 praesidium, i, n.	Schutz, Posten, Besatzung – *Präsidium*
infirmus, a, um	schwach
7 silentium, i, n.	Schweigen, Stille – *Silentium*
egredi, egredior, egressus sum	herausgehen, ausrücken, verlassen
subsidio venire	zu Hilfe kommen
deicere, -icio, -ieci, -iectum	herabwerfen, vertreiben
potiri, potior, potitus sum (abl.)	sich bemächtigen, erobern
fossa, ae, f.	Graben
duplex, icis	doppelt – *Duplikat*
duodeni, ae, a	je zwölf
pes, pedis, m.	Fuß (T 41) – *Pedal*
tuto	sicher, geschützt
repentinus, a, um	plötzlich
incursus, us, m.	Einfall, Angriff, Überfall
commeare	hin und her gehen, kommen
44,1 cogitare	bedenken, überlegen
accidit, accidit (accidere)	es ereignet sich, geschieht, stößt jm. zu, widerfährt jm.

6 **non infirmo** Litotes H 2
7 **egressus ... deiecto ... potitus** bilde aus den Partizipien im Dt. eine Satzreihe und beginne mit **duas ibi legiones collocavit** ein neues Satzgefüge – **priusquam ... posset** H 15 b
44,1 **haec cogitanti accidere visa est** accidere hier: sich bieten – **in minora castra** vgl. 36,5–7 – **qui superioribus diebus ...** ‚während' man doch ...'

facultas, atis, f.	Fähigkeit, Möglichkeit, Gelegenheit – *fakultativ, Fakultas, Fakultät*
rem bene gerere, -gessi, gestum	glücklich kämpfen
opus, eris, n.	Arbeit, Werk, Schanzarbeit – *Opus*
animadvertere, -verti, -versum	bemerken, wahrnehmen, erkennen
nudare	entblößen
prae (abl.)	vor
cernere, crevi, cretum	unterscheiden, sehen, wahrnehmen
2 admirari	sich wundern, bewundern
quaerere, quaesivi, quaesitum	suchen, fragen
perfuga, ae, m.	Flüchtling, Überläufer
confluere, -fluxi, –	zusammenfließen, -strömen
3 constat, -stitit	es steht fest – *konstant, Konstante*
dorsum, i, n.	Rücken
iugum, i, n.	Joch, Kamm, Bergrücken
aequus, a, um	gleich, eben, gerecht – *Äquator, adäquat*
angustus, a, um	eng, beschränkt
qua (= qua via)	wo
aditus, us, m.	Zugang
4 vehementer	sehr, nachdrücklich, heftig – *vehement*

3 **dorsum** das Gelände an der (von den Römern nicht einsehbaren) Rückseite des Hügels, das eine langsam ansteigende Ebene darstellte (**prope aequum**)

4 **huic loco** dat. commodi – **nec iam aliter sentire,..., quin...viderentur** sie seien schon keiner anderen

aliter	anders
sentire, sensi, sensum	fühlen, meinen – *sensibel, sensitiv, Sensation*
amittere, amisi, amissum	verlieren
paene	beinahe, fast
circumvallare	mit einem Wall umgeben
exitus, us, m.	Ausgang, Ausweg, Ende, Tod
pabulatio, onis, f.	Beschaffung von Futter
intercludere, -clusi, -clusum	abschneiden, trennen
5 munire, -ivi, -itum	befestigen – *Munition*
evocare	aufrufen, aufbieten
45,1 complures, a	mehrere – *Plural, pluralistisch*
turma, ae, f.	Schar, Abteilung (T 33)
eo	dorthin, dahin
de media nocte	gleich nach Mitternacht
paulum	ein wenig
tumultuosus, a, um	geräuschvoll, lärmend – *Tumult*
pervagari	umherstreifen – *Vagabund, Vagant*
2 iumenta, orum, n.	Zugvieh, Pferde (T 35)
mulus, i, m.	Zuchtesel, Maultier
stramentum, i, n.	Stroh; Packsattel

Meinung mehr, als dass sie schienen = sie glaubten bereits fest, sie seien ... – **uno colle ab Romanis occupato** vgl. 36,5–7 **si ... amisissent** H 11 – **ad hunc muniendum locum omnes ... evocatos** (esse) deshalb waren also oben auf der Höhe an diesem Tage keine Menschen zu sehen

45,1 **paulo** abl. mensurae

2 **iumentorum ... mulorumque** der zweite Begriff erläutert den ersten (-que = und zwar) – **equitum specie ac simulati-**

detrahere, -traxi, -tractum	abziehen, abnehmen
mulio, onis, m.	Maultiertreiber
cassis, idis, f.	Helm (T 33)
species, ei, f.	Schein, Anschein, Aussehen – *Spezies, speziell, Spezial-*
simulatio, onis, f.	Schein, Verstellung – *simulieren, Simulant*
circumvehi, -vectus sum	herumreiten, umherreiten
3 latus, a, um	breit, weit, ausgedehnt
ostentatio, onis, f.	das Zeigen, Prahlen, Prahlerei – *ostentativ*
circuitus, us, m.	Umkreis, Umfang
4 procul	von fern, aus der Ferne
despectus, us, m.	Herabblicken, Ausblick
explorare	erforschen, feststellen, ausmachen
5 inferior, ius (Kompar.)	der untere, niedere – *inferior*

one H 2; im Dt.: wie Reiter – **collibus circumvehi** auf den Anhöhen herumreiten (als wollten sie auf die andere Seite der Stadt; vgl. 44,3)

3 **paucos ... equites, qui latius ... vagentur** wirkliche Reiter, die weiter (vom römischen Lager aus = näher an die Feinde heran) ausgreifen sollten (H 14): **ostentationis causa** um sich zu zeigen (und so den Galliern glaubhaft zu machen, dass es sich bei allen Berittenen um wirkliche Reiter handle) – **easdem onmes iubet petere regiones** die Stellen, an denen Vercingetorix Befestigungen anlegen lässt (44,5); omnes ist Subj.-Akk. des a. c. i.

4 **ut erat ...** wie, da ja, denn ... – **neque** aber nicht – **tanto**
5 **spatio** abl. causae – **certi** gen. part. zu **quid**
eodem iugo wie § 2 collibus; die Legion soll von Gergovia aus zunächst sichtbar sein – **inferiore ... loco** in einer Senke

constituere, -tui, -tutum	hinstellen, aufstellen, festsetzen, beschließen – *Konstitution*
6 augere, augeo, auxi, auctum	vermehren, vergrößern – *Auktion*
suspicio, onis, f.	Verdacht, Vermutung – *suspekt*
illo	dorthin
munitio, onis, f.	Verschanzung, Befestigung – *Munition*
7 vacuus, a, um	leer, frei – *Vakuum*
conspicari	erblicken
tegere, texi, tectum	decken, bedecken
insigne, is, n.	Kennzeichen, Abzeichen – *Insignien*
signum militare, signi militaris, n	Feldzeichen, Fahne (T 37)
rarus, a, um	selten – *rar, Rarität*
praeficere, -ficio, -feci, -fectum (dat.)	an die Spitze stellen, das Kommando übertragen – *Präfekt*
ostendere, -tendi, -tentum	entgegenstrecken, zeigen – *ostentativ*
8 imprimis (in primis)	unter den Ersten, besonders – *primär*
continere, -tineo, -tinui, -tentum	zusammenhalten, enthalten; zurückhalten – *Kontinent*
praeda, ae, f.	Beute

6 **illo ad munitionem** die Befestigung in 44,5
7 **vacua castra hostium** vacua prädikativ; gemeint ist der collis nudatus (44,1) – **raros milites** raros prädikativ: einzeln, in kleinen Gruppen – **quid fieri velit** H 5

progredi, -gredior, -gressus sum	vorrücken, Fortschritte machen – *progressiv, Progression*
9 iniquitas, atis, f.	Ungleichheit, Ungerechtigkeit, Ungunst
incommodum, i, n.	Nachteil, Schaden
proponere, -posui, -positum	vorstellen, darlegen, erklären
vitare	meiden, vermeiden
occasio, onis, f.	Gelegenheit
10 ascensus, us, m.	Anstieg, Aufstieg
46,1 murus, i, m.	Mauer
planities, ei, f.	Ebene
initium, i, n.	Anfang, Beginn – *Initiative*
rectus, a, um	gerade, richtig
regio, onis, f.	Richtung, Gegend – *Region, regional*
amfractus, us, m.	Biegung, Krümmung
intercedere, -cessi, -cessum	dazwischentreten
2 quidquid	alles, was
huc	hierher, hierhin
circuitus, us, m.	Umfang, Umkreis, Umweg

9 **incommodi** gen. part. zu **quid** – **una celeritate** una prädikativ; im Dt.: nur, allein – **occasionis esse rem, non proelii** es komme auf die Ausnutzung der günstigen Gelegenheit (= auf einen Handstreich) an, nicht auf einen richtigen Kampf

46,1 **a planitie atque initio ascensus** der zweite Ausdruck erläutert den ersten – **recta regione** in gerader Richtung = in der Luftlinie – **intercederet** im Dt. Plqpf.

2 **circuitus** gen. part. zu **quidquid** – **huc** hierzu, d. h. zu den mille ducenti passus – **spatium itineris** die Länge des Anmarsches zur Stadt

mollire, mollivi, mollitum	weich machen, erweichen, mäßigen – *moll, mollig*
clivus, i, m.	Steigung, Abhang, Hügel
accedere, -cessi, -cessum	hinzukommen; sich nähern
3 grandis, e	groß, bedeutend
saxum, i, n.	Fels, Stein
tardare	verlangsamen, aufhalten, hemmen
praeducere, -duxi, -ductum	davorziehen, vor etwas ziehen
superior, ius (Kompar.)	der obere, höhere
usque ad (acc.)	bis zu
densus, a, um	dicht
complere, -pleo, -plevi, -pletum	anfüllen, füllen – *komplett*
4 transgredi, -gredior, -gressus sum	überschreiten, übersteigen
trini, ae, a	(je) drei
potiri, potior, potitus sum (abl.)	sich bemächtigen, erobern
5 tabernaculum, i, n.	Zelt – *Tabernakel*
opprimere, -pressi, -pressum	unterdrücken, überfallen, überraschen
meridies, ei, m.	Mittag

3 **a medio ... colle** auf halber Höhe des Abhangs – **in longitudinem, ut natura montis ferebat** die Mauer verläuft nicht geradlinig, sondern passt sich in ihrer Längsrichtung dem Gelände an (wie eine Höhenlinie auf der Karte); ferre hier: mit sich bringen – **sex pedum** gen. qual. – **qui ... tardaret** H 14 – **densissimis castris compleverant** ‚dicht mit Lagern besetzen'; castra hier pluralisch gebraucht; zur Sache vgl. 36,2
4 **dato signo** T 40

conquiescere, -quievi, –	ruhen, sich ausruhen, sich zur Ruhe legen
nudus, a, um	unbekleidet, nackt
vix	kaum, eben, gerade (noch)
praedari	Beute machen
se eripere, eripio, eripui, –	sich befreien, sich retten

47,1 consequi, -sequor, -secutus sum — erreichen; verfolgen – *Konsequenz, Konsekutivsatz*
animo proponere, -posui, -positum — sich vornehmen
receptus, us, m. — Rückzug, Zuflucht
receptui canere, cecini, – — zum Rückzug blasen
continuo — unmittelbar, sofort – *kontinuierlich, Kontinuität*
signum, i, n. — Zeichen, Feldzeichen (T 37) – *Signal*
consistere, -stiti, – — sich aufstellen, Halt machen, sich niederlassen

2 at — aber, dagegen, jedoch
sonus, i, m. — Ton – *sonor*
tuba, ae, f. — Trompete (T 37)
satis — genug; ziemlich – *satt*
vallis, is, f. — Tal
intercedere, -cessi, -cessum — dazwischentreten, -kommen
tribunus militum, tribuni militum, m. — Tribun (T 34)

5 Teutomatus vgl. 31,5 – **oppressus** mache das part. coni. zum Prädikat des ut–Satzes und beginne mit **vulnerato equo** ... einen neuen Hauptsatz

47,1 id, quod animo proposuerat H 5

2 non audito sono tubae übersetze den abl. abs. als Hauptsatz – **retinebantur** imperf. de conatu; übersetze aktivisch

legatus, i, m.	Legat (T 34)
praecipere, -cipio, -cepi, -ceptum	vorschreiben, anordnen
retinere, -tineo, -tinui, -tentum	zurückhalten, festhalten
3 elatus, a, um	erhoben, ermutigt
secundus, a, um	der folgende, zweite; günstig – *Sekunde, sekundär, Sekundar-*
adeo	bis dahin, so sehr
arduus, a, um	steil, schwierig
4 vero	in Wahrheit, aber
oriri, orior, ortus sum	entstehen, sich erheben – *Orient*
clamor, oris, m.	Geschrei, Rufen
repentinus, a, um	plötzlich
tumultus, us, m.	Aufruhr, Unruhe, Lärm; Aufstand, Empörung – *Tumult*
intra (acc.)	innerhalb, im Innern – *intern*
eicere, eicio, eieci, eiectum	herauswerfen
5 vestis, is, f.	Kleidung, Kleid – *Weste*
argentum, i, n.	Silber

3 **celeris victoriae** gen. obi. zu spe – **nihil ... arduum sibi (esse) existimabant** sibi ist dat. commodi – **quod ... possent** H 14 – **neque prius ..., quam ... appropinquarent** H 15 b
4 **ex omnibus urbis partibus orto clamore** übersetze den abl. abs. beiordnend zu (ii,) **qui longius aberant, ..., sese ex oppido eiecerunt** – **repentino tumultu perterriti** H 8
5 **vestem argentumque** hier kollektiv gebraucht: Decken, Teppiche; Silberzeug, Schmuck – **ut sibi parcerent neu, sicut**

iactare	werfen, schleudern
pectus, oris, n.	Brust
prominere, -mineo, -minui, –	hervorragen, sich vorbeugen – *Prominenz*
pandere, pandi, passum	ausbreiten, ausstrecken – *Expansion*
obtestari	beschwören, bitten
parcere, peperci, - (dat.)	schonen, verschonen, sparen
neu (= neve; nach ut, ne)	und nicht, oder nicht, noch
sicut	wie
mulier, eris, f.	Weib, Frau
ne ... quidem	nicht einmal
infans, infantis, m.	Kind – *Infant*
abstinere, -tineo, -tinui, – (abl.)	abhalten, sich enthalten – *Abstinenz*
6 demittere, -misi, -missum	herabschicken, -lassen, abdanken – *demissionieren*
7 excitare	antreiben, anfeuern
committere, -misi, -missum	zulassen, erlauben – *Kommissar, Kommission*
prius	früher, eher – *Priorität*
nancisci, -ciscor, nanctus (nactus) sum	(zufällig) bekommen, erreichen
manipularis, is, m.	(gemeiner) Soldat (eines Manipels; T 32)

Avarici fecissent, ne ... quidem ... abstinerent sie sollten sie schonen und nicht – wie sie es in Avaricum getan hätten – sich nicht einmal ... enthalten = sie sollten sie schonen und sich – anders als in Avaricum – nicht ... vergreifen – **per manus** ‚an den Händen'
7 **quem ... constabat** H 16 – **Avaricensibus praemiis** nimmt Bezug auf 27,2 (hier nicht aufgenommen) – **tres suos nactus** er griff sich drei seiner Soldaten

sublevare	emporheben, unterstützen
exceptare	ergreifen, anfassen
efferre, -fero, extuli, elatum	heraustragen, verbreiten, emporheben
48,1 interim	inzwischen
primo	zuerst, zunächst – *primär*
inde	von da, von dort; dann (= deinde)
creber, bra, brum	dicht, häufig, zahlreich
incitare	erregen, beunruhigen
praemittere, -misi, -missum	vorausschicken – *Prämisse*
cursus, us, m.	Lauf, Ritt, Fahrt; Eile; Richtung – *Kurs*
contendere, -tendi, -tentum	sich anstrengen, eilen, kämpfen
2 sub (abl.)	unter, unten an
3 tendere, tetendi, tentum	ausstrecken, spannen – *Tendenz, tendieren*
capillus, i, m.	Haar – *Kapillare*
ostentare	zeigen, hinweisen auf – *ostentativ*
in conspectum proferre	vor Augen halten
4 aequus, a, um	gleich, billig – *Äquator, adäquat*

48,1 Mache aus dem abl. abs. **exaudito clamore** und dem part. coni. **incitati** zwei Prädikate eines Hauptsatzes (Subj.: interim ii ...) und beginne mit **prämissis equitibus** einen neuen Satz – **oppidum ... teneri** ist Inhalt von **crebris nuntiis** – **magno cursu** im Laufschritt

2 **primus** prädikativ; im Dt.: gerade

3 **passum** aufgelöst

4 **nec loco nec numero** abl. lim. – **spatio pugnae** spatium hier: Dauer – **non facile** Litotes H 3

contentio, onis, f.	Streit, Kampf
defatigatus, a, um	erschöpft, ermüdet
recens, entis	jüngst, frisch, neu
integer, gra, grum	unversehrt, unberührt – *integer, integrieren*
sustinere, -tineo, -tinui, –	aushalten, aufhalten, standhalten
49,1 iniquus, a, um	ungleich, ungünstig, ungerecht
praemetuere, -metui, – (dat.)	im Voraus fürchten (für), besorgt sein (um)
infimus, a, um	der unterste
latus, eris, n.	Seite, Flanke
2 depellere, -puli, -pulsum (abl.)	vertreiben (von)
insequi, -sequor, -secutus sum	nachsetzen, verfolgen
3 paulum	ein wenig
eventus, us, m.	Ausgang, Erfolg – *eventuell*
50,1 acer, acris, acre	scharf, spitz, heftig
comminus	im Nahkampf, Mann gegen Mann

49,1 **minoribus castris** vgl. 36,7 – **misit** das Objekt ist zu ergänzen: Boten mit dem Befehl – **sub infimo colle** d. h. am Fuß des Berges von Gergovia

2 **ut . . . terreret** Finalsatz, abhängig von **constitueret**; von terreret ist (wie von einem Verbum des Hinderns) abhängig **quo minus . . . insequerentur**: die Feinde davon abzuhalten, zu . . . – **vidisset** H 11

3 **ex eo loco . . ., ubi constiterat** aus seiner bisherigen Stellung (vgl. 47,1)

50,1 **ab latere nostris aperto** nostris ist dat. incommodi – **Haedui** vgl. 45,10

confidere, -fisus sum (abl.)	vertrauen (auf)
apertus, a, um	offen, ungedeckt, ungeschützt
ascensus, us, m.	Aufstieg, Anstieg
distinere, -tineo, -tinui, -tentum	auseinander halten, abhalten
2 similitudo, dinis, f.	Ähnlichkeit
tametsi	obgleich, obwohl, wenn auch
umerus, i, m.	Schulter
exserere, -serui, -sertum	herausstrecken, entblößen
insigne, is, n.	Kennzeichen, Abzeichen – *Insignien*
pangere, pepigi, pactum	einschlagen, festlegen, verabreden – *Pakt*
fallere, fefelli, –	täuschen, betrügen
3 praecipitare	herab-, hinabstürzen
4 excidere, -cidi, -cisum	einhauen, zertrümmern
sibi desperare	für sich nichts mehr hoffen, sich aufgeben
manipularis, e	zum Manipel gehörig, gemeiner (Soldat) (T 32)
una	zusammen – *Union*
certe	sicherlich, wenigstens
quidem	zwar, wenigstens, jedenfalls

2 **quod ... consuerat** (= consueverat) der Relativsatz bezieht sich auf **dextris umeris exsertis** (abl. qual.) – **insigne** prädikativ

3 **L. Fabius centurio** vgl. 47,7

4 Mache das part. coni. **oppressus** zum Prädikat eines ersten Hauptsatzes, ebenso dann **sibi desperans** (dazu kausal der abl. abs. **multis ... acceptis**) – **cupiditate gloriae** (gen. obi.) **adductus** H 8

prospicere, -spicio, -spexi, -spectum	sorgen für (dat.), vorausschauen (acc.) – *Prospekt*
cupiditas, atis, f.	Begierde, Verlangen
5 facultatem dare	Gelegenheit bieten – *Fakultas, fakultativ*
consulere, -sului, -sultum	sorgen für (dat.); um Rat fragen (acc.) – *Konsul, Konsultation*
simul	zugleich, gleichzeitig – *simultan*
irrumpere, -rupi, -ruptum	einbrechen, eindringen
submovere, -moveo, -movi, -motum	wegbewegen, wegräumen, entfernen
6 auxiliari	helfen
subvenire, -veni, -ventum	zu Hilfe kommen, unterstützen – *Subvention, subventionieren*
vis, vim, vi, f.; Plural: vires, virium	Kraft, Macht, Gewalt
deficere, -ficio, -feci, -fectum	nachlassen, schwinden, abnehmen – *Defekt, Defizit*
proinde	daher, folglich
dum	während; solange (als, bis)
concidere, -cidi, –	zusammenfallen, fallen
saluti esse	Rettung bringen, retten
51,1 undique	von allen Seiten
premere, pressi, pressum	bedrängen, bedrücken – *Presse, Pression*
deicere, -icio, -ieci, -iectum	hinabwerfen, vertreiben
intolerans, antis	unerträglich, ungestüm – *intolerant*

5 **data facultate** ‚solange ...'

tardare	aufhalten, hemmen – *retardieren*
pro (abl.)	vor, für, anstatt, als; im Verhältnis zu – *Prozent*
subsidium, i, n.	Beistand, Hilfe
consistere, -stiti, –	sich aufstellen, Halt machen
2 excipere, -cipio, -cepi, -ceptum	ausnehmen, abfangen, aufnehmen
3 ubi primum	sobald
planities, ei, f.	Ebene
attingere, -tigi, -tactum	berühren, erreichen
infestus, a, um	feindlich, feindselig
4 radix, icis, f.	Wurzel; Plural: Fuß (eines Berges) – *radizieren, Radieschen, radikal*
desiderare	sich sehnen nach, vermissen
52,1 contio, onis, f.	Zusammenkunft, Versammlung
temeritas, atis, f.	Unbesonnenheit, Leichtsinn
reprehendere, -hendi, -hensum	tadeln, zurechtweisen
iudicare	urteilen, meinen, glauben
quo	wohin
procedere, -cessi, -cessum	vorrücken, ziehen – *Prozess*

2 **ceperant locum superiorem** sie waren also vom Fuß des Berges (49,1) weiter bergauf gerückt

3 **infestis contra hostem signis constiterunt** sie machten Halt mit der Front gegen den Feind

4 **paulo minus** ‚fast'

52,1 **quod ... iudicavissent/constitissent/putuissent** coni. obl. H 12 – **sibi ipsi iudicavissent** ‚sich ein Urteil (darüber) anmaßen' – **quo procedendum aut quid agendum** (esse) **videretur** wohin man vorrücken oder was man tun (zu) müsse(n scheine)

2 exponere, -posui, -positum	herausstellen, darlegen, erklären – *exponieren, Exponent*
iniquitas loci	Ungunst des Geländes, ungünstiges Terrain
sentire, sensi, –	fühlen, merken – *sensibel*
deprehendere, -hendi, -hensum	abfangen, überraschen
exploratus, a, um	erforscht, gewiss, sicher
dimittere, -misi, -missum	wegschicken, entlassen, aufgeben
modo	nur
detrimentum, i, n.	Schaden, Niederlage
contentio, onis, f.	Streit, Kampf
accidit, accidit (accidere)	es ereignet sich, geschieht, stößt jm. zu, widerfährt jm.
3 quantopere – tantopere	wie (sehr) – so (sehr)
magnitudo animi	Mut, Beherztheit, Tapferkeit
licentia, ae, f.	Erlaubnis, Willkür – *Lizenz*
arrogantia, ae, f.	Anmaßung – *Arroganz*
plus sentire de	mehr verstehen von, richtiger urteilen über
exitus, us, m.	Ausgang, Erfolg
4 non minus ... quam	ebensosehr ... wie
modestia, ae, f.	Bescheidenheit, Mäßigung
53,1 continentia, ae, f.	Selbstbeherrschung, Zucht
contionem habere	eine Versammlung abhalten, eine Rede halten
ad extremum	zuletzt – *Extrem*

2 **victoriam dimisisset** ‚auf den Sieg verzichten'
3 **quos ... potuisset** H 14 – **reprehendere** Subj.: se
53,1 Gliedere den Satz im Dt. in zwei Hauptsätze aus folgenden Abschnitten: 1. hac habita contione et ... confirmatis militibus, ne ... tribuerent; 2. eadem de profectione cogitans

confirmare	befestigen, ermutigen, versichern, erklären – *Konfirmation*
ob (acc.)	wegen
afferre, -fero, attuli, allatum	herbeibringen, -führen
tribuere, -bui, -butum	zuteilen, zuschreiben – *Tribut*
profectio, onis, f.	Aufbruch, Abmarsch
aciem constituere, -tui, -tutum	das Heer zur Schlacht aufstellen
2 nihilo minus	um nichts weniger, nichtsdestoweniger, trotzdem
aequus, a, um	gleich, eben, billig, gerecht – *Äquator, adäquat*
descendere, -scendi, -scensum	herabsteigen
levis, e	leicht
atque is	und zwar
secundus, a, um	folgender, zweiter; günstig – *Sekunde, sekundär, Sekundar-*
3 ostentatio, onis, f.	das Zeigen, Prahlen, Prahlerei – *ostentativ*
minuere, -nui, -nutum	verringern, vermindern – *Minute, Minuend*
castra movere	marschieren, aufbrechen
4 ne ... quidem	nicht einmal
reficere, -ficio, -feci, -fectum	wiederherstellen, erfrischen – *Refektorium*

constituit – **animo permoverentur** ‚unmutig werden' –
2 **in aequum locum** die Ebene – **atque eo** und zwar
54,1 **appellatus** appellare hier: ansprechen, um eine Unterredung bitten – **ipsos:** Viridomarus und Eporedorix

54,1 discere, didici, – lernen, erfahren
sollicitare aufwiegeln
opus est es ist geholfen mit, es ist nötig

antecedere, -cessi, -cessum vorausgehen, übertreffen
2 perfidia, ae, f. Treuelosigkeit, Untreue
discessus, us, m. Abzug, Weggang
maturare beschleunigen, eilen
defectio, onis, f. Mangel, Abfall – *Defekt, Defizit*

iniuriam inferre Unrecht tun, Gewalt antun
suspicionem dare Verdacht erwecken
3 brevis, e kurz – *Brevier*
meritum, i, n. Verdienst – *Meriten*
4 humilis, e niedrig, schwach
compellere, -puli, -pulsum zusammentreiben, drängen
multare bestrafen
eripere, eripio, eripui, ereptum herausreißen, entreißen, plündern
copia, ae, f. Menge, Fülle, Vorrat; Plural: Machtmittel, Besitz, Truppen

imponere, -posui, -positum daraufsetzen, auferlegen – *imponieren*

2 **perspectam habebat** H 10 – **ne aut ... videretur aut daret ...** um weder den Anschein zu erwecken, ..., noch Anlass zu dem Verdacht zu geben, ...
4 Satzbau: quos (relativ. Anschluss) et quam humiles accepisset ... et quam in fortunam quamque in amplitudinem duxisset; Konj. der indir. Frage – **compulsos in oppida** ... übersetze bis **extortis** in Parenthese; zur Sache vgl. I 31,1–9; 33,2 – **multatos agris** zur Strafe ihrer Äcker beraubt – **his datis mandatis** die beiden sollen Caesars Worte an die Häduer weitergeben

stipendium, i, n.	Sold, Löhnung; Steuer, Abgabe – *Stipendium*
obses, sidis, m.	Geisel, Bürge
contumelia, ae, f.	Schmach, Beleidigung
extorquere, -torqueo, -torsi, -tortum	entwinden, erpressen – *Tortur*
amplitudo, dinis, f.	Umfang, Bedeutung, Ansehen – *Amplitude*
pristinus, a, um	früher, alt
gratia, ae, f.	Ansehen, Gunst; Dank
mandatum, i, n.	Auftrag, Befehl – *Mandat, Mandant*
55,1 opportunus, a, um	günstig, geeignet, bequem – *Opportunist*
2 huc	hierher, hierhin
conferre, -fero, -tuli, collatum	zusammentragen, bringen – *Konferenz*
3 coemere, -emi, -emptum	zusammenkaufen, aufkaufen
4 status, us, m.	Stellung; Lage, Zustand – *Status quo*
cognoscere, -gnovi, -gnitum (de)	erkennen, kennen lernen, erfahren (von) – *kognitiv*

55,1 **Noviodunum** T 45 – **ad ripas Ligeris** Plural zur Bezeichnung der Ausdehnung; gemeint ist nur das rechte Ufer

2 **pecuniam publicam** die Staatskasse – **[suorum atque exercitus impedimentorum magnam partem]** diese Worte werden von den meisten Herausgebern athetiert; man kann in der Tat darauf hinweisen, dass der Leser in den folgenden §§ 5–8 zwar erfährt, was mit den Geiseln, dem Getreide, der Staatskasse und den Pferden (§ 3) geschieht, vom Tross aber mit keinem Wort gesprochen wird; überdies ist an keiner Stelle des BG von einem persönlichen Tross Caesars die Rede

pacem et amicitiam conciliare	Frieden und Freundschaft schließen – *konziliant*
publice	öffentlich, von Staats wegen – *publik*
praetermittere, -misi, -missum	vorüberlassen, fahren lassen
commodum, i, n.	Vorteil, Nutzen
5 custos, odis, m.	Wächter – *Kustos, Küster*
negotiari	Geschäfte treiben, machen
partiri, -tior, -titus sum	teilen – *Partei, partiell, Partitur*
7 usui esse	von Nutzen sein, nützlich sein
incendere, -cendi, -censum	anzünden, in Brand stecken
8 subito	plötzlich, augenblicklich
avehere, -vexi, -vectum	wegfahren, wegschaffen
incendium, i, n.	Brand
corrumpere, -rupi, -ruptum	verderben, vernichten, bestechen – *korrupt, Korruption*

4 **de statu civitatis** wird erläutert durch die drei a. c. i. in der Parenthese – **Bibracte** abl. (vgl. oppido recipere) – **quod est oppidum** H 6 – **maximae auctoritatis** gen. qual. – **Convictolitavem magistratum** magistratum hier: der oberste Beamte – **de pace et amicita concilianda** im Dt.: um . . .
5 **custodibus** die Besatzung, die Caesar in Noviodunum gelassen hatte – **quique** = et iis, qui
6 **ad magistratum** d. h. zu Convictolitavis (§ 4)
8 **frumenti** gen. part. zu **quod**; der Relativsatz ist Objekt zu **avexerunt – flumine atque incendio corruperunt** ‚in den Fluss schütten oder verbrennen'

9 cogere, coegi, coactum — zusammenbringen, drängen, zwingen
timorem inicere, -icio, -ieci, -iectum — Furcht einflößen – *Injektion*
ostentare — zeigen, hinweisen auf
ostentare — zeigen, hinweisen auf – *ostentativ*
excludere, -clusi, -clusum — ausschließen, abschneiden, hindern – *exklusiv*
10 nix, nivis, f. — Schnee
crescere, crevi, – — wachsen, zunehmen
omnino — im Ganzen, überhaupt, nur
vadum, i, n. — Untiefe, seichte Stelle – *Watt*
56,1 maturare — beschleunigen, eilen
censere, censeo, censui, – — schätzen, meinen, dafür halten, dass – *zensieren, Zensur*
periclitari — versuchen, Gefahr laufen
dimicare — kämpfen

---

9 **aesidia custodiasque** praesidia sind größere Abteilungen, die eine bestimmte Stelle schützen, custodiae sind Streifen, die eine Strecke kontrollieren – **si … possent** coni. obl. H 12; si = ob – **adductos inopia** H 8 – **in provinciam** in die provincia Narbonensis (T 12)

10 **quam ad spem adiuvabat** ‚bestärken in' – **quod** fakt. quod – **ex nivibus** infolge der Schneefälle

56,1 **si esset … periclitandum** der Bedingungssatz gehört zum ut-Satz; übersetze ihn unmittelbar hinter ut – **in perficiendis pontibus** ‚beim Bau einer Brücke'; der Plural steht, weil in diesem Augenblick noch mehrere Stellen für einen möglichen Brückenschlag in Frage kommen – **prius, quam essent** H 15 b

2 commutare	ändern, verändern – *Kommutativgesetz*
non nemo	mancher
quidem	zwar, wenigstens
necessario	notgedrungen
cum – tum	sowohl – als auch (besonders), nicht nur – sondern auch
infamia, ae, f.	übler Ruf, Schmach, Schande – *infam*
indignitas, atis, f.	Unwürdigkeit
oppositus, a, um	davorliegend, entgegengesetzt – *Opposition*
abiungere, -iunxi, -iunctum	trennen, abschneiden
3 admodum	über die Maßen, zu (sehr)
diurnus, a, um	bei Tag, Tages-
nocturnus, a, um	bei Nacht, Nacht-

2 **ne ... converteret** ist abhängig von **impediebat**; Subjekt von impediebat: cum infamia atque ... difficultas, tum maxime (id), quod (fakt. quod) – **commutato consilio** übersetze beiordnend zu converteret; zu seinem ursprünglichen Plan vgl. 43,5 – **infamia atque indignitas rei** (!) die Schmach und Schande, die in einem solchen Handel gelegen hätte – **abiuncto Labieno atque iis legionibus** dat. commodi zu timebat

/4/5 Gliedere die Periode im Dt. in mehrere Abschnitte: 1. itaque ... venit; 2. vadoque ... invento ... opportuno, ut (im Dt.: freilich von der Art, dass) ... esse possent; 3. disposito equitatu, qui ... refringeret (H 14), atque hostibus ... perturbatis (löse kausal auf) ... traduxit; 4. frumentumque ... nactus repleto ... exercitu ... instituit (übersetze in Form einer Aufzählung)

3 **magnis ... itineribus** T 39

4 invenire, -veni, -ventum	auf etwas stoßen, finden – *Invention*
necessitas, atis, f.	Notwendigkeit, Notlage
opinio, onis, f.	Ansicht, Meinung
bracchium, i, n.	Arm – *brachial*
modo	nur
umerus, i, m.	Schulter
sustinere, -tineo, -tinui, -tentum	aushalten, aufhalten
refringere, -fregi, -fractum	brechen, zerbrechen
5 aspectus, us, m.	Anblick, Aussehen – *Aspekt*
incolumis, e	heil, unversehrt
pecus, oris, n. (pecunia)	Vieh
copia, ae, f.	Fülle, Menge, Vorrat; Plural: Truppen, Machtmittel
nancisci, nanciscor, nanctus (nactus) sum	(zufällig) bekommen, erreichen
replere, -pleo, -plevi, -pletum	anfüllen, versorgen
instituere, -tui, -tutum	hinstellen, errichten; anordnen; beginnen – *Institution, Institut*
63,1 defectio, onis, f.	Abfall, Empörung; Mangel – *Defekt, Defizit*
cognoscere, -gnovi, -gnitum	kennen lernen, erfahren – *kognitiv*
augere, augeo, auxi, auctum	vermehren, vergrößern – *Auktion*
circummittere, -misi, -missum	herumschicken, umherschicken

4 **pro rei necessitate** in Anbetracht der Notlage – **ad sustinenda arma** sustinere hier: hochhalten
5 **incolumem** prädikativ
63,1 **circummittunt** Subjekt: Haedui

2 quantum — wieviel – *Quantum, Quantität*
gratia, ae, f. — Gunst, Dank; Einfluss
auctoritas, atis, f. — Ansehen, Einfluss – *Autorität*
valere, valeo, valui, – — stark sein, vermögen, gelten – *Invalide*
sollicitare — aufwiegeln
3 nancisci, nanciscor, nanctus (nactus) sum — (zufällig) bekommen, erreichen
obses, sidis, m. — Geisel, Bürge
deponere, -posui, -positum — ablegen, niederlegen – *Depot, deponieren*
supplicium, i, n. — Hinrichtung, Todesstrafe
dubitare — zögern, zaudern, Bedenken tragen; zweifeln
territare — heftig erschrecken – *Terror*
4 petere, petivi, petitum (a) — zu erreichen suchen; angreifen; (er)bitten – *Petition*
ratio, onis, f. — Berechnung, Überlegung, Vernunft, Art und Weise – *rational, rationell, Ration*
communicare — teilen (mit), mitteilen – *Kommunikation*
5 impetrare — (durch Bitten) erreichen
contendere, -tendi, -tentum — sich anstrengen, eilen, kämpfen

3 **horum supplicio dubitantes** horum meint die obsides, dubitantes die civitates; die Todesstrafe wurde zunächst nur angedroht
4 **rationes(que) belli gerendi communicet** ‚eine gemeinsame Strategie der Kriegsführung entwerfen'
5 **re impetrata** übersetze res immer durch ein Substantiv oder Pronomen, aber niemals mit ‚Sache'; den treffenden Ausdruck legt der Zusammenhang nahe; hier: dies, dieses Zu-

summa imperii	Oberbefehl – *Summe*
tradere, -didi, -ditum	übergeben, überliefern – *Tradition*
controversia	Streit – *Kontroverse*
deducere, -duxi, -ductum	herab-, hinabführen – *deduzieren*
totus, a, um	ganz – *total, totalitär*
concilium indicere	eine Versammlung (Landtag) einberufen – *Konzil*
6 undique	von allen Seiten
frequens, entis	zahlreich, häufig – *Frequenz*
permittere, -misi, -missum	überlassen, zulassen, erlauben
suffragium, i, n.	Abstimmung, Stimme
ad unum omnes	allesamt, alle ohne Ausnahme
probare	billigen, gutheißen, prüfen – *probieren, Probe*
7 abesse	entfernt sein; fehlen, nicht teilnehmen
premere, pressi, pressum	pressen, drängen – *Presse, Pression*
quare	weshalb?; deshalb

geständnis – **ea re in controversiam deducta** ‚es kommt zum Streit' – **Bibracte** Akk. der Richtung

6 **frequentes** prädikativ: ‚in großer Zahl' – **res** ‚die Entscheidung' – **imperatorem** prädikativ

7 **amicitiam Romanorum sequebantur** ‚den Römern die Treue halten' – **quae fuit causa** relativ. Anschluss; das Pronomen kongruiert im Genus mit dem Prädikatsnomen; im Dt.: ‚dies . . . ' – **toto . . . bello** abl. temp.

neuter, tra, trum	keiner (von beiden), keine Partei (von zweien) – *Neutrum, neutral*
auxilia, orum, n.	Hilfstruppen
8 dolor, oris, m.	Schmerz, Unmut
deicere, -icio, -ieci, -iectum	herabwerfen, verdrängen
principatus, us, m.	Vorrang, Vormachtstellung, Führung – *Prinzipat*
queri, queror, questus sum	sich beklagen – *Querulant*
commutatio, onis, f.	Veränderung, Wechsel – *Mutation*
indulgentia, ae, f.	Nachsicht, Gnade
requirere, -quisivi, -quisitum	wiederaufsuchen, zurückwünschen, erfordern – *Requisiten*
bellum suscipere	einen Krieg unternehmen, beginnen
separare	trennen – *separat*
audere, audeo, ausus sum	wagen, den Mut haben (zu)
9 invitus, a, um	unwillig, ungern
64,1 imperare	befehlen, zu stellen befehlen – *Imperativ*
denique	schließlich, endlich
constituere, -tui, -tutum	zusammenstellen, einrichten; beschließen – *Konstitution*
huc	hierher, hierhin

8 **magno dolore** abl. modi – **se deiectos** (esse) **principatu** ist Objekt zu **ferunt**

9 **inviti** prädikativ; übersetze modal: nur unwillig – **summae spei** gen. qual.: die sich große Hoffnung gemacht hatten

64,1 **ei rei** dat. fin.: dafür – **numero** abl. lim.

2 peditatus, us, m. — Fußvolk, Infanterie
contentus, a, um (abl.) — zufrieden (mit)
temptare — versuchen, herausfordern
acies, ei, f. — Schärfe, Schlachtreihe, Schlacht (T 37)
dimicare — kämpfen
quoniam — da ja, weil
abundare (abl.) — Überfluss haben (an)
perfacilis, e — sehr leicht
frumentatio, onis, f. — Getreideholen, Beschaffung von Getreide
pabulatio, onis, f. — Futterholen, Beschaffung von (Grün-)Futter
prohibere, -hibeo, -hibui, -hibitum (abl.) — fern Halten, abhalten (von)

3 aequus, a, um — gleich, eben; gerecht, billig – *Äquator, adäquat*
modo — nur
corrumpere, -rupi, -ruptum — bestechen, verderben, vernichten – *Korruption*
incendere, -cendi, -censum — anzünden, in Brand stecken
res familiaris, rei familiaris, f. — Privatbesitz, Vermögen, Habe – *familiär*
iactura, ae, f. — Verlust, Opfer

2 **fore** = futurum esse – **perfacile esse factu** factu ist Supinum II, im Dt. entbehrlich
3 **aequo . . . animo** abl. modi: mit Gleichmut, getrost – **frumenta** der Plural bezeichnet das Getreide auf den Feldern (der Singular das vom einzelnen römischen Soldaten als Proviant mitgeführte Getreide) – **corrumpant/incendant** Imperativ in indir. Rede H 13 – **qua rei familiaris iactura . . . videant** im Dt. Hauptsatz; videant H 11: sie würden sehen . . .

perpetuus, a, um	andauernd, immer während, ununterbrochen – *Perpetuum mobile*
consequi, -sequor, -secutus sum	verfolgen, erreichen – *Konsekutivsatz, Konsequenz*
4 finitimus, a, um	benachbart, angrenzend; subst.: (Grenz-)Nachbar
addere, -didi, -ditum	hinzufügen – *addieren*
5 praeficere, -ficio, -feci, -fectum (dat.)	an die Spitze stellen, das Kommando übertragen (über) – *Präfekt*
bellum inferre	den Krieg erklären, angreifen
6 proximus, a, um	nächster, letzter
pagus, i, m.	Gau, Bezirk
item	ebenso
depopulari	verwüsten, verheeren
7 nihilo minus	nichtsdestoweniger, trotzdem
clandestinus, a, um	heimlich
nuntius, i, m.	Bote, Botschaft – *Nuntius*
legatio, onis, f.	Gesandtschaft
mens, mentis, f.	Denken, Sinn, Gemüt – *Mentalität*
nondum	noch nicht

4 **his constitutis rebus** (!) – **provinciae** die provincia Narbonensis (T 12)
7 **nuntiis legationibusque** Boten an ihm persönlich bekannte Allobroger und offizielle Gesandtschaften – **quorum ... sperabat** a. c. i. im Relativsatz H 16; quorum mentes: ‚die' – **ab superiore bello** im Jahre 61 v. Chr. (T 8)

residere, -sideo, -sedi, –	sich (wieder) setzen, sich beruhigen – *Residenz*
sperare	hoffen
8 polliceri, -liceor, -licitus sum	versprechen
65,1 providere, -video, -vidi, -visum	voraussehen, besorgen (acc.); sorgen für (dat.) – *Provision, provisorisch*
praesidium, i, n.	Schutz, Besatzung – *Präsidium*
cohors, tis, f.	Kohorte (T 32)
cogere, coegi, coactum	zusammenbringen, drängen, zwingen
opponere, -posui, -positum	entgegensetzen, -stellen – *Opposition*
2 sua sponte	freiwillig, auf eigene Faust
proelio congredi, -gredior, -gressus sum	sich in einen Kampf einlassen – *Kongress*
pellere, pepuli, pulsum	vertreiben, schlagen, besiegen – *Puls*
complures, a	mehrere – *Plural, pluralistisch*
interficere, -ficio, -feci, -fectum	niedermachen, töten
intra (acc.)	innerhalb
compellere, -puli, -pulsum	zusammentreiben, drängen
3 creber, bra, brum	dicht, häufig, zahlreich
disponere, -posui, -positum	verteilen, (an verschiedenen Punkten) aufstellen – *disponieren, Disposition*

65,1 ab L. Caesare legato (T 36) ein Vetter des Statthalters – **ad omnes partes** nach allen Seiten hin

2 **Helvii sua sponte** ... die Helvier waren also dem Angriff ihrer Nachbarn (64,6) zuvorgekommen, hatten aber den Kürzeren gezogen – **intra oppida murosque** Hendiadyoin H 2

diligentia, ae, f.	Sorgfalt
tueri, tueor, –	anschauen; sichern, verteidigen
4 superior (Kompar.)	der obere, überlegene; subst.: Sieger
intellegere, -lexi, -lectum	einsehen, bemerken, verstehen – *Intellekt, Intelligenz*
intercludere, -clusi, -clusum (abl.)	abschließen, abschneiden (von)
iter, itineris, n.	Weg, Marsch, Reise
sublevare	emporheben, unterstützen
pacare (pax)	befrieden, unterwerfen
arcessere, -cessivi, -cessitum	herbeiholen
levis, e	leicht, unbedeutend
armatura, ae, f.	Bewaffnung – *Armaturen*
levis armatura	die Leichtbewaffneten (T 33)
proeliari	kämpfen
consuescere, -suevi, –	sich gewöhnen; Perf.: pflegen, gewohnt sein
5 adventus, us, m.	Ankunft – *Advent*
idoneus, a, um	geeignet, passend
tribunus militum	Militärtribun (T 34)
evocati, orum, m.	Freiwillige, Veteranen (T 34)
sumere, sumpsi, sumptum	nehmen, an sich nehmen

4 **equitatu** abl. lim. – **mittit** (nuntios) – **quas superioribus annis pacaverat** Caesar berichtete früher nur von der Unterwerfung der Ubier (VI 9,6) – **levis armaturae pedites** ‚leichtbewaffnetes Fußvolk' (T 36) – **qui inter eos proeliari consuerant** (= consueverant) diese Kampfesweise beschreibt Caesar I 48,5–7

distribuere, -bui, -butum	verteilen, einteilen – *Distributivzahl, -gesetz*
66,1 interea	inzwischen
dum	während; solange (bis, als)
gerere, gessi, gestum	tun, ausführen; Passiv: geschehen – *Geste*
2 extremus, a, um	äußerster, entferntester, letzter – *Extrem*
quo	wohin
subsidium, i, n.	Hilfe, Rückhalt; Plural: Reserve
circiter	ungefähr
trini, ae, a	(je) drei
3 praefectus, i, m.	Vorsteher, Anführer (T 34) – *Präfekt*
excedere, -cessi, -cessum	weggehen, räumen – *Exzess*
4 praesens, entis	gegenwärtig, anwesend – *Präsens, präsent*
obtinere, -tineo, -tinui, -tentum	innehaben, behaupten
satis	genug – *satt*
reliquum tempus, reliqui temporis, n.	Zukunft
otium, i, n.	Muße, Ruhe
parum	zu wenig
proficere, -ficio, -feci, -fectum	Fortschritte machen, ausrichten, nützen – *Profit*
reverti, -vertor, -verti	zurückkehren

66,1 **interea, dum haec geruntur** Pleonasmus H 4

4 **ad praesentem obtinendam libertatem** übersetze ad praesentem adverbiell: für den Augenblick – **reversuros neque ... facturos** (esse Romanos)

5 proinde — daher, deshalb
agmen, minis, n. — Zug, Heereszug
impeditus, a, um — behindert, nicht kampfbereit
adoriri, -orior, -ortus sum — angreifen
morari — sich aufhalten, aufhalten
confidere, -fisus sum — vertrauen – *Moratorium*
relinquere, -liqui, -lictum — zurücklassen, verlassen – *Reliquie, Relikt*
consulere, -sului, -sultum — sorgen für (dat.), um Rat fragen (acc.) – *Konsul, Konsultation*
necessarius, a, um — notwendig
dignitas, atis, f. — Würde, Stellung, Ansehen
spoliare — berauben
6 progredi, -gredior, -gressus sum — vorrücken – *progressiv, Progression*
modo — nur
audere, audeo, ausus sum — wagen, den Mut haben (zu)
ne ... quidem — nicht einmal
debere, -beo, -bui, -bitum — schulden, müssen, verdanken
dubitare — zögern, zaudern, Bedenken tragen; zweifeln
terrori esse — Angst einjagen; einschüchtern – *Terror*

5 **proinde ... adoriantur** Imperativ in indir. Rede H 13 – **id quod magis futurum** (esse) **confidat** H 16
6 **de equitibus hostium** was die Reiter der Feinde angehe, so ... – **id quo maiore faciant animo** nimmt adoriantur (§ 5) wieder auf; verwende: beherzter (kühner) angreifen

7 conclamare	zusammenrufen, rufen
sanctus, a, um	heilig, geweiht
ius iurandum, iuris iurandi, n.	Eid, Schwur
confirmare	bekräftigen, versichern, ermutigen – *Konfirmation*
oportet, oportuit (oportere)	es gehört sich, ist nötig
tecto recipere, -cipio, -cepi, -ceptum	ins Haus aufnehmen
aditus, us, m.	Zugang, Zuflucht, Aufnahme
	bis zweimal
perequitare	hindurchreiten
67,1 probare	billigen, gutheißen – *probieren, Approbation*
adigere, -egi, -actum	herantreiben; zu etw. drängen, treiben, bringen
posterus, a, um	der spätere
agmen primum	Vorhut
impedire, -pedivi, -peditum	hindern, sperren
incipere, incipio, coepi, inceptum	anfangen, beginnen
2 tripertito	dreigeteilt, in drei Teilen
3 una	zusammen, zugleich – *Union*
consistere, -stiti, –	sich aufstellen, Halt machen, sich niederlassen
impedimentum, i, n.	Hindernis; Plural: Gepäck (T 35)

7 **perequitarit** = perequitaverit; zum Tempus H 11

67,1 **probata re** (!) – **omnibus ius iurandum adactis** = omnibus ad ius iurandum actis – **ab duobus lateribus** d. h. des römischen Lagers

2 **tripertito divisum** Pleonasmus H 4

3 **impedimenta intra legiones recipiuntur** T 38

intra (acc.)	innerhalb
recipere, -cipio, -cepi, -ceptum	zurücknehmen, aufnehmen, abfangen – *Rezeption*
4 laborare	arbeiten, sich abmühen – *laborieren*
gravis, e	schwer, gewichtig – *Gravitation, gravierend*
premere, pressi, pressum	drücken, pressen, bedrängen – *Presse, Pression*
eo	dahin, dorthin
signa inferre	angreifen
aciem convertere, -verti, -versum	schwenken, Front machen
insequi, -sequor, -secutus sum	nachsetzen, verfolgen
tardare	verlangsamen, verzögern, aufhalten – *retardieren*
5 tandem	endlich, schließlich
iugum, i, n.	Joch, Kamm, Spitze (des Berges)
nancisci, nanciscor, nanctus (nactus) sum	(zufällig) erreichen
depellere, -puli, -pulsum (abl.)	herabtreiben, vertreiben
usque ad (acc.)	bis zu
6 animadvertere, -verti, -versum	bemerken, wahrnehmen, entdecken
circumvenire, -veni, -ventum	umringen, umzingeln
vereri, vereor, veritus sum	sich scheuen, fürchten
fugae se mandare	fliehen
caedes, is, f.	Gemetzel, Blutbad

4 **quae res** dieses Manöver – **auxilii** gen. obi.
6 **ne circumvenirentur** abhängig von **veriti**

7 nobilis, e	adlig, edel – *nobel*
controversia, ae, f.	Meinungsverschiedenheit, Streit – *Kontroverse*
comitia, orum, n.	Wahlversammlung
defectio, onis, f.	Mangel; Abfall – *Defekt, Defizit*
praeesse, -sum, -fui (dat.)	führen, leiten
contendere, -tendi, -tentum	sich anstrengen, eilen, kämpfen
68,1 fugare	verjagen, in die Flucht schlagen
collocare	aufstellen, hinstellen – *lokal*
protinus	sogleich, sofort
subsequi, -sequor, -secutus sum	auf dem Fuße folgen
2 praesidio relinquere	zum Schutz zurücklassen
quantum	wieviel, soweit – *Quantität, Quantum*
pati, patior, passus sum	leiden, lassen, zulassen, erlauben – *Patient, passiv*
circiter	ungefähr
agmen novissimum	Nachhut
alter, altera, alterum	der eine, der andere (von zweien)

7 **proximis comitiis** Caesar wendet einen römischen Begriff auf gallische Verhältnisse an (interpretatio Romana) – **Eporedorix** nicht der in Buch VII oft genannte Häduer

68,1 **Alesiam, quod est oppidum** H 6

2 **deductis/relictis/secutus** mache die drei Partizipien zu Prädikaten eines Hauptsatzes und beginne mit **circiter tribus milibus** ... einen neuen Satz – **ad Alesiam** ad bei Ortsnamen: in der Nähe von, bei

3 perspicere, -spicio, -spexi, -spectum	durchblicken, durchschauen – *Perspektive*
situs, us, m.	Lage – *Situation*
perterrere, -terreo, -terrui, -territum	sehr erschrecken – *Terror*
confidere, -fisus sum	vertrauen (auf)
pellere, pepuli, pulsum	treiben, schlagen, vertreiben – *Puls*
adhortari	ermahnen, anfeuern
labor, oris, m.	Arbeit, Mühe; Schanzarbeit – *Labor*
circumvallare	mit einem Wall umgeben
instituere, -tui, -tutum	anfangen, einrichten, beginnen – *Institution, Institut*
69,1 admodum	über die Maßen, sehr, ziemlich
editus, a, um	ansteigend, hoch
nisi . . . non	nur
obsidio, onis, f.	Belagerung
2 radix, radicis, f.	Wurzel; Plural auch: Fuß eines Berges – *Radieschen, radikal*
subluere, -lui, -lutum	unterspülen, von unten bespülen
3 planities, ei, f.	Ebene
patere, patet, patuit	offen stehen, sich erstrecken

3 **equitatu** abl. lim. – **qua . . . parte . . . confidebant** der Teil des Heeres, auf dem . . .

69,1 in colle summo auf der Spitze eines Berges (T 45) – **admodum edito loco** und zwar in beträchtlicher Höhe (der Berg, auf dem Alesia lag – heute Mont Auxois – ragt etwa 160 Meter über die Ebene empor)

4 mediocris, e — gering, mittelmäßig
intericere, -icio, -ieci, -iectum — dazwischenwerfen, hineinwerfen – *Interjektion*
par, paris — gleich – *Parität*
altitudo, dinis, f. — Höhe, Tiefe
fastigium, i, n. — Giebel, Höhe, Spitze
cingere, cinxi, cinctum — umgeben, umzingeln
5 oriri, orior, ortus sum — aufgehen, sich erheben – *Orient*
complere, -pleo, -plevi, -pletum — anfüllen, vollständig machen – *komplett*
fossa, ae, f. — Graben
maceria, ae, f. — Lehmmauer
praeducere, -duxi, -ductum — davorziehen, aufführen
6 munitio, onis, f. — Befestigung(sanlage)
circuitus, us, m. — Umkreis, Umfang
7 opportunus, a, um — günstig – *Opportunist*
interdiu — bei Tage
statio, onis, f. — Stellung, Posten – *Station*
subito — plötzlich
eruptio, onis, f. — Ausbruch, Ausfall – *Eruption*
noctu — bei Nacht
excubitor, oris, m. — Wachposten, Mann auf Wache
firmus, a, um — fest, stark – *firm*

4 **mediocri interiectio spatio** in mäßiger Entfernung (von der Stadt) – **pari altitudinis fastigio** abl. qual. zu colles: gleich hoch (untereinander)
5 **quae pars collis ad orientem solem spectabat, hunc omnem locum** quae pars wird durch hunc omnem locum wieder aufgenommen: omnem eam partem collis, quae ad orientem solem spectabat; im Dt.: die ganze Ostseite
6 **circuitus ... tenebat** tenere hier: umfassen, betragen

70,1	instituere, -tui, -tutum	einrichten, aufstellen, beginnen – *Institution*
	intermissus, a, um (abl.)	(unterbrochen), frei, leer
2	uterque, utraque, utrumque	jeder (von zweien)
	contendere, -tendi, -tentum	sich anstrengen, eilen, kämpfen
	laborare	arbeiten, sich abmühen – *laborieren*
3	augere, augeo, auxi, auctum	vermehren, vergrößern – *Auktion*
	in fugam conicere	vertreiben, in die Flucht schlagen
	angustus, a, um	eng
	coartare	zusammendrängen, einengen
4	acer, acris, acre	scharf, spitz, heftig
5	transcendere, -scendi, -scensum	hinübersteigen, übersteigen – *Transzendenz*
	conari	versuchen
	paulum	ein wenig, etwas
	promovere, -moveo, -movi, -motum	vorwärts bewegen, vorrücken – *Promotion*
6	confestim	sogleich, sofort
	irrumpere, -rupi, -ruptum	einbrechen, einfallen
7	nudare	entblößen

70,1 **opere instituto** vgl. 68,3 u. 69,6 – **quam intermissum ... patere supra demonstravimus** a. c. i. im Relativsatz H 16; zur Sache vgl. 69,3

3 **angustioribus portis relictis** löse kausal auf

4 **ad munitiones** vgl. 69,5

6 **ad arma conclamant** ‚Alarm rufen' (aus ‚ad illa arma' wurde ital. ‚all' arme', franz. ‚alarme', dt. ‚Alarm')

7 **ne castra nudentur** gemeint sind die Lager vor der Stadt 69,7

se recipere, -cipio, -cepi, –	sich zurückziehen
71,1 perficere, -ficio, -feci, -fectum	fertig machen, vollenden – *perfekt, Perfektion*
dimittere, -misi, -missum	wegschicken, entlassen
2 discedere, -cessi, -cessum	weggehen, auseinander gehen
mandare	übergeben, anvertrauen – *Mandat, Mandant*
adire, -eo, -ii, -itum	herangehen, angreifen
cogere, coegi, coactum	zusammenbringen, drängen, zwingen
3 meritum, i, n.	Verdienst – *Meriten*
obtestari	(bittend) beschwören, zum Zeugen anrufen
rationem habere	Rücksicht nehmen auf, sorgen für, sich kümmern um, denken an
bene mereri de	sich (wohl) verdient machen um
in cruciatum dedere	zu martervollem Tod ausliefern
quodsi	(was das anbetrifft, dass) wenn
indiligens, entis	(unfleißig) faul, lässig
4 rationem inire	eine Berechnung anstellen
exigue	knapp

71,1 **priusquam ... perficiantur** H 15 b; verbinde im Dt. mit **dimittere**

2 **qui ... possint** H 14

3 **suae salutis:** Vercingetorix – **neu ... dedant** wiederholt den Gedanken des **ut ... habeant** negativ – **quod si ... fuerint** H 11

4 **frumentum ... dierum triginta** Getreide für 30 Tage

tolerare	aushalten, ertragen – *Toleranz*
parcere, peperci, – (dat.)	schonen, sparen
5 qua (via)	wo
intermissus, a, um	unterbrochen, noch nicht fertig
vigilia, ae, f.	Nachtwache
silentium, i, n.	Stille, Schweigen – *Silentium*
6 referre, -fero, rettuli, -latum	zurückbringen, abliefern; berichten – *Referent, referieren*
capitis poena	Todesstrafe
parere, pareo, parui, –	gehorchen – *parieren*
7 pecus, oris, n. (pecunia)	Vieh
viritim	Mann für Mann
parce	sparsam, schonend
paulatim	allmählich
metiri, -tior, -titus sum	messen, zumessen, zuteilen
9 administrare	verrichten, verwalten – *Administrative*
72,1 perfuga, ae, m.	Überläufer, Flüchtling
captivus, i, m.	Gefangener
cognoscere, -gnovi, -gnitum	kennen lernen, erfahren – *kognitiv*
derectus, a, um	gerade, senkrecht

6 **qui non paruerint** H 11
9 **bellum administrare** den Krieg (weiter)führen
72,1 **quibus rebus** (!) – **haec genera munitionis** weist voraus auf die Erläuterung der Befestigungen, die in diesem und dem folgenden Kapitel beschrieben werden; zu den im Folgenden erwähnten technischen Mitteln der Belagerung vgl. T 39 – **derectis lateribus** mit senkrechten Wänden; die Gräben hatten sonst die Form eines Trapezes – **tantundem ...**, **quantum** erläutert derectis lateribus

latus, eris, n.	Seite, Flanke
solum, i, n.	Boden, Sohle
tantundem ... quantum	ebensoweit ... wie
patere, patet, patuit	offen stehen, sich erstrecken
labrum, i, n.	Lippe, Rand
distare, –, –	auseinander stehen, abstehen – *Distanz*
2 reducere, -duxi, -ductum	zurückführen – *reduzieren*
quoniam	da ja, zumal
necessario	notgedrungen
complecti, -plector, -plexus sum	umfassen, umarmen, einschließen – *Komplex*
corona, ae, f.	Krone, Kranz, Kreis
cingere, cinxi, cinctum	umringen, umzingeln
de improviso	unversehens, unvermutet – *improvisiert*
advolare	herbeifliegen, herbeieilen
destinatus, a, um (dat.)	beschäftigt mit, befasst mit
3 intermittere, -misi, -missum	unterbrechen, frei lassen
latus, a, um	weit, breit
interior, ius (Kompar.)	der innere
campester, stris, stre	eben, glatt
demissus, a, um	herabgelassen, niedrig, flach
derivare	ableiten

2 **reduxit** ‚weiter hinten anlegen' – **hoc consilio** beginne hier einen neuen Satz: ‚er tat das in der Absicht, . . .', und schließe das Satzgefüge mit **quoniam ... cingeretur – nec facile** Litotes H 3

3 **hoc intermisso spatio** es folgt die Beschreibung der eigentlichen Befestigungsanlage – **eadem altitudine** abl. qual. – **interiorem** (fossam) – **campestribus ac demissis locis** abl. loci

4	agger, aggeris, m.	Dammerde, Schutt
	exstruere, -struxi, -structum	aufrichten, -schichten, errichten
	lorica, ae, f.	Panzer, Brustpanzer (T 33)
	pinna, ae, f.	Zinne
	adicere, -icio, -ieci, -iectum	hinzuwerfen, beigeben – *Adjektiv*
	grandis, e	groß, bedeutend
	cervus, i, m.	Hirsch
	eminere, emineo, eminui, –	herausragen, hervorragen – *eminent, Eminenz*
	commissura, ae, f.	Zusammenfügung, Verbindungsstelle, Fuge
	pluteus, i, m.	Brustwehr, Schutzwehr
	ascensus, us, m.	Anstieg, Aufstieg
	tardare	verlangsamen, verzögern, aufhalten – *retardieren*
	octogeni, ae, a	(je) achtzig
73,1	materiari	Bauholz holen – *Materie*
	frumentari	Getreide beschaffen
	tueri, tueor, –	anschauen; sichern, verteidigen
	necesse est	es ist notwendig
	deminuere, -nui, -nutum	verringern, vermindern – *Minuend, Minute*

4 **post eas** also jenseits des äusseren Grabens – **huic** nimmt aggerem ac vallum im Singular wieder auf – **grandibus cervis eminentibus** cervi sind geweihartig auslaufende Äste – **qui tardarent** H 14 – **toto opere** abl. loci – **quae ... distarent** H 14

73,1 **erat** verbinde mit **necesse** – **deminutis nostris** abl. abs., löse konzessiv auf; dazu instrumental (iis) **copiis, quae ...**

progredi, -gredior, -gressus sum	vorrücken, fortschreiten – *progressiv, Progression*
nonnumquam	bisweilen, manchmal
temptare	versuchen, erproben, herausfordern, angreifen
2 quare	weshalb?; deshalb
rursus	wieder(um)
truncus, i, m.	Stamm
ramus, i, m.	Zweig, Ast
abscidere, -scidi, -scisum	abhauen, abschneiden
delibrare	abschälen
praeacuere, -acui, -acutum	vorn anspitzen – *akut*
cacumen, inis, n.	Spitze
perpetuus, a, um	immer während, dauernd – *Perpetuum mobile*
quini, ae, a	(je) fünf
3 huc	hierher, hierhin
stipes, pitis, m.	Baumstamm, Pfahl
demittere, -misi, -missum	herablassen, -schicken
ab infimo	unten
revincire, -vinxi, -vinctum	zurückbinden, befestigen
revellere, -velli, -vulsum	zurückreißen, losreißen
eminere, emineo, eminui, –	herausragen, hervorragen – *eminent, Eminenz*
4 ordo, dinis, m.	Reihe, Stand, Rang, Abteilung
implicare	verwickeln, einwickeln, verschlingen

2 **ad haec ... opera** die in 72 erwähnt wurden – **addendum** (esse aliud opus)

3 **huc** in diese Gräben – **ab infimo ...**, **ab ramis** auf dem Grund (des Grabens) ..., mit den Zweigen

4 **quo qui intraverant** wer da hineingeriet – **cippos** ‚Leichensteine'

acutus, a, um	scharf, spitz – *akut*
induere, -ui, -utum	antun, anziehen
se induere	sich aufspießen
cippus, i, m.	Spitzsäule
appellare	anrufen, nennen – *Appell*
5 obliquus, a, um	schräg, schief – *obliquer Konjunktiv*
quincunx, uncis, m. (quinque, unica)	fünf Zwölftel eines As, fünf Unzen; die fünf Augen auf dem Würfel; davon:
in quincuncem	schachbrettartig (stehende Bäume, Pfähle u. a.)
scrobis, is, f.	Grube
fodere, fodio, fodi, fossum	graben
paulatim	allmählich
angustus, a, um	eng, beengt
ad infimum	nach unten zu
fastigium, i, n.	Giebel, Spitze, Höhe
6 teres, teretis	rund
femur, feminis, n.	Oberschenkel
crassitudo, inis, f.	Dicke

5 **obliquis ordinibus in quincuncem dispositis scrobes ... fodiebantur** die Gruben wurden ‚in schräg nach der Art der fünf Augen eines Würfels geordneten Reihen' gegraben, d. h. auf Lücke gesetzt wie die fünf Augen eines Würfels (= schachbrettartig); durch das Bild des Würfels ist zugleich die Tiefe dieser Befestigungsanlage angegeben – **paulatim angustiore ad infimum fastigio** abl. modi: mit allmählich nach unten zu engerer Neigung = sich trichterförmig nach unten verengend

6 **huc** in diese Gruben – **crassitudine** abl. qual. – **non amplius digitis quattuor** = non amplius quam (= nur) digitos quattuor

ab summo	oben – *Summe*
praeustus, a, um	vorn angebrannt
amplus, a, um	weit, geräumig, groß – *Amplitude*
digitus, i, m.	Finger
7 confirmare	befestigen, ermutigen, versichern, erklären – *Konfirmation*
stabilire, -livi, -litum	befestigen – *stabil*
causa (gen.)	wegen, um – willen – *kausal*
exculcare	aus-, feststampfen
occultare	verstecken, verbergen – *okkult*
insidiae, arum f.	Hinterhalt, Falle
vimen, inis, n.	Weidenrute
virgultum, i, n.	Buschwerk, Strauchwerk
integere, -texi, -tectum	decken, bedecken, schützen
8 octoni, ae, a	(je) acht
terni, ae, a	(je) drei
similitudo, inis, f.	Ähnlichkeit
flos, floris, m.	Blume – *Flora*
lilium, i, n.	Lilie
9 talea, ae, f.	Stäbchen
ferreus, a, um	eisern, aus Eisen
hamus, i, m.	Haken

7 **confirmandi et stabiliendi** (stipitis) **causa** Hendiadyoin H 2 – **singuli ab infimo solo pedes** ist Subjekt zu **exculcabantur**: jedes Mal ein Fuß (der drei Fuß tiefen Grube) wurde vom Grund aus mit Erde angefüllt und festgestampft; mache im Dt. scrobes zum Subjekt

8 Mache **ducti** zum Hauptprädikat, **distabant** zum Prädikat eines Relativsatzes – **floris** ‚Blumenkelch': der Pfahl ist der Stempel

infigere, -fixi, -fixum	einheften, einschlagen
infodere, -fodio, -fodi, -fossum	eingraben
intermittere, -misi, -missum	dazwischenschicken, unterbrechen, frei lassen
disserere, -sevi, -situm	aussäen, zerstreuen
stimulus, i, m.	Stachel – *stimulieren*
74,1 quam (b. Superl.)	so ... wie möglich, möglichst
aequus, a, um	gleich, eben, gerecht, billig – *Äquator, adäquat*
pro (abl.)	vor, für, anstatt; im Verhältnis zu – *Prozent*
complecti, -plector, -plexus sum	umfassen, umarmen – *Komplex*
par, paris	gleich – *Parität*
diversus, a, um	verschieden(artig) – *divers*
exterior, ius (Kompar.)	der äußere
circumfundere, -fudi, -fusum	herumgießen, umringen

9 **pedem longae** (taleae) einen Fuß lange Holzpflöcke – **ferreis hamis infixis** abl. abs.; übersetze relativisch zu (taleae) pedem longae – **totae** natürlich so, dass die Haken aus der Erde herausragten

74,1 his rebus (!) perfectis – regiones secutus ... quattuordecim milia passuum complexus übersetze die Partizipien als Hauptsatz hinter **pares ... munitiones ... perfecit** (‚dabei suchte er ... aus und umschloss einen Bereich von ...') – **regiones** Gelände – **pro loci natura** schränkt **aequissimas** ein – **quattuor decem milia passuum** gibt den Umfang der äußeren Verteidigungslinie an; vgl. dazu die innere 69,6 – **pares eiusdem generis** Pleonasmus **H 4** – **diversas ab his** in der diesen entgegengesetzten Richtung – **contra exteriorem hostem** das nach 71,2 zu erwartende Entsatzheer

cogere, coegi, coactum	zusammenbringen, drängen, zwingen
convehere, -vexi, -vectum	zusammenbringen, -fahren
75,1 concilium, i, n.	Versammlung, Landtag – *Konzil*
concilium indicere	eine Versammlung einberufen
censere, censeo, censui, censum	schätzen, meinen; dafür stimmen, verordnen – *zensieren, Zensur*
statuere, -tui, -tutum	festsetzen, beschließen – *Statut*
quisque	jeder
imperare	befehlen, zu stellen befehlen – *Imperativ*
confundere, -fudi, -fusum	zusammengießen, -strömen – *konfus, Konfusion*
moderari	mäßigen, zügeln – *Moderator*
discernere, -crevi, -cretum	unterscheiden, auseinander halten, trennen – *diskret, Diskretion*
rationem habere	Rücksicht nehmen auf, sorgen für, sich kümmern um, denken an

2 **habere convectum** H 10
75,1 **omnes, qui arma ferre possent** H 5 – **ne ... nec ... nec ... nec ... possent** damit sie (die principes) nicht die Möglichkeit einbüßten (= noch die Möglichkeit behielten), zu ... und zu ... – **tanta multitudine confusa** löse konzessiv auf; confundi ‚zusammenströmen' – **frumenti rationem habere** für die Verpflegung sorgen

2	adiungere, -iunxi, -iunctum	hinzufügen, für sich gewinnen
	consuescere, -suevi, –	sich gewöhnen, Perf.: gewohnt sein, pflegen
3	duodeni, ae, a	(je) zwölf
	totidem	ebenso viele
4	attingere, -tigi, -tactum	berühren, anrühren, angrenzen
	consuetudo, inis, f.	Gewohnheit
5	conferre, -fero, -tuli, collatum	zusammentragen, -bringen; vergleichen – *Konferenz*
	arbitrium, i, n.	Schiedsspruch, Entscheidung, Ermessen
	obtemperare	gehorchen, nachkommen
	hospitium, i, n.	Gastfreundschaft
76,1	fidelis, e	treu, zuverlässig
	utilis, e	nützlich, brauchbar

2 **Arvernis adiunctis Eleutetis, Cadurcis, Gabalis, Vellaviis** den Arvernern und den mit ihnen verbündeten Eleutetern usw. – **qui sub** . . . gemeint sind alle vier Stämme, nicht nur die Vellavier

4 **quo sunt in numero** dazu gehören

5 **suum numerum** die ihnen auferlegte Zahl – **quod se . . . gesturos** (esse) **dicerent** coni. obl. H 12; hier soll aber eigentlich nicht das Sprechen, sondern der Inhalt der Aussage subjektive Meinung sein (vgl. I 23,3): und zwar erklärten sie, sie wollten . . . – **suo nomine atque arbitrio** auf eigene Faust und nach eigenem Ermessen – **pro eius hospitio** mit Rücksicht auf die Gastfreundschaft mit ihm

76,1 **ut antea demonstravimus** z. B. IV 21,7 – **civitatem eius** die Atrebaten – **immunem** steuerfrei – **attribuerat** nämlich als clientes

meritum, i, n.	Verdienst – *Meriten*
immunis, e	steuerfrei – *immun, Immunität*
reddere, -didi, -ditum	zurückgeben, übergeben; machen (zu)
attribuere, -bui, -butum	zuteilen, beilegen – *Attribut*
2 consensio, onis f.	Übereinstimmung, Einmütigkeit – *Konsens*
vindicare	in Anspruch nehmen, beanspruchen; bestrafen
pristinus, a, um	alt, ehemalig, früher
recuperare	wiedererlangen
beneficium, i, n.	Wohltat, Gunst
ops, opis, f.	Hilfe; Plural: Hilfsmittel, Macht
incumbere, -cubui, -cubitum (in)	sich legen (auf), eintreten (für)
3 recensere, -censeo, -censui, -censum	mustern, prüfen – *rezensieren*
numerum inire	eine Zählung vornehmen
praefectus, i, m.	Vorsteher, Führer – *Präfekt* (T 34)
consobrinus, i, m.	Vetter
summa imperii	Oberbefehl – *Summe*
4 deligere, -legi, -lectum	auswählen
administrare	verrichten, verwalten – *Administrative*

2 **libertatis vindicandae et pristinae belli laudis recuperandae** gen. obi. – **moveretur:** Commius – **et animo et opibus** Hendiadyoin H 2 (in opferwilliger Begeisterung)

3 **haec:** milia; im Dt.: diese Truppen

4 **delecti** substantivisch gebraucht – **quorum ... administraretur** H 14

5 alacer, cris, cre	munter, mutig, beherzt
fiducia, ae, f.	Vertrauen, Mut
plenus, a, um	voll – *Plenum, Plenar-*
quisquam	irgend jemand
aspectus, us, m.	Anblick, Aussehen, Gesichtskreis – *Aspekt*
modo	nur
sustinere, -tineo, -tinui, –	aufrecht halten, aushalten
praesertim	zumal
anceps, cipitis	doppelköpfig, unentschieden
foris	draußen
cernere, crevi, –	wahrnehmen, sehen
77,1 at	aber, dagegen
obsidere, -sedi, -sessum	belagern, besetzen
praeteritus, a, um	vergangen, vorbeigegangen – *Präteritum*
consumere, -sumpsi, -sumptum	verbrauchen, verzehren – *Konsum, konsumieren*
inscius, a, um	nicht wissend, unkundig
concilium cogere	eine Versammlung (Landtag) einberufen – *Konzil*
exitus, us, m.	Ausgang, Erfolg
consultare	beraten, sich beraten – *konsultieren*

5 **alacres et fiduciae pleni** prädikativ – **qui . . . arbitraretur** H 14 – **ancipiti proelio** der Zweifrontenkampf wird erläutert durch den cum-Satz: ex oppido eruptione / foris – **cum . . . pugnaretur/cernerentur** cum temporale; zum Konj. H 11

77,1 **ii, qui Alesiae obsidebantur** H 5; Alesiae ist Lokativ – **praeterita die, qua . . . exspectaverant, consumpto omni frumento inscii** bilde einen aufzählenden Temporalsatz – **concilio coacto** ordne dem **consultabant** bei

2 varius, a, um — mannigfaltig, verschieden, bunt – *Variante, Varieté*
sententia, ae, f. — Meinung, Ansicht – *Sentenz*
deditio, onis, f. — Übergabe, Kapitulation
suppetere, -petivi, -petitum — ausreichend vorhanden sein, ausreichen
censere, censeo, censui, censum — schätzen, meinen, glauben, dafür stimmen, verordnen – *zensieren, Zensur*
praeterire, -eo, -ii, -itum — vorbeigehen, vergehen – *Präteritum*
singularis, e — einzig(artig), einzeln – *singulär, Singular*
nefarius, a, um — ungerecht, frevelhaft, verbrecherisch
crudelitas, atis f. — Grausamkeit
3 oriri, orior, ortus sum — sich erheben, abstammen, entstehen – *Orient*
auctoritas, atis, f. — Vorbild, Ansehen, Einfluss – *Autorität*
turpis, e — schädlich, schimpflich
servitus, utis, f. — Knechtschaft, Sklaverei
loco habere (gen.) — ansehen als
adhibere, -hibeo, -hibui, -hibitum — anwenden, hinzuziehen
4 probare — billigen, gutheißen, prüfen – *probieren, Probe*

---

2 **dum vires suppeterent** coni. obl. H 12
3 **summo . . . ortus loco** abl. originis – **magnae habitus auctoritatis** gen. qual. – **appellant** verwende im Dt.: beschönigen – **habendos civium loco** ‚für Bürger halten'
4 **pristinae . . . virtutis** gen. obi

residere, -sideo, -sedi, –	sitzen, sitzen bleiben, übrig sein – *Residenz, residieren*
5 mollitia, ae, f.	Weichheit, Feigheit
paulisper	ein Weilchen
inopia, ae, f.	Mangel
ultro	freiwillig, überdies, noch dazu
offerre, -fero, obtuli, oblatum	entgegenbringen, anbieten – *offerieren, Offerte*
reperire, repperi, repertum	finden, erfahren
patienter	geduldig – *Patient*
6 nullus praeterquam	keiner außer = nur
iactura, ae, f.	Verlust, Opfer
respicere, -spicio, -spexi, -spectum	zurückblicken auf, Rücksicht nehmen auf, berücksichtigen – *Respekt*
concitare	aufwiegeln, reizen, empören
8 propinquus, a, um	nahe, benachbart; subst.: Verwandter
consanguineus, i, m.	Blutsverwandter, Stammesbruder
paene	fast, beinahe
cadaver, eris, n.	Leiche – *Kadaver*
proelio decertare	in einer Entscheidungsschlacht kämpfen

5 **ista** Subjekt, das sich in Genus, Numerus und Kasus nach seinem substantivischen Prädikatsnomen richtet; im Dt.: das – **animi ... mollitia** Weichlichkeit, Feigheit – (ii,) **qui se ... offerant/quam** (ii,) **qui ... ferant** H 14

6 **atque** und doch – **dignitas** das Gefühl für Ehre – **nullam praeterquam** ‚nur' – **fieri** ‚auf dem Spiel stehen'

8 **quid ... (propinquis ... nostris) animi** (gen. part.) **fore existimatis** wie (was des Mutes), glaubt ihr wohl, wird ... zumute sein – **cogentur** H 11

9 exspoliare — berauben
causa (gen.) — wegen, um – willen
neglegere, -lexi, -lectum — nicht beachten, vernachlässigen
stultitia, ae, f. — Torheit
temeritas, atis, f. — Unbesonnenheit, Leichtsinn
imbecillitas, atis, f. — Schwäche, Ohnmacht
prosternere, -stravi, -stratum — zu Boden strecken, niederwerfen
subicere, -icio, -ieci, -iectum — unterwerfen, preisgeben – *Subjekt*
10 an — oder? etwa?
ad diem — auf den Tag = pünktlich
fides, ei, f. — Treue, Zuverlässigkeit
constantia, ae, f. — Standhaftigkeit – *konstant*
dubitare (de) — zögern, zaudern, Bedenken tragen; zweifeln (an)
ergo — also, folglich
ulterior (Kompar.) — der jenseitige, entferntere
11 nuntius, i, m. — Bote, Botschaft – *Nuntius*
confirmare — befestigen, stärken, versichern – *Konfirmation*
praesaepire, -saepsi, -saeptum — versperren
testis, is, m. — Zeuge

9 **suum periculum** die Gefahr, in die sie sich selbst bringen – **animi imbecillitate** Mutlosigkeit, Feigheit
10 **ad diem** auf den Tag genau – **quid ergo** (putatis) – **animi (ne) causa** zu ihrem Vergnügen – **exerceri** übersetze reflexiv
11 **illorum nuntiis** meint Nachrichten von dem erwarteten Entsatzheer – **his:** Romani in illis ulterioribus munitionibus – **testibus** prädikativ – **eorum** das Entsatzheer – **cuius rei** (gen. obi.) **timore exterriti** H 8

timor, oris, m.	Furcht
versari	sich aufhalten, sich befinden
12 maiores, um, m.	Vorfahren, Ahnen
nequaquam	keineswegs, gar nicht
subigere, -egi, -actum	unterwerfen, bezwingen
aetas, atis, f.	Zeit, Alter, Zeitalter
inutilis, e	unnütz, unbrauchbar
vitam tolerare	sein Leben fristen
tradere, -didi, -ditum	übergeben, überliefern – *Tradition*
13 posteri, orum, m.	Nachkommen
prodere, -didi, -ditum	verraten, überliefern
14 depopulari	verheeren, verwüsten
calamitas, atis, f.	Niederlage, Schlappe, Unglück – *Kalamität*
aliquando	einst; endlich einmal, irgendwann
petere, petivi, petitum	erstreben, losgehen auf, angreifen; (er)bitten – *Petition*
15 nihil aliud – nisi	nichts anderes – als
invidia, ae, f.	Neid, Mißgunst

12 **mei consilii** gen. part. – **nequaquam pari bello** der Krieg war – so Critognatus – nicht annähernd so gefährlich – **compulsi/subacti** verwende hier auch im Dt. Partizipien – **aetate** abl. causae

13 **cuius rei** (!) – **pulcherrimum iudicarem** ‚für sehr schön halten'; Objekt dazu ist der a. c. i. (exemplum) **institui et . . . prodi**; verwende im Dt.: (es) für sehr gut halten, wenn . . .

14 **aliquando** doch endlich einmal

15 **invidia adducti** H 8 – **quos . . . ognoverunt, horum in agris . . . considere** . . . übersetze den Relativsatz zuletzt

adducere, -duxi, -ductum	heranführen, veranlassen
fama, ae, f.	Ruf, Gerücht
potens, entis	mächtig, vermögend – *Potenz, potent*
considere, -sedi, –	sich setzen, sich niederlassen, Halt machen
aeternus, a, um	ewig, unvergänglich
iniungere, -iunxi, -iunctum	aufbürden, auflegen
umquam	jemals
condicio, onis, f.	Bedingung, Lage – *Kondition*
16 longinquus, a, um	weit entfernt, lange dauernd
ignorare	nicht wissen, nicht kennen – *ignorieren, Ignoranz*
respicere, -spicio, -spexi, -spectum	zurückblicken, -sehen (auf), berücksichtigen – *Respekt*
redigere, -egi, -actum (in)	(zurück)bringen, machen (zu) – *Redakteur*
commutare	ändern, abändern – *Kommutativgesetz*
securis, is, f.	Beil
subicere, -icio, -ieci, -iectum	unterwerfen, unterjochen, unterordnen – *Subjekt*
78,1 valetudo, inis, f.	Gesundheit, Stärke
experiri, -perior, -pertus sum	versuchen, erproben – *Experte, Experiment*
descendere (ad)	herabsteigen (zu); hier: sich begnügen mit
2 potius	eher, lieber
morari	sich aufhalten, sich befinden

78,1 **qui ... sint** Konj. nach H 14 oder durch Modusattraktion – **valetudine/aetate** abl. causae – **prius ..., quam ... descendant** H 15 b

2 **si res cogat** res hier: die Lage

condicionem subire	auf einen Vorschlag eingehen
3 uxor, oris, f.	Gattin, Ehefrau
4 flere, fleo, flevi, fletum	weinen
preces, um, f.	Bitten – *prekär*
cibus, i, m.	Speise, Nahrung
5 prohibere, -hibeo, -hibui, -hibitum	fern Halten, hindern
79,1 summa imperii	Oberbefehl – *Summe*
permittere, -misi, -missum	überlassen, zulassen, erlauben
pervenire, -veni, -ventum	gelangen, kommen
2 paulum	ein wenig, etwas
3 despectus, us, m.	Herabblicken, Blick, Ausblick
campus, i, m.	Feld, Ebene – *Camping*
concurrere, -curri, -cursum	zusammenlaufen – *Konkurs*
gratulatio, onis, f.	Glückwunsch, Freude – *Gratulation*
laetitia, ae, f.	Freude, Glück
excitare	anfeuern, erregen
4 crates, is, f.	Flechtwerk (T 38)
integere, -texi, -tectum	eindecken, bedecken

3 **Mandubii** natürlich nur diejenigen, die nicht kämpfen konnten (§ 1) – **eos** die zum Heer des Vercingetorix gehörenden Gallier

4 **omnibus precibus orabant** Pleonasmus H 4 – **receptos** übersetze beiordnend zu **iuvarent**

5 **dispositis ... custodiis** instrumental – **recipi** (eos)

79,1 **colle exteriore** d. h. außerhalb der römischen Linien gelegen

2 **quam ... demonstravimus** H 16; zur Sache vgl. 69,3

4 **proximam fossam** vgl. 72,1

agger, aggeris, m.	Dammerde, Schutt
casus, us, m.	Fall, Zufall, Unglücksfall – *Kasus*
comparare	bereiten, verschaffen; vergleichen – *Komparativ*
80,1 uterque, utraque, utrumque	jeder von beiden, beide
noscere, novi, –	kennen lernen; Perf.: kennen, wissen
proelium committere	einen Kampf beginnen
2 undique	von allen Seiten
iugum, i, n.	Kamm, Joch, Spitze (eines Berges)
intentus, a, um	gespannt
proventus, us, m	Entwicklung, Ausgang, Erfolg
3 rarus, a, um	selten – *rar, Rarität*
sagittarius, i, m.	Bogenschütze
expediti levis armaturae	Leichtbewaffnete (T 33)
intericere, -icio, ieci, -iectum	dazwischenwerfen, -legen – *Interjektion*
succurrere, -curri, -cursum	zu Hilfe eilen
de improviso	unvermutet, unvorhergesehen – *improvisiert*
4 superior, ius (Kompar.)	der obere, überlegene
confidere, -fisus sum	vertrauen (auf)
premere, pressi, pressum	drücken, bedrängen – *Presse, Pression*

80,1 si usus veniat ‚im Ernstfall'
 2 **castris** hier Plural – **intenti** prädikativ
 3 **qui . . . succurrerent/sustinerent** H 14 – **vulnerati** ordne dem **excedebant** bei
 4 **clamore et ululatu** Hendiadyoin H 2

continere, -tineo, -tinui, -tentum	zusammenhalten, einschließen – *Kontinent*
ululatus, us, m.	Geheul
5 celare	verheimlichen
cupiditas, atis, f.	Begierde, Verlangen
ignominia, ae, f.	Schimpf, Schande
6 meridies, ei, m.	Mittag
occasus, us, m.	Untergang
dubius, a, um	zweifelhaft – *dubios*
confertus, a, um	dicht gedrängt, geschlossen
turma, ae, f.	Schar, Schwarm
propellere, -puli, -pulsum	vor sich her treiben, schlagen – *Propeller*
8 item	ebenso
colligere, -legi, -lectum	sammeln – *Kollekte, Kollektiv*
facultas, atis, f.	Fähigkeit, Möglichkeit, Gelegenheit – *Fakultät*
9 procedere, -cessi, -cessum	vorrücken, fortschreiten – *Prozess, Prozedur*
maestus, a, um	traurig
desperare	verzweifeln
81,1 intermittere, -misi, -missum	dazwischenschicken, unterbrechen

5 **res gerebatur** es wurde gekämpft – **recte ... turpiter factum** verwende ‚Tapferkeit' und ‚Feigheit' – **ignominia** gen. obi.
6 **dubia victoria** abl. modi, ebenso **confertis turmis**
8 **sui colligendi facultatem non dederunt** das Dat.-Obj. dazu ist dem cedentes zu entnehmen
9 **maesti** prädikativ – **prope victoria desperata** übersetze kausal
81,1 **uno die intermisso** am übernächsten Tag – **atque hoc spatio** (in dieser kurzen Zeit) **magno ... numero effecto** übersetze

scala, ae, f.	Leiter – *Skala*
harpago, onis, m.	Mauerhaken
efficere, -ficio, -feci, -fectum	bewirken; herstellen, aufbringen – *Effekt*
silentium, i, n.	Schweigen, Stille – *Silentium*
campester, stris, stre	eben, in der Ebene
2 clamorem tollere	ein Geschrei, erheben
significatio, onis, f.	Zeichen, Kundgebung – *signifikant*
funda, ae, f.	Schleuder
lapis, idis, m.	Stein – *lapidar*
proturbare	wegtreiben, verjagen
pertinere (ad)	sich erstrecken (bis), sich beziehen (auf)
4 librilis, e	einpfündig
funda librilis	Einpfünder
sudis, is, f.	Pfahl
glans, glandis, f.	Eichel, Kugel
proterrere, -terreo, -terrui, -territum	fortscheuchen, vertreiben – *Terror*
5 tormentum, i, n.	Winde; Folter; Wurfmaschine – *Tortur*
prospectus, us, m.	Fernsicht, Aussicht – *Prospekt*
adimere, -emi, -emptum	nehmen, an sich nehmen
prior, ius (Kompar.)	der erstere, frühere
6 obvenire, -veni, -ventum	entgegengehen, zuteil werden

den abl. abs. als Relativsatz zu Galli (atque fällt dann im Dt. weg); mit Galli ist das Entsatzheer gemeint (vgl. § 2) – **egressi** ordne dem **accedunt** bei

2 **qua significatione, ..., ... cognoscere possent** H 14

5 **prospectu ... adempto** löse kausal auf

6 **partes** Abschnitte – **qua ex parte nostros premi intellexerant** (H 16), **his ... submittebant** verwende im Dt.; ... dorthin,

82,1 proficere, -ficio, -feci, -fectum — Fortschritte machen, ausrichten, erreichen
posteaquam — = postquam
stimulus, i, m. — Stachel, Anreiz – *Stimulans*
inopinans, antis — unvermutet, ahnungslos
induere, -ui, -utum — antun, anziehen
scrobis, is, f. — Grube
deferri — stürzen
transfodere, -fodio, -fodi, -fossum — durchstechen, aufspießen
traicere, -icio, -ieci, -iectum — durchbohren
pilum murale — Geschoss, Pfeil (T 39)
2 perrumpere, -rupi, -ruptum — durchbrechen
appetere, -petivi, -petitum — begehren, erstreben, trachten nach – *Appetit*
vereri, vereor, veritus sum — sich scheuen, fürchten
latus, eris, n. — Seite, Flanke
apertus, a, um — offen, ungeschützt
3 interior, ius (Kompar.) — mehr (weiter) nach innen gelegen

wo sie sahen, … – **ex ulterioribus castellis** die entfernteren Lager (vgl. 80,2)

82,1 **Galli** das Entsatzheer (wie 81,1) – **se stimulis induebant** ‚treten in' – **delati** übersetze beiordnend zu **transfodiebantur** – **ex vallo ac turribus … pilis muralibus** die Geschosse wurden vom Wall oder von den Türmen aus geworfen – **traiecti … interibant** sie wurden tödlich getroffen

2 **acceptis/perrupta** mache die Partizipien zu Prädikaten einer Satzreihe und beginne mit **cum lux appeteret** (‚beim Morgengrauen') einen neuen Satz – **nulla munitione perrupta** die Befestigung wurde an keiner Stelle durchbrochen

3 **interiores** die Belagerten in Alesia

dum	während; solange (als, bis)
proferre, -fero, -tuli, -latum	herbeischaffen
prior, ius (Kompar.)	der erstere, frühere
4 re infecta	unverrichteter Dinge
83,1 bis	zweimal
detrimentum, i, n.	Niederlage, Verlust
consulere, -sului, -sultum	beraten, überlegen; sorgen für (dat.) – *Konsul, konsultieren*
peritus, a, um (gen.)	kundig, erfahren
adhibere, -hibeo, -hibui, -hibitum	anwenden, hinzuziehen
2 septentriones, um, m.	Siebengestirn, Norden
circumplecti, -plector, -plexus sum	umfassen, umschließen, einschließen
necessario	notgedrungen
paene	fast, beinahe
iniquus, a, um	uneben, ungleich, ungerecht, ungünstig
lenis, e	leicht, sanft
declivis, e	abschüssig
4 opinio, onis, f.	Meinung, Ruf

4 **diutius ... morati** löse kausal auf – **in his rebus administrandis** im Dt.: dabei – **prius ..., quam ... appropinquarent** H 15 b – **suos:** das Entsatzheer

83,2 **opere complecti non potuerant nostri** die Römer hatten den Hügel nicht in ihre Befestigungslinie einbeziehen können – **necessarioque ... castra fecerant** war die Folge davon = also ... – **paene iniquo loco et leniter declivi** an einer beinahe ungünstigen, und zwar leicht abfallenden Stelle; für die Römer wäre es vorteilhafter gewesen, wenn sie auch dieses Lager (wie ihre anderen: 69,4 u. 7) auf der Höhe hätten anlegen können

5 pactum, i, n.	Verabredung, Art und Weise – *Pakt*
placet, placuit (placere)	es gefällt
occultus, a, um	verborgen, versteckt
adire, -eo, -ii, -itum	herangehen, angreifen
definire, -finivi, -finitum	begrenzen, bestimmen – *definieren*
6 conficere, -ficio, -feci, -fectum	verfertigen, fertigstellen; aufreiben – *Konfektion*
sub lucem	gegen Tagesanbruch
se reficere, -ficio, -feci, –	sich erholen
7 campester, stris, stre	eben, in der Ebene
ostendere, -tendi, -tentum	entgegenstrecken, zeigen, darlegen – *ostentativ*
84,1 arx, arcis, f.	Burg
conspicari	erblicken, sehen
crates, is, f.	Flechtwerk (T 38)
longurius, i, m.	lange Stange
musculus, i, m.	Mäuschen, kleines Schutzdach (T 39)
falx, falcis, f.	Sichel, Haken
2 temptare	versuchen, angreifen
3 manus, us, f.	Hand; Handvoll, Schar – *Manual, manuell*

5 **quoque pacto** = et quo pacto – **adeundi tempus** prädikativ, = tempus adeundi definiunt id tempus, **cum . . . videatur** (cum temporale, coni. obl. H 12, zum Tempus H 11)
7 **egressus** wird im Dt. Prädikat eines ersten Hauptsatzes – **confecto . . . itinere** löse kausal auf
8 **ad ea castra, quae supra demonstravimus**
84,2 **quae . . . pars . . ., huc** = in eam partem, quae
3 **nec facile** Litotes H 3 – **occurrit** ‚standhalten'

distinere, -tineo, -tinui, -tentum	auseinander halten, zersplittern
occurrere, -curri, -cursum	entgegenlaufen, standhalten
4 valere, valeo, valui, –	stark sein, gesund sein, vermögen – *Invalide*
multum valere	viel vermögen
tergum, i, n.	Rücken
exsistere, -stiti, –	entstehen – *Existenz*
constare, -stiti, – (in)	feststehen, bestehen aus, kosten – *konstant*
5 plerumque	meistens
mens, mentis, f.	Verstand, Gemüt – *mental*
85,1 laborare	sich abmühen, arbeiten, in Bedrängnis sein – *laborieren, Laborant*
2 uterque, utraque, utrumque	jeder von beiden
ad animum occurrere	zum Bewusstsein kommen
convenit, -venit, –	es kommt darauf an, gehört sich – *Konvention*
3 perfringere, -fregi, -fractum	zerbrechen, durchbrechen
desperare (de)	verzweifeln (an)
rem obtinere	sich behaupten
4 iniquus, a, um	uneben, ungleich, ungünstig: ungerecht

5 **omnia . . ., quae absunt** ‚jede Gefahr, der man nicht ins Auge sehen kann' – **vehementius** ergänze: quam ea, quae adsunt

85,2 **ad animum occurrit** es wird klar – **quo** (tempore) . . . **conveniat** convenit = es kommt darauf an; zum Konj. H 14

3 **perfregerint/obtinuerint** coni. obl. H 12; zum Tempus H 11 – **si rem** (!) **obtinuerint** ‚die Befestigung behaupten, die Oberhand behalten'

declivitas, atis, f.	Abschüssigkeit
fastigium, i, n.	Giebel, Spitze, Höhe; Neigung
momentum, i, n.	Einfluss, Bedeutung, Gewicht – *Moment*
5 testudo, inis, f.	Schildkröte, Schilddach (T 39)
subire, -eo, -ii, -itum	heranrücken
defatigatus, a, um	ermüdet, erschöpft
invicem	wechselweise, abwechselnd
integer, gra, grum	unversehrt, heil, unberührt – *integer, Integration*
6 suppetere, -petivi, -petitum	ausreichend vorhanden sein, ausreichen
86,2 nisi ... ne	nur
necessario	notgedrungen

4 **quo Vercassivallaunum missum** (esse) **demonstravimus** H 16; zur Sache vgl. 83,8 – **iniquum loci ad declivitatem fastigium** die (für die Römer) ungünstige Neigung zur Abschüssigkeit (vgl. 83,2) – **magnum habet momentum** ‚schwer ins Gewicht fallen'

6 **agger ab universis in munitionem coniectus ... ascensum dat** die Dammerde wird von der gesamten Masse der Feinde gegen die Lagerbefestigung (T 39) geworfen und ermöglicht so den Angreifern, auf die Höhe dieser Befestigung zu kommen – **ea, quae in terra occultaverant Romani** vgl. 72f.: stimuli, lilia, cippi, cervi

86,2 **imperat, ...** (ut) **deductis cohortibus eruptione pugnet** ordne den abl. abs. dem pugnet bei; die Kohorten sollten also gegebenenfalls vom Wall abgezogen werden – **id nisi necessario ne faciat** noch abhängig von imperat (adversatives Asyndeton H 1: das solle er aber nur im Notfall tun)

3 succumbere, -cubui, -cubitum	unterliegen, erliegen
dimicatio, onis, f.	Kampf
fructus, us, m.	Frucht, Ertrag, Ergebnis, Erfolg
consistere, -stiti, – (in)	sich stellen, Halt machen; abhängen (von)
4 desperatus, a, um	verzweifelt, hoffnungslos
loca campestria	Ebene
praeruptus, a, um	abschüssig, steil
temptare	versuchen, herausfordern, angreifen
5 propugnare	kämpfen
deturbare	vertreiben, herabtreiben
lorica, ae, f.	Panzer, Brustwehr (T 33)
rescindere, -scidi, -scissum	einreißen, abreißen
87,3 proelium restituere	den Kampf wieder aufnehmen
4 adoriri, -orior, -ortus sum	angreifen
5 fors, fortis, f.	Zufall
offerre, -fero, obtuli, oblatum	entgegenbringen, anbieten – *offerieren, Offerte*

4 **interiores** wie 82,3: die Belagerten in Alesia – **desperatis campestribus locis** sie lassen ab von der Bestürmung der römischen Befestigungen in der Ebene – **ascensu temptant** ‚zu ersteigen suchen' – **ea, quae paraverant** vgl. 84,1
5 **ex turribus** gehört zu **propugnantes:** die Verteidiger auf den Türmen
87,3 **repulsis hostibus** gemeint sind die interiores (84,4f.)
4 **hostes adoriri** die exteriores
5 **quas ... deductas fors obtulit** deductas prädikativ, fällt im Dt. weg

certiorem facere	benachrichtigen, mitteilen
accelerare	beschleunigen, herbeieilen – *Akzeleration*
interesse, -sum, -fui (dat.)	beiwohnen, teilnehmen an – *Interesse*
88,1 color, oris, m.	Farbe
vestitus, us, m.	Kleidung, Gewand – *Weste*
insigne, is, n.	Abzeichen, Auszeichnung – *Insignien*
declivia, ium, n.	abschüssiges Terrain
devexa, orum, n.	abfallendes Gelände
2 utrimque	auf beiden Seiten
omittere, omisi, omissum	wegwerfen, aufgeben
rem gerere	kämpfen
3 repente	plötzlich
terga vertere	fliehen, kehrtmachen
4 occidere, -cidi, -cisum	niedermachen, töten
comprehendere, -hendi, -hensum	fassen, ergreifen
signum militare	Feldzeichen (T 37)
5 protinus	sogleich, sofort
6 creber, bra, brum	dicht, häufig, zahlreich
defessus, a, um	erschöpft, ermüdet
7 agmen novissimum	Nachhut

88,1 ex colore vestitus Caesar trug im Kampf den purpurnen Kriegsmantel (paludamentum) – **ut . . . cernebantur** wie man ja . . . = denn man konnte . . .

2 **excipit rursus . . . clamor** ergänze als Objekt clamorem (aus clamore sublato); verwende im Dt.: antworten, widerhallen

7 **de media nocte** zu **consequitur – missus equitatus** die hinter den Fliehenden hergeschickte Reiterei – **ex fuga** unmittelbar nach der Flucht – **discedunt** ‚sich zerstreuen'

89,1 bellum suscipere — einen Krieg auf sich nehmen, beginnen
necessitas, atis, f. — Not(lage), Bedürfnis
2 cedere, cessi, cessum — gehen, weichen
satisfacere, -facio, -feci — Genugtuung leisten, zufrieden stellen
3 producere, -duxi, -ductum — vorführen – *produzieren, Produkt*
4 considere, -sedi, – — sich setzen, sich niederlassen, Halt machen
5 arma proicere — die Waffen strecken
reservare — zurückbehalten – *reservieren*
recuperare — wiedererlangen, -gewinnen
caput, itis, n. — Kopf, Person

89,1 non suarum necessitatum ... causa nicht im eigenen Interesse
2 ad utramque rem se illis offerre, seu ... seu ... ‚er stelle ihnen anheim, ob ... oder ...‘
5 Vercingetorix deditur Nach dem Bericht des Cassius Dio (XL 41) soll sich V. ergeben haben in der Hoffnung, von Caesar, mit dem ihn einst Freundschaft verband, Verzeihung erhalten zu können. Caesar machte ihm aber gerade diese Treulosigkeit zum Vorwurf, hielt ihn sechs Jahre gefangen, führte ihn dann im Jahre 46 im Triumphzug durch Rom und ließ ihn anschließend hinrichten. – **si ... posset** coni. obl. H 12: ob er vielleicht ... könnte = um vielleicht zu ... – **praedae nomine** als Beute

90,1 recipere, -cipio, -cepi, -ceptum — zurücknehmen, aufnehmen – *Rezeption*
4 hiberna (castra), orum, n. — Winterlager
5 calamitatem accipere — eine Niederlage erleiden, hinnehmen – *Kalamität*
7 res frumentaria, rei frumentariae, f. — Verpflegung
hiemare — überwintern
8 supplicatio, onis, f. — Bitten, Gebet; Dankfest
supplicationem reddere — ein Dankfest feiern

90,2 quae imperarit (= imperaverit) H 11
8 **ex Caesaris litteris** der Rechenschaftsbericht an den Senat am Ende eines Jahres (T 31) – **supplicatio redditur** ‚ein Dankfest feiern'